Deutsche
Börse

Wir suchen
Wirtschaftsingenieur
Informatike
Mathematike
Physike
Bewerbung unter
deutsche-boerse.com

SIE SIND NICHT IN DER LAGE,
DIE ZUKUNFT DER BOERSE
VORAUSZUSAGEN?
GUT, DENN WIR BRAUCHEN
LEUTE, DIE SIE MACHEN.

Rainer Bischoff
Uta Elisabeth Klein
Thomas Meuser
Omar Moudden
Wilhelm Mülder
Kornelia Spohn
Wilhelm Walter (Hrsg.)

Studienführer IT an Fachhochschulen

Studieren mit erfolgreicher Praxis

Die Deutsche Bibliothek – CIP-Einheitsaufnahme
Ein Titeldatensatz für diese Publikation ist bei
Der Deutschen Bibliothek erhältlich.

1. Auflage März 2002

Konzeption und Layout des Umschlags: Ulrike Weigel, www.CorporateDesignGroup.de
Satz: FROMM Media Design, Selters/Ts.

ISBN 978-3-528-05783-1   ISBN 978-3-322-87250-0 (eBook)
DOI 10.1007/978-3-322-87250-0

Liebe Leserinnen und Leser,

der Aufbruch ins Informationszeitalter hat einen akuten Bedarf an qualifizierten IT-Fachkräften offenbart und gezeigt, dass Deutschland auf eine starke Position im globalen Wettbewerb um internationale innovative Fachkräfte angewiesen ist.

Mit dem umfassenden Fächerspektrum der Fachhochschulen in den Bereichen Informatik, Technische Informatik, Wirtschaftsinformatik und Medieninformatik hat dieser Hochschultyp einen beträchtlichen Anteil an der gesamten Ausbildungskapazität der Hochschulen in Deutschland mit rund 3.700 Absolventen pro Jahr.

Gerade die Fachhochschulen mit ihrem starken Anwendungs- und Praxisbezug bieten in diesem Fachgebiet nicht nur theoretische Analyse und Konzeption, sondern auch die organisatorische und technische Gestaltung sowie die konkrete Realisierung komplexer Informatiksysteme. Insoweit ist Informatik mehr als nur Programmieren, es ist auch die Beschäftigung mit den Fachgebieten Intelligenz, Formalismen und Technik und all ihren denkbaren Anwendungsmöglichkeiten.

Ich hoffe, dieser praxisorientierte Studienführer Informatik führt dazu, dass die Studentenzahlen in Informatik und verwandten Fächern von derzeit rund 31.000 allein an Fachhochschulen weiter steigen.

Junge Menschen sollten wissen, dass das Berufsleben in der Technologiegesellschaft von einem Hochschulabsolventen breit angelegtes anwendungsorientiertes Wissen erfordert; dies steigert die Berufschancen.

Ein letztes Wort an Schülerinnen und künftige Studentinnen: Entgegen aller Vorurteile ist Informatik eine junge und spannende Wissenschaft, die auch Frauen Spaß und Freude machen kann.

E. Bulmahn

Bundesministerin für Bildung und Forschung

Prof. Dr. rer. nat. Dr. h.c. Heinrich C. Mayr ist Ordinarius für Praktische Informatik am Institut für Wirtschaftsinformatik und Anwendungssysteme der Universität Klagenfurt und leitet ebendort das „Industriestiftungsinstitut E-Business". Er ist Präsident der Gesellschaft für Informatik (GI), Mitglied des Vorstands der Österreichischen Computergesellschaft (OCG) und Vizepräsident des Software-Internet-Clusters Kärnten (SIC). Seine Forschungsschwerpunkte liegen in den Bereichen „Methoden und Modelle für das Requirements Engineering und für den Entwurf von Informationssystemen", „Business Technologies" sowie „Knowledge Management und Knowledge Engineering".

Unter dem Oberbegriff „IT" sind Informatik und Informationstechnologie auf dem besten Weg, zu Leitdisziplinen des 21. Jahrhunderts zu werden. Sie bewirken nachhaltige Veränderungen allen Wissens, Arbeits- und Lebensbereiche, und sie sind in den Industriestaaten bereits heute die bestimmenden ökonomischen Triebfedern. Im Zuge der sich dynamisch herausbildenden „network economy", also der vernetzten Wirtschaft, wird sich dieser Trend noch verstärken: Vom elektronischen Handel über die vielfältigen Bereiche des E-Business und des E-Government bis hin zum vernetzten Lehren und Lernen, überall sind computergestützte Verfahren und Systeme zu planen, zu entwickeln und organisatorisch einzubetten.

Dementsprechend wächst die Zahl der Unternehmen, die IT-Lösungen in der Praxis umsetzen, und damit auch der Bedarf an Fachleuten mit einer fundierten Hochschul-Ausbildung. Die erforderlichen Qualifikationen hängen prinzipiell zwar eng mit dem jeweiligen Arbeitsplatz zusammen, solides informatisches Grund- und Methodenwissen, Prozessorientierung, Fremdsprachenkenntnisse und „soft skills" sind jedoch unverzichtbare Grundbausteine. Zwar muss niemand von Anfang an perfekt sein, denn vieles wird durch „training on the job" erlernt, aber die Grundlagen für Teamfähigkeit, Planungskompetenz, Innovationsfreude sowie Mitarbeitermotivation und -führung muss jede/r selbst legen. Man sollte daher bereits im Rahmen des Studiums Fähigkeiten und Fertigkeiten wie freie Rede, sicheres Auftreten und selbständige Arbeit trainieren, kurz: an seiner Persönlichkeit arbeiten.

Rund 50 % der Informatiker/innen sind in der Anwendungsentwicklung und im DV-Management tätig, 25 % in der Systementwicklung und im Systemmanagement. Für die Ausbildung bedeutet dies, dass Studierende lernen müssen, in „Anwendungen zu denken" und soziale Kompetenz für den Umgang mit Anwendern zu entwickeln. Zu einem Informatik-Studium gehört daher immer zumindest ein Anwendungsfach.

Einer im Auftrag des Bundesministeriums für Bildung und Forschung erstellten Studie „Analyse und Evaluation der Software-Entwicklung in Deutschland" zufolge werden Absolventinnen und Absolventen einschlägiger Fachhochschulstudiengänge mit 36 % der Nennungen durch Firmenvertreter am häufigsten nachgefragt. Dies gilt sowohl für die so genannte Primärbranche (z. B. Softwarehäuser und IT-Dienstleister) als auch für die Sekundärbranche (IT-Fachabteilungen in Unternehmen anderer Branchen). Ausschlaggebend hierfür sind sicher der ausgewogene Mix an solidem Grundlagenwissen und Fertigkeiten für die Praxis, wie er an Fachhochschulen vermittelt wird, aber auch die vergleichsweise kurze Dauer eines Fachhochschulstudiums.

Damit hatten und haben Fachhochschulen eine zentrale Rolle bei der Heranbildung der für unsere wirtschaftliche Entwicklung so wichtigen Fachkräfte. Aber auch aus der anwendungsnahen Forschung und Entwicklung, und dort insbesondere als Transferriemen in die Wirtschaft, sind sie nicht mehr wegzudenken. Vor allem für die in der Softwarebranche typischen kleinen und mittleren Unternehmen sind sie Ansprech- und Kooperationspartner Nummer eins, dies nicht zuletzt auch dank ihrer regionalen Präsenz. Studiensemester in der Praxis und Diplomarbeiten führen zu engen Bindungen zwischen Hochschule und Wirtschaft, meist haben Absolvent/inn/en ihren zukünftigen Arbeitgeber dadurch bereits während des Studiums kennen gelernt.

Die Entscheidung für ein Informatik- bzw. IT-Studium an einer Fachhochschule ist also eine gute Wahl. Wichtig ist es nur, dieses als Projekt zu begreifen und als solches auch abzuschließen, um damit nicht nur die für das spätere Arbeitsleben erforderlichen Kenntnisse und Fähigkeiten zu erwerben, sondern auch Zielstrebigkeit und Durchhaltevermögen nachzuweisen. Dann hat man fast schon eine Arbeitsplatzgarantie für die Zukunft in der Tasche, ein erheblicher Vorteil gegenüber Abbrechern, Seiteneinsteigern und Anlernkräften, die ja häufig nur aufgrund des Mangels an Hochschulabsolvent/ inn/en eingestellt werden. Welches Teilgebiet man dabei wählt, hängt natürlich wesentlich von den eigenen Interessen und Vorlieben ab, die sich spätestens nach dem Grundstudium herausbilden. Seien es Kerngebiete wie Softwaretechnik, Information Engineering oder vernetzte Systeme, oder aber Spezialisierungsrichtungen in bestimmten Anwendungsfeldern wie etwa Medizininformatik, Bioinformatik, Medieninformatik oder Wirtschaftsinformatik – überall werden gut ausgebildete Fachleute gebraucht.

Prof. Dr. rer. nat. Dr. h.c.
Heinrich C. Mayr

IWAS, Universität Klagenfurt
Präsident der Gesellschaft für Informatik
(GI) e.V., Bonn

Dieses Buch knüpft an den Erfolg des seit längerem vergriffenen Standardwerkes an, das 1995 unter dem Titel „Studien- und Forschungsführer: Informatik, Technische Informatik, Wirtschaftsinformatik" von Prof. Rainer Bischoff herausgegeben wurde.

Im neuen Titel des Werkes „IT an Fachhochschulen – Studieren mit erfolgreicher Praxis" spiegelt sich die große Praxisnähe des Buches wider, was nach wie vor der Vorzug eines IT-Studiums an der Fachhochschule ist. Der Student erhält eine zuverlässige und detaillierte Übersicht über das Studienangebot in allen Facetten. Darüber hinaus bekommt er konkrete Praktikums- und Karriereoptionen aufgezeigt. Hilfreich sind auch Erfolgs-Storys von Persönlichkeiten, die mit einem FH-Studium beruflich Vorteile hatten. Ergänzt wird das Buch durch Kurzdarstellungen solcher Firmen, die die Vorzüge des FH-Studiums für das eigene Unternehmen zu schätzen wissen und Praktika bzw. berufliche Einstiegsmöglichkeiten nach dem Studium bieten.

Der Studienführer wurde von namhaften Herausgebern – Professoren der FH Furtwangen und der FH Niederrhein und erfahrenen Journalisten – in Zusammenarbeit mit dem Lektorat Vieweg IT erstellt und ist das Ergebnis einer fruchtbaren und zielgerichteten Teamarbeit.

Die Verantwortung für die einzelnen Kapitel liegt beim jeweiligen Herausgeber. Grundlage der Zusammenarbeit war das Konzept des Buches, das von Frau Kornelia Spohn entworfen und mit dem Lektorat Vieweg IT des Verlags sowie allen übrigen Herausgebern abgestimmt wurde.

Pro Kapitel lag die Federführung bei den Herausgebern, wie sie im Folgenden genannt werden, wobei jedoch oft Teile eines solchen Kapitels von anderen Herausgebern zugeliefert wurden. Das gilt insbesondere für die studentischen Berichte und die Praktikerporträts.

Die Federführungen waren wie folgt aufgeteilt:

Kapitel 1: Herr Bischoff
Kapitel 2: Herr Meuser/Herr Mülder
Kapitel 3: Herr Walter
Kapitel 4: Frau Spohn
Kapitel 5: Frau Klein
Kapitel 6 bis 8: Herr Moudden

Zweifelsohne konnte nicht in allen Punkten die einzelne Federführung durch eine gemeinsame ersetzt werden. Gerade aber die manchmal unterschiedliche Pointierung dürfte jedoch einen erheblichen Reiz dieses Führers ausmachen.

Besonderer Dank gilt allen Herausgebern. Jeder hat auf seine Weise zum Gelingen dieses Gemeinschaftswerkes hervorragend beigetragen.

Im Februar 2002

Der Verlag
Dr. Reinald Klockenbusch

Schon in den 60er Jahren bildeten sich an Fachhochschulen (bzw. an deren Vorgängerinstitutionen) erste organisatorische Einheiten mit einem starken Bezug zur Informatik. Aus diesen entstanden ca. ab 1970 – bei der Technischen Informatik schon Ende der 60er Jahre – die ersten Studiengänge Informatik und Wirtschaftsinformatik. Später kamen Studiengängen wie Medieninformatik/Digitale Medien hinzu.

Die Anwendungsorientierung war dabei stets im Mittelpunkt dieser Studiengänge, was mit dem Bezug IT und Business insbesondere in der Wirtschaftsinformatik und in den betriebswirtschaftlichen Studiengängen mit Schwerpunkt/Vertiefung Informatik/Wirtschaftsinformatik zu beobachten war – selbstverständlich mit anderer Schwerpunktsetzung. Dies gilt natürlich auch für die Technische Informatik, die meist aus der Elektrotechnik – später Elektronik – heraus entstanden war, und der Medieninformatik. Zu erwähnen bleiben viele weitere Studiengänge mit einem großen Informatik-Bezug, wie Maschinenbau- Informatik, Bauinformatik oder Computer Networks.

Dieser IT-Studienführer will die Studienrichtungen und Studiengänge aufzeigen, in denen die IT bzw. die Informatik eine besonders wichtige und große Rolle spielt. Dies geschieht anhand der Darstellung der wichtigsten Komponenten eines Informatik-Studiums an einer Fachhochschule, wie z. B.

- Struktur des Studiums
- wesentliche Lehrinhalte
- Prüfungsfragen
- Anwendungsorientierung

Gerade der letzten Komponente kommt durch die Praktikerberichte der unterschiedlichen IT-Richtungen eine besondere Bedeutung zu. Berufsfelder werden damit für den Studienbewerber und den Studierenden klarer, Firmen können abschätzen, welches Potenzial an IT-Power sie einstellen bzw. eingestellt haben. Absolventen können Karrieren „planen“.

Bei den Inhalten des Studiums ist – verglichen mit vor einigen Jahren – eine deutliche Zunahme von Veranstaltungen aus dem Bereich „soft skills“ zu verzeichnen. Dem wird dieser IT-Führer durch eine explizite Diskussion und Empfehlungen in diesem Bereich gerecht. Das reicht von dem richtigen Vorstellungsgespräch bis zu Rechtsfragen (persönliche Qualifizierung) im Zusammenhang mit einer Jobsuche und Vertragsgestaltung (Berufseinstieg).

Auch die Gestaltung des Studiums – Erfahrungsberichte aus den Studiensemestern in der Praxis und aus Studiensemestern an ausländischen Hochschulen – stillen sicherlich den diesbezüglichen Wissensdurst von Student/innen/en und solchen, die ein Studium planen.

Im Februar 2002

Die Herausgeber

High Potential
sucht High Potentials!

Innovative Technolo-
gien aus dem Hause
Siedle – die Funk-
Solar-Stele zur draht-
losen Signalübertra-
gung und autonomen
Stromversorgung.

Weitere Informa-
tionen unter
www.siedle.de

SSS SIEDLE

S. Siedle & Söhne
Postfach 1155
D-78113 Furtwangen
Telefon 07723 – 63 0
Telefax 07723 – 63 300
info@siedle.de
www.siedle.de

SQS Software Quality Systems

Fehlerfreie Software

Wenn Sie jetzt den Kopf schütteln, dann wissen Sie so wie wir, dass es fehlerfreie Software nicht gibt. Aber wir können gemeinsam viel dafür tun, Software zuverlässig und sicher zu machen. Mit unserem kontinuierlichen Wachstum von mehr als 25 % pro Jahr haben wir SQS zum innovationsstarken Marktführer in der Software-Qualitätssicherungsberatung gemacht. Derzeit sind wir 620 Kollegen/innen an verschiedenen Standorten in Deutschland, Großbritannien, Niederlande, Österreich, Portugal und Spanien. Unsere namhaften Kunden kommen unter anderem aus den Branchen Finanzdienstleistung, Telekommunikation, öffentliche Verwaltung, Industrie und Handel.

Sie unterstützen und beraten unsere Kunden bei der Konzeption und Realisierung des fachlichen oder technischen Tests von komplexen Anwendungssystemen und bei den Aufgaben des Software-Qualitäts-Managements. Testen von Internet-Anwendungen, Embedded Systems oder Standardsoftware wie SAP könnten Aufgaben für Sie sein, sowie der Aufbau von automatisierten Test-Systemen.

Was wir erwarten

Sie sind überdurchschnittlich engagiert und verfügen über eine hohe Kommunikationsfähigkeit. Sie sind Student/in oder Absolvent/in der Informatik, Wirtschaftswissenschaften, Mathematik, einer Ingenieurwissenschaft oder eines vergleichbaren Studiengangs. Erfahrene Praktiker und ambitionierte Berufsanfänger passen gleichermaßen in unser Team. Ihre Bereitschaft und Ihr Interesse, sich anspruchsvollen Aufgaben zu stellen, sind entscheidend.

Was wir bieten

· Anspruchsvolle Projekte.
· Systematische Vorbereitung auf Ihre Aufgaben.
· Ständig neue Herausforderungen in einer methodisch und technologisch richtungsweisenden Unternehmensberatung.
· Ein positives Betriebsklima.
· Überdurchschnittliche Entwicklungsmöglichkeiten und Karrierechancen.
· Leistungsgerechte Vergütung.

Wenn Sie sich in einem unverbindlichen Gespräch informieren wollen, rufen Sie uns an.

Besuchen Sie uns auf der CeBIT:
Halle 3 / Stand D45

Wir freuen uns auf Ihre Bewerbungsunterlagen. Für Informationen steht Ihnen Frau Petra Stange gerne zur Verfügung.
Tel.: 0 22 03/91 54-394
E-Mail: job@sqs.de

SQS Software Quality Systems AG
Frau Petra Stange
Stollwerckstraße 11
51149 Köln

www.sqs-group.com

Prof. Dr. rer. pol. *Rainer Bischoff,* Dipl.-Math.

Professor für Wirtschaftsinformatik an der FH Furtwangen, Hochschule für Technik und Wirtschaft
- Arbeits- und Forschungsgebiete:
- Formale Methoden im Software Engineering, Grundlagen Künstliche Intelligenz
- Neuronale Netze/Fuzzy Logik/Genetische Algorithmen, Data Warehouse, Controlling,
- Wirtschaftsinformatik-Aus- und Weiterbildung;

Mehrere Jahre Vorsitzender des bundesweiten Fachbereichstags Informatik (FBT-I) an Fachhochschulen und Sprecher (auch Gründer) des bundesweiten Arbeitskreises Wirtschaftsinformatik an FH im FBT-I

1.1 Bildungsauftrag der Fachhochschule

Die Gründung der Fachhochschulen erfolgte offiziell durch die Verabschiedung der länderspezifischen Fachhochschulgesetze (FHG) bzw. spezieller Ergänzungen in den länderspezifischen Hochschulgesetzen in den einzelnen Bundesländern.

Dies war ungefähr 1971. Gegründet wurden sie aber teilweise schon von 1968 an. Auf der Ministerpräsidentenkonferenz von 10/1968 wurde die Vereinheitlichung des Fachhochschulwesens beschlossen. Die Fachhochschulen gingen im Wesentlichen aus den damaligen Ingenieurschulen und Höheren Wirtschaftsfachschulen hervor, deren Geschichte teilweise bis ins 18. Jahrhundert zurückreicht. Im Rahmen der Wiedervereinigung kamen zu Fachhochschulen gewordene Fachschulen (oft schon vorher zu Technischen Hochschulen geworden) und Technische Hochschulen der ehemaligen DDR hinzu.

Die meisten Fachhochschulen werden von den Ländern getragen. Sie sind meist Körperschaften des öffentlichen Rechts. Den bundeseinheitlichen Rechtsrahmen bildet das Hochschulrahmengesetz (HRG).

1981 verabschiedete der Wissenschaftsrat seine „Empfehlungen zu Aufgaben und Stellung der Fachhochschulen" (Wissenschaftsrat 1981). 1991 folgten die „Empfehlungen zur Entwicklung der Fachhochschulen in den 90er Jahren" (Wissenschaftsrat 1991).

Mit der Gründung der Fachhochschulen war das existierende Hochschulsystem erweitert worden, und dies ganz bewusst. Die Universitäten richt(et)en sich wesentlich an den Leitvorstellungen der Humboldtschen Universität und an der Grundlagenforschung aus. Dadurch wurde der Bezug zur Berufsausbildung geschwächt. Man wollte eben nur Wissenschaftler ausbilden.

Nach einem Versuch, das Problem der abnehmenden Praxisnähe durch das Konzept der Gesamthochschule zu lösen, gründete man die Fachhochschulen als integraler Bestandteil des tertiären Sektors (des Hochschulsektors). Gleichzeitig reagierte man auf die Proteste der Absolventen der Vorgängerinstitutionen der Fachhochschulen, die die unbefriedigende nationale und internationale Stellung ihres Abschlussgrades kritisierten: Die Fachhochschulen bekamen den Abschlussgrad Diplom, wenn auch etwas halbherzig.

Damit einher ging auch eine Veränderung der Ausbildung: An den Ingenieurschulen war diese eher durch handwerkliche Fähigkeiten und durch Erfahrungswissen geprägt. Die neuen Fachhochschulen sollten und wollten ihre Studierenden mehr methodisch-wissenschaftlich fundieren, um ihnen so zu ermöglichen, sich aktiv – kreativ und innovativ – an technologischen Entwicklungen zu beteiligen. Das geht nur bei einer genügenden wissenschaftlichen Ausrichtung und der Spiegelung an den wirklichen Problemen der Praxis.

Insofern fixieren viele länderspezifische Fachhochschulgesetze die Notwendigkeit der eigenen FH-bezogenen Forschung. Sie verstehen darunter Forschung und Entwicklung, besser: Forschung durch Entwicklung. Wissenschaft, Praxis und Lehre verknüpfen sich so. Der Technologietransfer in die Praxis und die anwendungsbezogene Lehre sind damit gemeint.

Beide Hochschultypen (Universität und Fachhochschule) sollen auf die beruflichen Tätigkeiten vorbereiten (siehe HRG). Die Lehre an Fachhochschulen soll dabei praxisbezogen sein, die an Universitäten „nur" wissenschaftlich.

Zweifelsohne sind moderne praxisrelevante Probleme und Problemlösungen nur mit wissenschaftlichen Methoden analysierbar und umsetzbar: Im Vordergrund steht also die Beurteilungsfähigkeit für den praktischen Einsatz (inkl. der Fähigkeit, diesen auch realisieren zu können) und nicht der ggf. praxisirrelevante Wissenszugewinn. Schon in den 70er Jahren bedauerte der Wissenschaftsrat den Begriff Wissenschaftliche Hochschule als Synonym für die Universität.

Eine qualifizierte Lehre an der Fachhochschule braucht die Forschung und die Beteiligung der Studierenden daran, denn nur diese garantiert einen aktuellen Praxisbezug.

Die Wirtschaft anerkennt das und honoriert das: Weit mehr als 70 % der Diplom-Ingenieure, die die Hochschule verlassen, kommen von der Fachhochschule.

Bei den diplomierten Kaufleuten sind es ca. 60 %. Circa 6.000 Informatik-Absolventen gibt es an den Hochschulen insgesamt, wobei einige IT-Studiengänge pro Jahr, die den Namen Informatik nicht führen – z. B. Computer Networking –

nicht enthalten sind. In dem hier interessierenden IT-Bereich kommen davon ca. 50 % von der Fachhochschule – mit steigender Tendenz.

1.2 Gestaltung der Praxisnähe

1.2.1 Die Dimensionen des Praxisbezugs und des Transfers

Die ledigliche Orientierung an der Praxis reicht heutzutage nicht mehr aus. Die Entwicklung humaner, sinnvoll integrierter, wirtschaftlicher, informationstechnologischer Systeme verlangt ganz wesentlich aus der Praxis gewonnene Erkenntnisse, die neben dem „rein geistigen Schauen" wohl größerer Bestandteil der Wissenschaft Informatik mit ihren Teildisziplinen sind (vgl. auch Bischoff 1995, 60–64).

Es kommt hinzu, dass heutzutage oft pragmatische Lösungen angegangen werden müssen, die da und dort mancher idealen, denkbaren Lösung weh tun, für die Praxis aber hohe „praktische Bedeutung" haben. Praktisch heißt auch „Handeln im Dienste des Lebens". In diesem Sinne ist IT praktisch und nicht nur technisch-instrumentell und die Informatik praktisch und nicht nur mathematisch-theoretisch.

Das Paradigma der Fachhochschulen ist der Praxisbezug bei wissenschaftlicher Fundierung.

1.2.2 Der Praxisbezug für die Studentin/den Studenten

Der Praxisbezug ist für den Studierenden in zweierlei Hinsicht gesichert:

- Eigene Praxiserfahrung im Studium und damit die Möglichkeit der diesbezüglichen Reflexion im Studium
- Vermittelte Praxiserfahrung durch die Lehrenden und damit gesicherte Systematisierung, Integration und Wertung.

Die eigene Praxisausrichtung des Studierenden heißt:

- Die besondere Qualität der Lehrveranstaltungen (Vorlesungen, Workshops, Seminare, Praktika, Übungen) an Fachhochschulen: neben einer soliden wissenschaftlichen Fundierung eine hochgradig pragmatische Ausrichtung an den wirklichen Problemen in der Praxis durch Einbringung von praktischen Problemstellungen in das Studium: Die Qualifikation der Hochschule erfolgt durch die Praxis/den Praxisbezug. In dualen Ausbildungen erfolgt die Qualifikation der Praxis durch die duale Institution.
- In das Studium integrierte, strukturierte Studiensemester in der Praxis: Sie bieten dem Studierenden die Gelegenheit, die im Studium erworbenen Kenntnisse praxisorientiert anzuwenden, sich mit konkreten betrieblichen Problemen auseinander zu setzen und eigene Ideen und Lösungsvorschläge in die betriebliche Praxis einzubringen. Außerdem geben die Studiense-

mester in der Praxis den Betrieben die Möglichkeit, sehr frühzeitig qualifizierte Nachwuchskräfte kennen zu lernen und zu gewinnen.

- Erste kleine Praxisaufgaben – Systemanalysen, Bewertungen, Entwicklungen – für und zum Teil in der Praxis in curricularen Seminaren und Projektarbeiten
- Praxisorientierte Diplomarbeiten in und für die Praxis unter Anleitung und Führung des Professors.

Zu der oben erwähnten Diplomarbeit seien einige *Ergänzungen* erlaubt:

In ihr fließen alle theoretischen Kenntnisse aus Vorlesungen und die praktischen Erfahrungen aus Praktika und Studiensemestern in der Praxis zusammen und werden zielgerichtet eingesetzt, um ein Projekt selbständig und eigenverantwortlich zum Erfolg zu führen. Die Elemente der Selbständigkeit und Verantwortlichkeit sind in den anderen Praxiskomponenten nicht in dem Maße ausgeprägt und dort auch nicht realisierbar. Insofern ist es ein integraler Studienbestandteil, im Rahmen der Diplomarbeit ein Projekt durchzuführen; es bestände sonst die Gefahr, dass die Gesamtsicht im Studium nur theoretisch angesprochen wird.

Die Durchführung eines Projektes mit typischer Aufgabenstellung im Entwicklungsbereich, im Component-Ware-Bereich und in mehr organisatorischen Fragestellungen umfasst neben dem Management der (eigenen) Ressourcen folgende Bereiche:

- **Systemanalyse:** Im Rahmen der Kommunikation zwischen Benutzer/Kunde und Entwickler müssen Gespräche geführt werden mit dem Ziel, die wahren Anforderungen des Benutzers zu erheben. Es muss also, z. B. aus Kostengründen, festgestellt werden, was der Benutzer tatsächlich braucht. Diese Aufgabe ist schwierig und zeitraubend, unter anderem, weil der Entwickler die Angaben des Benutzers richtig interpretieren muss. Zahlreiche Rücksprachen und Gesprächswiederholungen werden in der Regel erforderlich, bevor ein verbindliches Modell der Benutzeranforderungen zur Abstimmungsgrundlage gemacht werden kann.

- **Design:** Abbildung der Benutzerforderungen auf verfügbare Technologie und Spezifikation des Systems im Hinblick auf diese Technologie und unter Nutzung der durch die ausgewählte Technologie bereitgestellten Mittel

- **Implementierung:** Realisierung des Konzeptes, Verifikation, Abnahme, Schulung, Einführung

- **Schriftliche Ausarbeitung der Diplomarbeit** inklusive Benutzeranleitung, Entwicklerdokumentation etc.

Diese Tätigkeiten sind alle so aufwendig, dass bei Aufgabenstellungen auf dem Niveau, das für eine Diplomarbeit angemessen ist, ein genügender Zeitraum zur Verfügung stehen muss.

Deutsche
Börse

Wir suchen
Wirtschaftsingenieur
Informatike
Mathematike
Physike
Bewerbung unte
deutsche-boerse.con

SIE SIND NICHT IN DER LAGE,
DIE ZUKUNFT DER BOERSE
VORAUSZUSAGEN?
GUT, DENN WIR BRAUCHEN
LEUTE, DIE SIE MACHEN.

1.2.3 Der Praxisbezug für den Professor

Für den Hochschullehrer an einer Fachhochschule heißt Praxisbezug:

- Einschlägige berufliche Tätigkeit in der Praxis vor der Tätigkeit als Hochschullehrer
- Pflege und Aktualisierung dieses Know-hows während der Tätigkeit als Hochschullehrer.

Der Hochschullehrer an einer Fachhochschule muss bundesweit unter anderem mindestens fünf Jahre einschlägige berufliche Praxis vor Eintritt in die Lehr- und Forschungstätigkeit an der Hochschule nachweisen. Der Bundesdurchschnitt liegt bei achteinhalb Jahren. Regelmäßige Forschungssemester, leider in zu langen Zyklen, helfen aktualisieren. Seine konkret geforderte Mitarbeit in der Angewandten Forschung und im Technologie-Transfer mildert die langen Zyklen.

1.2.4 Angewandte Forschung und Technologie-Transfer

„Die Fachhochschulen haben in den vergangenen Jahren wachsende Bedeutung

- im Technologie-Transfer,
- in der qualifizierten Wirtschaftsberatung,
- im Regionalbezug von Forschung und Entwicklung

gewonnen. Sie sind unter anderem auch ein besonders bedeutender Ansprechpartner kleiner und mittlerer Unternehmen für anwendungsorientierte Forschungs- und Entwicklungsaufgaben. Sie nehmen in unserer Hochschullandschaft einen so bedeutenden Platz ein, dass ihre Leistungsfähigkeit in der anwendungsorientierten Forschung und Entwicklung die internationale Wettbewerbsfähigkeit der Hochschulforschung insgesamt mitbestimmt." (aus einem Grußwort eines Bundesministers für Bildung und Wissenschaft)

Die primären Wege der Angewandten Forschung und des Transfers an Fachhochschulen sind die folgenden:

- An erster Stelle steht die Beratungstätigkeit des Professors und seine Mitarbeit in industriellen F&E-Projekten (Forschungs- und Entwicklungs-Projekten).
- An zweiter Stelle sind die F&E- Projekte in den so genannten Transferzentren zu erwähnen. In einigen Bundesländern gibt es eigene, landesweite Trägerorganisationen für solche Zentren (z. B. die Steinbeis-Stiftung, Stuttgart, für Baden-Württemberg). Professoren von Fachhochschulen leiten solche Zentren.
- Eine weitere wichtige Komponente sind die staatlich (Länder und/oder Bund; EU) installierten Forschungsprogramme, teilweise speziell für Fachhochschulen, und die Öffnung existierender Forschungsmittelvergabeinstitutionen (z. B. DFG : Deutsche Forschungsgemeinschaft).

- Ein weiterer wesentlicher Teil der Angewandten Forschung und des Transfers läuft über Institute an den Fachhochschulen, die voll im Verantwortungsbereich der Hochschulen liegen und durch die entsprechenden Landeshochschulgesetze ermöglicht werden.

- Ein zunehmender, hoffentlich nicht unwesentlicher Teil ist in der Einrichtung von Laboren zu sehen, die auch mit genügendem wissenschaftlichem Personal ausgestattet sein sollten.

- Erwähnenswert ist die gezielte Öffnung von Vorlesungen für die Wirtschaft. Die Überlast an Fachhochschulen erlaubt hier jedoch nur Einzellösungen.

- Schließlich ist die beachtliche Transferleistung von vielen Abschlussarbeiten (Diplom, Thesis) zu sehen, ggf. mehrere aufeinander aufbauende, die in den Bereichen Informatik oft Bestandteile bzw. Kerne „marktfähiger" (innerbetrieblicher / außerbetrieblicher) „Produkte" (rechnergesteuerte Produkte, Beratungsleistung, Orgware, Software etc.) sind. Es gibt eine Vielzahl von Preisen „die beste Diplomarbeit", die fast durchweg von der Wirtschaft gefördert werden.

Der Technologie-Transfer und damit auch der Praxisbezug ist keine Einbahnstraße, er ist eine Zweibahnstraße.

1.3 Das Studium

Im Folgenden skizzieren zwei Erstsemester die Gründe für ein Informatik-Studium an einer Fachhochschule (am Beispiel der Wirtschaftsinformatik).

Warum studieren wir Wirtschaftsinformatik an einer Fachhochschule?

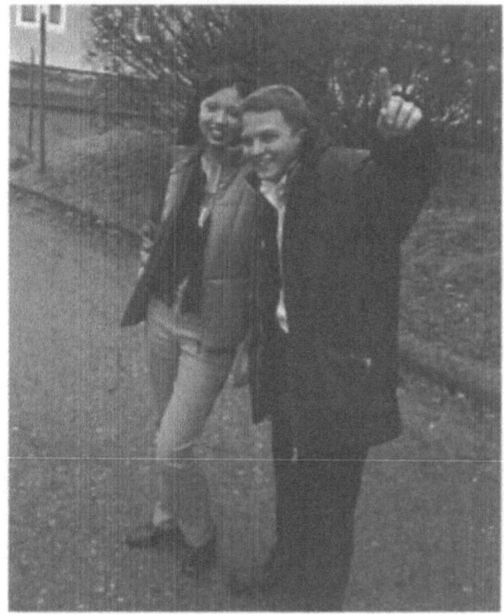

Christine Fey, Daniel Jonda (im WS 01/02) im ersten Semester Wirtschaftsinformatik an der FH Furtwangen (HTW)

Der Studiengang Wirtschaftsinformatik beschäftigt sich mit dem Einsatz von Informations- und Kommunikationstechnologien in Unternehmen.

Dabei stehen – so verstehen wir das –

- der elektronische Handel (E-Commerce) zwischen Unternehmen (Business-to-Business) sowie zwischen Unternehmen und Endkunden (Business-to-Customer)

- das Entstehen virtueller Unternehmen (Virtual Enterprises) und elektronischer Märkte (Electronic Markets)
- die Unterstützung der Beziehungen zwischen Unternehmen und ihren Kunden durch personalisierte Web-Portale (Customer Relationship Management)
- die betriebsübergreifende Lenkung des Materialflusses kooperierender Unternehmen (Supply Chain Management)
- dezentrale Arbeitsplätze mit der Möglichkeit flexibler Arbeitszeitgestaltung (Telearbeit) sowie orts- und zeitunabhängiges Lehren und Lernen unter Nutzung neuer Medien (Teleteaching und Telelearning)

hauptsächlich im Vordergrund. Diese Definitionsgrundlage hat uns dazu bewogen, uns näher mit der Studienrichtung Wirtschaftsinformatik auseinander zusetzen.

Das Studium der Wirtschaftsinformatik bietet uns die Möglichkeit, unsere Interessen an betriebswirtschaftlichen und informatikbezogenen Vorgängen zu intensivieren, ohne uns dabei auf eine zu enge Ausrichtung spezialisieren zu müssen, da es in den heutigen Unternehmenskulturen sehr oft erforderlich ist, in dem „Geschäft" Business und IT ein breit fundiertes Wissensspektrum aufzuweisen. Dabei hilft die modulare Struktur des Curriculums den Professoren, stets brandneu zu sein, was sie auch nutzen. Dies alles garantiert uns ein interessantes und vielseitiges Berufsleben.

Im Folgenden möchten wir uns kurz vorstellen:

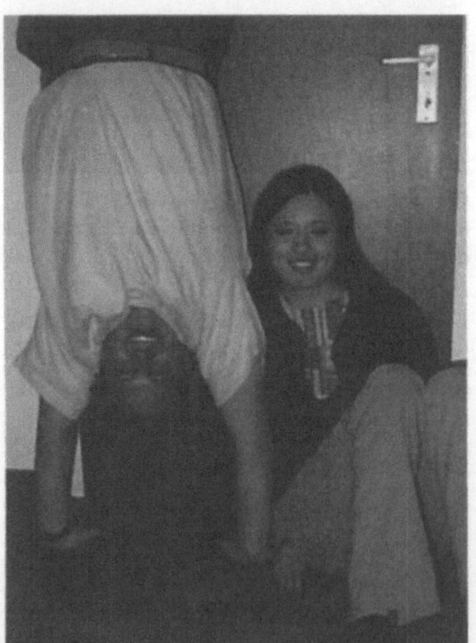

Christine Fey – 19 Jahre, Wirtschaftsgymnasium Freiburg mit abschließender Hochschulreife, Studentin der Wirtschaftsinformatik im 1. Semester an der Fachhochschule Furtwangen

„Meiner Meinung nach studiert Tine auch Wirtschaftsinformatik, da sie ein bisschen Leben in den Studiengang bringen und die Frauenquote etwas erhöhen möchte. Außerdem will sie später am Arbeitsmarkt bessere Chancen haben." (Daniel)

Daniel Jonda – 21 Jahre, Fachoberschule Freising mit abschließender Fachhochschulreife, Student der Wirtschaftsinformatik im 1. Semester an der Fachhochschule Furtwangen

„Daniel studiert auch Wirtschaftsinformatik, da er Karriere-süchtig ist und sein IT-Wissen weiterhin vertiefen möchte." (Christine)

Durch die praxisnahe Ausbildung haben wir als angehende Diplom-Informatiker, Studiengang Wirtschaftsinformatik, sehr gute Einkommens- und Karrierechancen am späteren Arbeitsmarkt.

Dies ist sicherlich, neben der praxisbetonten Lehre, auch Ergebnis der integrierten Praxissemester an der Fachhochschule, welche uns erste Einblicke in den Alltag des Berufslebens vermitteln soll und uns zusätzlich ermöglicht, erste wichtige und bedeutende Kontakte zu knüpfen.

Hier steht notwendigerweise das Prinzip „learning by doing" sehr stark im Vordergrund. Dadurch wird unter anderem gefördert, selbständig zu lernen, Probleme zu lösen, uns weiterzuentwickeln und im Team an komplexen Projekten zu arbeiten.

Darüber hinaus besteht die Möglichkeit – wenn man Lust hat –, sich nach Abschluss des Studiums mit Hilfe eines Aufbau-Studienganges (Zusatzqualifikation) mit dem internationalen Abschlussgrad Master weiterzubilden und weiterzuentwickeln. Das kommt für uns aber erstmal nicht in Frage, da wir zunächst einmal die kommenden Hürden bewältigen sollten/ wollen.

Aufgrund des straff organisierten Studiums und der guten Betreuung (kleine Studiengänge bis max. 45 Student/inn/en an den meisten Fachhochschulen) ist es für uns sichergestellt, dass das Studium ohne Umwege zufriedenstellend absolviert werden kann.

Abschließend ist noch zu erwähnen, dass uns in Studiengängen Informatik an Fachhochschulen, hier Wirtschaftsinformatik, nicht nur, wie bereits erwähnt, die Fachkompetenzen sehr gut vermittelt werden, sondern auch die heute so notwendige Sozialkompetenz, das heißt die Freude am Umgang mit Menschen und der Ausbau unserer Teamfähigkeit (soft skills).

Wir sind der festen Überzeugung, dass die Entscheidung für die Fachhochschule eine sehr gute Grundlage für unsere zukünftige berufliche Laufbahn darstellt und uns hilft, unsere bereits vorhandenen Fähigkeiten zu vertiefen, zu fundieren und weiter auszubauen.

Furtwangen, im Dezember 2001

Christine Fey, fey@fhf-wi.de oder christine.fey@fh-furtwangen.de

Daniel Jonda, daniel@jonda.de oder daniel.jonda@fh-furtwangen.de

Von Student/inn/en für Student/inn/en: www.fhf-wi.de

1.4 FH-Professoren – erreichbare Coaches

teach – learn – coach

Ein wesentliches Paradigma der Lehre und Forschung an der Fachhochschule ist der enge Kontakt zwischen Student/inn/en und Professor/inn/en. Man lernt den Professor schon im ersten Semester kennen und nicht erst in der letzten mündlichen Prüfung. Leider ist die sonstige personelle Infrastruktur sehr verbesserungswürdig.

Der Professor als Coach begleitet den Studierenden als Leistungsträger, als soziales Wesen, als geistiges Individuum, als Persönlichkeit und als Partner. Letzteres heißt insbesondere, dass auch der Professor bereit ist, auf den Studierenden zuzugehen.

Der Professor will die Potenziale und Stärken des Studierenden zur Entfaltung bringen, Lernprozesse werden so initiiert. Er trainiert den Studierenden mehr als dass er lehrt. Er macht das sorgfältig, er kann es weitgehend individuell und situativ machen (die Semester sind klein). Die Einrichtung von Teamarbeit ermöglicht die Entwicklung von Eigenverantwortlichkeit. Sie ermöglicht dem Studierenden die Chance zur Selbstentwicklung (auch: lernen zu lernen).

Das stete Feedback korrigiert den Professor. Er lernt. Er gibt selbst Feedback: konstruktiv, positiv, situationsgerecht, menschlich (vgl. auch Schmidt 1997).

Und dies alles hier:

- die Professoren halten die Vorlesungen
- die Professoren betreuen die Studienarbeiten, die in den Studiensemestern in der Praxis angefertigt werden müssen
- die Professoren betreuen die Studiensemester in der Praxis
- die Professoren sind in Projekten mehr Coach als Professor
- die Professoren sehen die Klausuren und sonstigen Abschlussleistungen durch
- die Professoren coachen die Diplomanden
- die Professoren betreuen die Praktika, im IT-Bereich extrem wichtig und fruchtbar
- die Professoren sind immer ansprechbar
- die Professoren treten in Vorlesungen in Dialog mit den Studierenden: die Semester sind normalerweise klein, das geht also
- die Professoren besuchen studentische Feste
- die Professoren sind jederzeit ansprechbar, sie sind hautnah da, nahbar, auch für persönliche Dinge.

Der ganze Stil ist auf partnerschaftlicher Kooperation aufgebaut: Professoren zum Anfassen und – vielleicht dadurch – außergewöhnlich engagierte Student/inn/en.

Der Informatiker sollte später im Unternehmen auch Coach sein: Er kennt das!

1.5 Faktoren im Arbeitsmarkt

1.5.1 Berufsbild

Ein Großteil der IT-Fachleute mit Studium wird sicherlich in Bereichen arbeiten, in denen sie gute Kenntnisse in einem oder mehreren der folgenden Technologien haben müssen (vgl. auch Computerwoche 27/2001, 46 ff.):

- Internet/Intranet/Groupware
- IT-Projekterfahrung
- Datenbanken
- Netzwerke
- Client-Server-Technologien
- Betriebssystme
- HTML und XML, insbesondere im Multimediabereich
- und natürlich Englisch.

Hinzu kommen einige Besonderheiten bei der Medieninformatik, der Technischen Informatik und der Wirtschaftsinformatik etc. (Siehe in diesem Führer Kapitel 2.)

Das typische Berufsbild ist zu Anfang des Berufslebens sicher der (versierte) Fachmann (Sachbearbeiter) mit guten Allround-Kenntnissen in vielen E-Bereichen, der sich leicht in ein Team integrieren kann.

Nach Erreichung der Gruppenleiter- und Projektleiterposition steht fast das gesamte Management offen: In den mehr „soft" ausgerichteten Firmen dürfte der so ausgebildete Informatiker zum Zuge kommen können. In den mehr technisch ausgerichteten Firmen dürfte es den so Ausgebildeten etwas schwerer fallen. Gute Aufstiegschancen sind auf jeden Fall in „Informatik-Firmen" vorhanden. Eine

Unternehmensgründung wäre eine weitere Möglichkeit, die oft genutzt wird.

1.5.2 Arbeitsmarkt

Der Arbeitsmarkt erlebte Mitte 2001 sicherlich einen Einbruch, insbesondere im Bereich New Economy durch viele Pleiten. Hinzu kommen Entlassungen von Netzwerk- und TK-Unternehmungen. Anders ist es in den Anwenderunternehmen: Dort braucht man qualifizierte Leute aus der E-Welt (E-Jobs), also diplomierte Informatiker aller Richtungen. Auch heute gilt immer noch: Die Hochschulen bilden weniger aus als die Wirtschaft für Ersetzung und Erstbesetzung braucht. Die Greencard ist nicht mehr als ein Tropfen auf den heißen Stein (vgl. Hönicke 2001, 46 f.). Die Schätzungen des aktuellen Bedarfs an IT-Experten variieren von 30.000 bis 100.000. Egal, welche Zahl vielleicht stimmt, es ist auf jeden Fall klar, der Bedarf ist enorm, auf Jahre hinaus. Alleine die immer kürzer werdenden Technologiesprünge im IT-Bereich sorgen für eine stetig wachsende Nachfrage. So will ein großer deutscher IT-Konzern im Mobilfunk einige 1.000 Beschäftigte entlassen, im Informatik-Bereich aber 1.100 neu einstellen.

Auch im IT-Bereich gibt es leider Arbeitslose, von den Fachhochschulen aber deutlich weniger. Die Abbrecherquote von Informatik-Student/inn/en ist relativ hoch, das Coaching hält sie an Fachhochschulen aber auf erträglichem Maß.

1.5.3 Beschäftigungsstatus

Die genannte Umfrage (Bischoff/Kucharz 2001) ergab den folgenden Beschäftigungsstatus, der tendenziell für alle

IT-Studiengänge gilt (vgl. Tabelle Beschäftigungsstatus):

Jahr der Umfrage	1/2001 in %	9/1991 in %
angestellt in der Wirtschaft	80,1	84,8
selbständig	11,7	6,3
freiberuflicher Mitarbeiter	5,5	6,8
angestellt im öffentlichen Dienst	2,7	2,1
Summe	100	100

Tabelle 1: Beschäftigungsstatus

1.5.4 Fähigkeiten

Die fachlichen Fähigkeiten werden nach einer Telefonumfrage bei Recruiting-Abteilungen deutscher Firmen praktisch vorausgesetzt bzw. als gegeben angenommen.

Dies zeigt sicherlich den enormen Bedarf an IT-Spezialisten, aber auch die gute IT-Ausbildung an deutschen Fachhochschulen, was interessanterweise neben der Wirtschaft auch das Ausland sieht, leider aber nicht in dem Maße die Verantwortlichen für den öffentlichen Dienst.

In einer Umfrage Anfang 2001 unter Informatik-Absolventen einer Fachhochschule wurden die soft skills abgefragt, die ein Arbeitgeber nach Ansicht der Absolventen für sein IT-Personal mit Hochschulabschluss für wichtig hält (vgl. Tabelle: Fähigkeiten, die man haben sollte). (Bischoff/Kucharz 2001)

Folgendes Ranking ergab sich:

Fähigkeiten	1/2001	9/1991
Fähigkeit zur raschen Einarbeitung	1	13
Integrationsfähigkeit/ Teamfähigkeit	2	6
Belastbarkeit	3	2
Initiative/Zielstrebigkeit	4	1
Flexibilität	5	3
Abstraktionsvermögen/ analytische Denkfähigkeit	6	5
Soziale Kompetenz	7	16
Selbstbewusstsein	8	7
Überzeugungskraft/ Durchsetzungsvermögen	9	8
Entscheidungsfreude	10	12
Rhetorische Fähigkeit	11	10
Fähigkeit zur Menschenführung	12	11
Kreativität/Ideenreichtum	13	9
Verhandlungsgeschick	14	15
Konzentrationsfähigkeit	15	14
Beharrlichkeit/Disziplin/ Sorgfalt	16	4
Praktische Fähigkeiten/ handwerkliche Fähigkeiten	17	17
Kritikaufnahmefähigkeit	18	–
Aktueller theoretischer Wissenstand	19	18

Tabelle 2: Fähigkeiten, die man haben sollte

Weitere Ergebnisse:

- Zunehmend mehr dieser Eigenschaften werden in einer Person gewünscht (hoher Prozentsatz bei den Mehrfachnennungen im Verhältnis zur Teilnahme)
- Teamfähigkeit gewinnt an Bedeutung
- Abstraktionsvermögen ist weiterhin von Wichtigkeit.

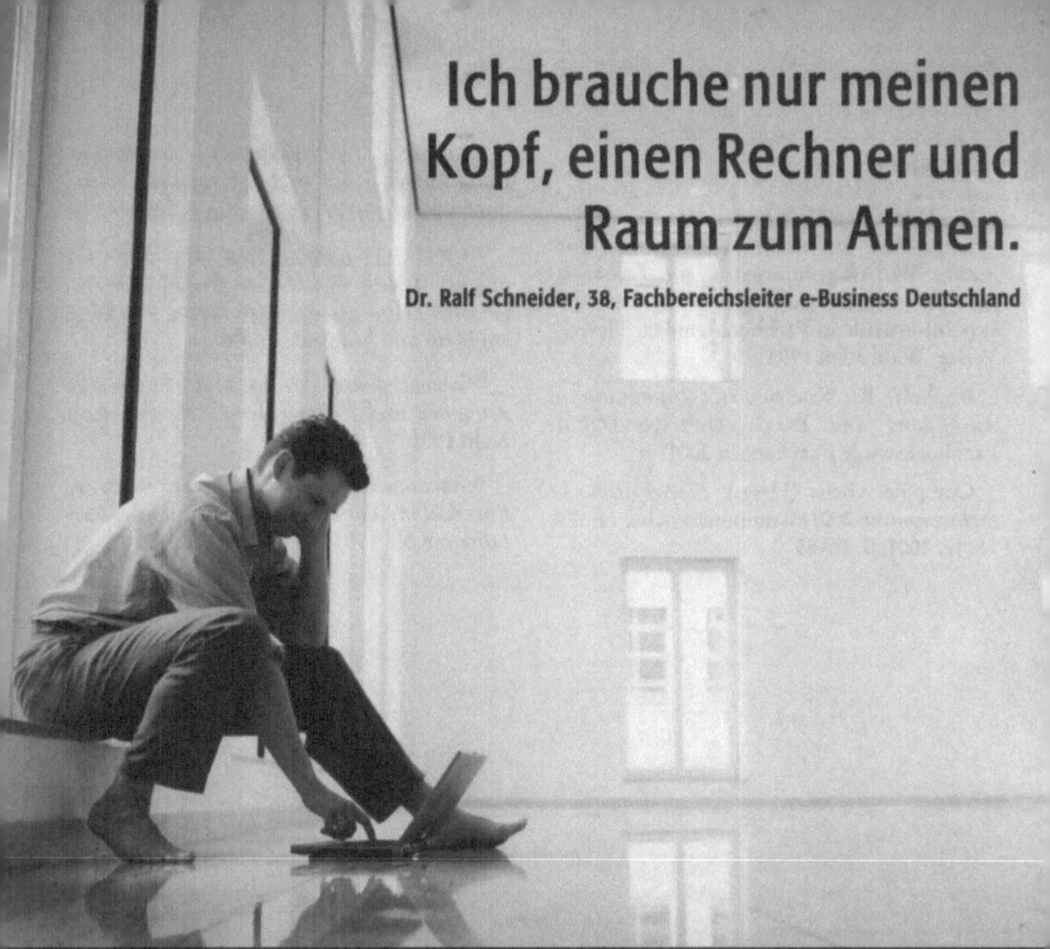

Ich brauche nur meinen Kopf, einen Rechner und Raum zum Atmen.

Dr. Ralf Schneider, 38, Fachbereichsleiter e-Business Deutschland

Das „manager magazin" hält uns nicht für eine Versicherung, sondern für den erfolgreichsten e-Konzern des Jahres 2001. Das freut uns, denn die Allianz setzt konsequent auf innovative Strategien. Und damit auch auf Sie! Informieren Sie sich über Ihre vielfältigen Karrierechancen. Voraussetzung ist ein sehr guter Abschluss in Jura/Volkswirtschaftslehre/Wirtschaftswissenschaften/Mathematik oder Informatik. Darüber hinaus schätzen wir Kreativität, Persönlichkeit, Teamgeist und Begeisterung. Allianz Lebensversicherungs-AG, Personalmarketing, Sabine Bauknecht, Reinsburgstraße 19, 70178 Stuttgart, Telefon 0711.663-2612, sabine.bauknecht@allianz.de

Allianz. Karriere von A bis z.

Literatur

__Bischoff, R. (Hrsg.): *Studien- und Forschungsführer Informatik, Technische Informatik, Wirtschaftsinformatik an Fachhochschulen.* Hrsg. im Auftrage des Fachbereichstags Informatik an Fachhochschulen. Vieweg-Verlag, Wiesbaden 1995

__Bischoff, R.; Kucharz, L.: *Informatik in Ausbildung und Praxis.* Umfrage 1/2001. Fachhochschule Furtwangen 2001

__Computerwoche (Hrsg.): *IT-Arbeitsmarkt (Schwerpunkt 2001).*Computerwoche, Nr. 27, 28. Jg. 2001, S. 46–55

__Hönicke, I.: *Die Rückkehr zur Normalität. Entlassungen trotz Fachkräftemangel.* Computerwoche, Nr. 27, 28. Jg. 2001, S. 46–47

__Schmidt, G.: *Business Coaching. Mehr Erfolg als Mensch und Macher.* Frankfurter Allgemeine Zeitung und Gabler-Verlag. Frankfurt am Main und Wiesbaden 1996

__Wissenschaftsrat (Hrsg.): *Empfehlungen zu Aufgaben und Stellung der Fachhochschulen.* Köln 1981

__Wissenschaftsrat (Hrsg.): *Empfehlungen zur Entwicklung der Fachhochschulen in den 90er Jahren.* Köln 1991 (ISBN 3-923203-28-4)

Prof. Dr. Wilhelm Mülder

Jahrgang 1952, lehrt Wirtschaftsinformatik an der Hochschule Niederrhein, Mönchengladbach. Nach seinem Studium zum Diplom-Kaufmann und seiner Promotion im Bereich Wirtschaftsinformatik an der Universität Essen war er mehrere Jahre im Bereich Software-Entwicklung und IT-Beratung tätig. Seine derzeitigen Schwerpunkte in Lehre, Forschung und Beratung sind Electronic Business, Electronic Human Resource Management Systeme, Standardanwendungssoftware und Geschäftsprozessanalyse. Er ist Autor zahlreicher Lehr- und Fachbücher, Fachartikel und wissenschaftlicher Studien.

Prof. Dr. Thomas Meuser

ist seit dem 01.11.1998 Professor an der Hochschule Niederrhein im Fachbereich Elektrotechnik und Informatik mit dem Fachgebiet „Verteilte Systeme und Datennetze". Seine beruflichen Stationen: Wissenschaftlicher Mitarbeiter an der RWTH Aachen, wissenschaftlicher Mitarbeiter in der SW-Entwicklung für ADSL-Produkte im Philips Forschungslabor in Aachen und seit 1999 Consultant für das Cisco Networking Academy Program.
Seine Interessen an der Hochschule Niederrhein liegen im Bereich Forschung und Entwicklung von Kommunikationsnetzen sowie im Einsatz elektronischer Medien in der Aus- und Weiterbildung.

Wohl kein anderes Lehr- und Forschungsgebiet hat in den letzten 20 Jahren solch eine rasante Entwicklung erfahren wie die Informatik. Die Rahmenbedingungen im technlogischen, wirtschaftlichen, arbeitsmarktpolitischen und gesellschaftlichen Bereich verändern sich dramatisch schnell. Die Informatik hat sich als eine eigenständige Wissenschaft etabliert, und viele Fachhochschulen haben Informatik-Studiengänge („Allgemeine Informatik") geschaffen. Aus Sicht der unterschiedlichen Anwendungsgebiete der Informatik sind verschiedene Wissenschaftsdisziplinen entstanden, die die Informationstechnik hauptsächlich als

Werkzeug betrachten und eigenständige wissenschaftliche Methoden und Theorien erarbeitet haben. Hierzu zählen beispielsweise die Wirtschaftsinformatik, die Technische Informatik, die Medieninformatik, die Bioinformatik oder die Medizinische Informatik. Diese Spezialisierung der Informatik-Anwendung hat ebenfalls eine Fülle von neuen Fachhochschulstudiengängen etabliert. Das folgende Kapitel gibt einen Überblick über das IT-Studium an Fachhochschulen, wohl wissend, dass für Ihre individuelle Wahl der Studienrichtung und der Hochschule die Studienangebote der einzelnen Hochschulen von Ihnen genauer geprüft werden müssen.

Bitte vergleichen Sie hierzu Kapitel 6. (Fachhochschulen stellen sich vor.)

2.1 Studienrichtung und -ziele

An den deutschsprachigen Fachhochschulen existiert ein breit gefächertes Angebot an Studiengängen mit Bezug zur Informatik. Da bei den Fachhochschulen die praxisorientierte Ausbildung im Mittelpunkt steht, sind die anwendungsorientierten Informatik-Studiengänge typisch für die stärker praxisorientierte Ausbildung. Folgende Schwerpunkte werden angeboten:

- Allgemeine Informatik
- Wirtschaftsinformatik
- Technische Informatik
- Medieninformatik
- Angewandte Informatik

Allgemeine Informatik

Das Studium der Allgemeinen Informatik – besser kurz: Informatik – (vgl. auch Böhme 1993, Niemeier/Steimer 2000) deckt alle wichtigen Gebiete der Informatik ab, nämlich deren theoretische, angewandte, wirtschaftliche und technische Ausprägungen. Kernpunkt ist die **Methodik der Softwareentwicklung.** Dies betrifft sowohl die Systemprogrammierung als auch die Anwendungsprogrammierung im technisch-wissenschaftlichen Bereich. Aber auch der große Bereich der kommerziellen Anwendungsentwicklung steht den Absolventen offen. Das Wort „Allgemein" soll zum Ausdruck bringen, dass nicht so sehr ein spezielles Faktenwissen im Vordergrund steht – die Entwicklungen in der IT wären dazu wohl oft zu schnell –, sondern die Beherrschung rechnerorientierter Methoden und Arbeitsweisen. Dazu gehört insbesondere logisches und algorithmisches Denken, die Methodik der Modellbildung, Phantasie und Kreativität, Lernwilligkeit und Lernfähigkeit und aus dem Bereich „soft skills" ganz besonders die Teamfähigkeit. Wesentliche Basis zu all dem ist das richtige Problembewusstsein.

Trotz der „allgemeinen" Grundlagen sind die Studieninhalte fortlaufend zu aktualisieren, denn doch recht häufig finden Paradigmenwechsel in der Informatik statt (z. B. der Weg zur objektorientierten Systementwicklung, die Ausbreitung des Internets und die Manifestation der Künstlichen Intelligenz in Agentensystemen und im Data Warehouse).

Das Studium der (Allgemeinen) Informatik ist auf große inhaltliche Breite angelegt, entsprechend breit ist auch das Spektrum der Berufsfelder. Die hauptsächlichen Berufsfelder sind

- die Anwendungssoftware-Entwicklung (ca. 60 % der Absolventen sind im Bereich der kommerziellen Anwendungsentwicklung tätig, vgl. Bischoff 1995)
- die Systemsoftware-Entwicklung (einschließlich der gesamten Netz- und Kommunikationsproblematik auf „Systemebene")
- die Werkzeugsoftware-Entwicklung (das heißt Software zur Software-Entwicklung, z. B. Datenbank-Software und Middleware bzw. auch Entwicklung von Benutzeroberflächen, Betriebssystemroutinen, Agentensysteme etc.)
- die Prozessdatenverarbeitung/Prozessrechentechnik (Prozessinformatik)
- Datenbankadministration
- Planung, Konfiguration und Betreuung von Kommunikationsnetzen
- der Vertrieb und Verkauf, die Beratung und der Support

Wirtschaftsinformatik

Die Studierenden beschäftigen sich innerhalb ihres Studiums sowohl mit Themen aus den Wirtschaftswissenschaften (insbesondere Betriebswirtschaftslehre) als auch der Informatik. Je nachdem, welcher Fachbereich den Studiengang initiierte, lassen sich die Studienangebote wie folgt unterteilen:

- Wirtschaftsinformatik im Fachbereich Wirtschaft, oftmals mit dem **Abschluss Dipl.-Betriebswirt/in bzw. Dipl.-Kfm./Kfr. mit Schwerpunkt Wirtschaftsinformatik**
- Wirtschaftsinformatik, angeboten vom Fachbereich Informatik mit dem **Abschluss Dipl.-Informatiker/in mit Schwerpunkt Wirtschaftsinformatik**
- Wirtschaftsinformatik in einem eigenen Fachbereich oder im Fachbereich Wirtschaft oder im Fachbereich Informatik mit Abschluss **Dipl.-Wirtschaftsinformatiker/in oder Diplom Informatiker/in, Studiengang Wirtschaftsinformatik.**

Die Herkunft der Studiengänge lässt auch Rückschlüsse auf Schwerpunktbildung und Spezialisierungsmöglichkeiten innerhalb des Studiums zu. Das Vollstudium der Wirtschaftsinformatik mit Abschluss als *Wirtschaftsinformatiker/in* hat sich inzwischen aber an vielen Fachhochschulen durchgesetzt. Inhaltliche Schwerpunkte sind deshalb:

- Betriebswirtschaftslehre
- Informatik (praktische und theoretische Grundlagen)
- Anwendungsentwicklung/Programmiersprachen/Datenmodellierung
- Anwendungssysteme/betriebswirtschaftliche Anwendungssoftware
- IT-Consulting, Beratung für strategische IT-Entscheidungen, IT-Controlling
- Spezielle Themen wie z. B. Internet-Portale, E-Business, Customer Relationship Management, SAP R/3.

Die Zielsetzung des Wirtschaftsinformatik-Studiums besteht darin, aufbauend auf einem soliden (technischen) IT-Wissen neue betriebswirtschaftliche Anwendungssysteme zu konzipieren, zu entwickeln und einzuführen („IT + Business").

Medieninformatik

Die Medieninformatik orientiert sich in den Lehrinhalten an den Anwendungsprofilen der Informations- und Computergesellschaft. Ohne Medien sind heutige und zukünftig entstehende Gesellschaftsstrukturen nicht mehr existenzfähig. Ohne den Einsatz der Computertechnik wiederum können Medienprodukte praktisch nicht mehr konzipiert, erstellt und präsentiert werden. Die Informatik ist damit zum elementaren und unverzichtbaren Bestandteil der Medien geworden. Der Studiengang Medieninformatik entspricht in logischer Konsequenz den gegenwärtigen und zukünftigen Anforderungen.

Der Kernpunkt des Studiengangs sind Multimediakonzepte. Die Realisierung dieser Multimediakonzepte wird dadurch ermöglicht, dass alle Informationsarten wie z. B. Daten, Text, Bilder, Videos, Sound etc. in digitaler Form aufbereitet und integriert verarbeitet werden können. Dies ist aber nur auf der Basis modernster Computertechnologie möglich. Die Begriffs- und Funktionssymbiose von Informatik und Medien ist also naheliegend. Sie zeigt sich auch in der Ausgestaltung bei den Inhalten des Lehrplans.

Insbesondere Online-Medien gewinnen immer stärker an Bedeutung und werden zukünftig unser Berufs- und Privatleben entscheidend verändern. Ein Studiengang Medieninformatik mit dem Schwerpunkt Online-Medien befasst sich mit der Konzeption, Gestaltung und Realisierung von Online-Anwendungen aller Art. Neben technischen Gesichtspunkten spielen in diesem Bereich gestalterische Aspekte eine

immer wichtigere Rolle, die unter Umständen über den Erfolg oder Misserfolg einer Online-Anwendung entscheiden. E-Commerce, E-Business, Lernsysteme, virtuelle Rathäuser (E-Government) oder virtuelle Gemeinschaften seien als Stichpunkte genannt. Intelligente Netzanwendungen wie Agentensysteme werden zukünftig ebenfalls vermehrt zum Einsatz kommen. Um solche Systeme effizient realisieren zu können, sind grundlegende Informatikkenntnisse ebenso unverzichtbar wie die Gestaltung von Digitalen Medien bzw. wirtschaftliche Gesichtspunkte, unter denen diese Systeme geplant, realisiert und eingesetzt werden.

Technische Informatik

Das Studienziel der Technischen Informatik (TI) ist die Vermittlung von Grund- und Fachkenntnissen in der Elektrotechnik und Informatik sowie der natur- und ingenieurwissenschaftlichen Grundlagen. Neben den allgemeinen Informatikkenntnissen werden dabei besonders Inhalte wie Systemsoftware, Datenbanksysteme, Rechner-Hardware, Datennetze, Elektronik, Mikroprozessortechnik und Digitaltechnik vertieft. Eine anschließende praxisorientierte Schwerpunktbildung hat folgende Zielrichtungen:

- Für die Entwicklung informationstechnischer Systeme ist zum einen der Einsatz von Hardware und Technologien zu planen, zum anderen die Software zu erstellen. Zur Entscheidung des optimalen Systemaufbaus sind ingenieurwissenschaftliche und Informatik-Kenntnisse erforderlich.
- Die Entwicklung von System- und Anwendungssoftware beschäftigt sich

hauptsächlich mit Verfahren der industriellen Produktion von Software und dem Softwareeinsatz in Produktions-, Informations- und Kommunikationssystemen sowie der Anpassung kommerziell verfügbarer Standardsoftware an unterschiedliche technische Anwendungsbereiche.

- Im Schwerpunkt Kommunikationssysteme geht es im Wesentlichen um die Planung, Entwicklung, Realisierung, den Betrieb und die Wartung von Telekommunikationssystemen sowie Daten- und Rechnernetzen, die gerade in industriellen Produktionsumgebungen eine immer größere Bedeutung erhalten.

- Bei der Prozessautomatisierung wird das Hauptaugenmerk auf die technisch-elektronische Seite der Datenerfassung und -verarbeitung gelegt. Zielsysteme sind hier insbesondere computergesteuerte und -geregelte technische Systeme, die Schnittstellen zwischen Hard- und Software sowie Benutzeroberflächen zur Anlagenüberwachung.

Für den Technischen Informatiker sind Computer mit ihrer Peripherie und deren vernetzter Einsatz in technischen Umgebungen Werkzeug und Untersuchungsobjekt zugleich. Während der Ausbildung soll der Studierende daher den Computer konsequent als Werkzeug für die unterschiedlichsten Lern-, Entwicklungs-, Simulations- und Dokumentationstechniken nutzen.

Als Studienabschluss ist sowohl der Titel des Dipl.-Informatikers als auch der Dipl.-Ingenieur (mit Zusatz „Studiengang Technische Informatik" bzw. „Studiengang Informations- und Kommunikationstechnik") gebräuchlich. Beide sind absolut gleichwertig, und für eine erfolgreiche Bewerbung ist der Studienschwerpunkt von weitaus größerer Bedeutung als der erhaltene Titel. Oft sind es auch eher politische und historische als fachliche Gründe innerhalb eines Fachbereichs, die zur Festlegung des akademischen Grades führen.

Angewandte Informatik

Hierzu zählen weitere Informatikstudiengänge mit Ausrichtung auf spezielle Anwendungsbereiche, z. B. Medizinische Informatik, Bauinformatik oder Bioinformatik, wobei der Informatikanteil jeweils ca. 50 % beträgt. Liegt der Anteil deutlich darunter, ist Informatik nur noch als ein Schwerpunkt in einem anderen Studiengang zu verstehen, z. B. in den Studiengängen Mechatronik, Betriebswirtschaft oder Design.

2.2 Zulassungsvoraussetzungen und Hochschultypen

Als Zulassungsvoraussetzungen für ein IT-Studium an einer Fachhochschule werden entweder ein Zeugnis der allgemeinen Hochschulreife (Abitur) oder ein Zeugnis einer Fachoberschule (Fachabitur bzw. Fachhochschulreife) oder vergleichbare Schulausbildungen verlangt. Zusätzlich zu den Zeugnissen müssen oftmals besondere **Praktika** vor bzw. während des Grundstudiums absolviert werden. Für diese Praktika bewirbt man sich wie üblich bei Unternehmen oder Behörden. Hierbei sollten die für den einzelnen Studiengang gültigen Bestimmungen beachtet werden. Für ein sechs- bis zwölfmonatiges Praktikum vor Beginn des Studiums Wirtschaftsinformatik müssen beispielsweise bestimmte Funktionsbereiche eines Unternehmens durchlaufen werden, etwa Buchhaltung, Einkauf, Vertrieb und IT-Abteilung. Im Rahmen eines derartigen Praktikums soll berufliches Grundlagenwissen, wie es z. B. im Rahmen einer Berufsausbildung vermittelt wird, erworben werden. Beruflich besonders qualifizierte Bewerber, z. B. Meister im Sinne des Berufsbildungsgesetzes und der Handwerksordnung, können auch ohne die entsprechenden Zeugnisse der (Fach-)Hochschulreife ein IT-Studium beginnen. An vielen Fachhochschulen werden besondere Prüfungen für derartige „Quereinsteiger" verlangt. An allen Hochschulen können die Voraussetzungen zur Studienaufnahme in den Studienordnungen nachgelesen werden.

Sie können Ihr IT-Studium an einer Fachhochschule entweder einmal pro Jahr (meistens dann im Wintersemester) oder zweimal (Sommer- und Wintersemester) beginnen. Das Sommersemester startet im März oder April (der genaue Anfangstermin schwankt von Bundesland zu Bundesland unter Berücksichtigung der Osterfeiertage); im Wintersemester beginnen die Vorlesungen zwischen Mitte September und Mitte Oktober. Die genauen Anfangstermine können bei den jeweiligen Hochschulen erfragt werden. Die Bewerbung für einen Studienplatz ist direkt bei der jeweiligen Hochschule einzureichen, dabei sind in der Regel Bewerbungsfristen einzuhalten, z. B. für das Sommersemester endet die Bewerbungsfrist am 15. Januar, für das Wintersemester

am 15. Juli eines Jahres. Wenn an einer Hochschule nicht genügend Bewerbungen eingegangen sind oder wenn noch Studienplätze frei sind, können Sie sich im Regelfall auch noch bis zum Beginn der Vorlesungen bewerben.

Wenn die Zahl der Bewerber die Zahl der angebotenen Studienplätze übersteigt, erfolgt die Vergabe nach der Durchschnittsnote des Abschlusszeugnisses unter Berücksichtigung von Wartezeiten. An einigen Fachhochschulen wird ein spezielles Eignungsfeststellungsverfahren durchgeführt, wobei die Bewerber befragt und häufig auch geprüft werden. Hierbei haben auch Bewerber mit weniger guten Zugangszeugnissen eine reelle Chance.

Wo kann man IT studieren?

Ein IT-Studium wird von unterschiedlichen Hochschultypen angeboten. Nachfolgend sollen lediglich die Studienmöglichkeiten an Fachhochschulen näher betrachtet werden. Man kann IT selbstverständlich auch an zahlreichen Universitäten studieren, was aber in diesem FH-Studienführer nicht näher betrachtet wird. Folgende Wahlmöglichkeiten haben Sie heute:

- **Fachhochschulen (staatlich und privat)**
- **Universitäten (staatlich und privat)**
- **Sonstige Träger** (z. B. privatwirtschaftliche bzw. öffentlich geförderte Einrichtungen oder ausländische Hochschulen sowie Berufsakademien; Letztere gehören nicht zum Tertiären Bereich).

Staatliche und **private** Fachhochschulen vergeben zwar ähnlich lautende Abschlüsse (z. B. Diplom-Wirtschaftinformatiker/in), sie unterscheiden sich aber in mancherlei Hinsicht. Bei den privaten Fachhochschulen sind nicht unerhebliche Studiengebühren zu bezahlen, bei den staatlichen Hochschulen ist dies im Normalfall (noch) nicht erforderlich. In vielen Unternehmen wird außerdem die Qualität der privaten Ausbildung kritisch beurteilt. Andererseits kommen die privaten Fachhochschulen den Anforderungen ihrer „Kunden", den Studierenden, in stärkerem Maße nach als die teilweise noch stärker bürokratisch arbeitenden staatlichen Hochschulen. So gehen viele private IT-Studiengänge von vornherein auf die Bedürfnisse voll berufstätiger Studierender mit Vorlesungszeiten in den Abendstunden oder an Wochenenden ein.

Einige private und staatliche Fachhochschulen bieten inzwischen auch so genannte **duale Studiengänge** (ähnlich oder analog den Berufsakademien, mit Zusatz BA) an, eine Kombination von Lehre und Studium. Nach einer dreijährigen Berufsausbildung schließt sich ein ca. zweijähriges Studium an oder Studium und Ausbildung finden im Wechsel statt. Die Lehrinhalte sind stark miteinander verzahnt, sodass die Studierenden insgesamt eine kürzere Gesamtausbildungszeit haben.

Ein weiterer Vorteil besteht darin, dass während der Ausbildungs- und Studienzeit eine Ausbildungsvergütung von dem Arbeitgeber gezahlt wird. Nach Ende der Ausbildung verpflichten sich die Studierenden allerdings für einen bestimmten Zeitraum, bei dem ausbildenden Unternehmen zu arbeiten oder ansonsten einen Teil der Studiengebühren zurückzuzahlen.

IT-Studiengänge werden auch von **sonstigen Trägern** angeboten, z. B. angesehenen ausländischen (überwiegend privaten) Hochschulen, die dann hauptsächlich die international anerkannten Studienabschlüsse „Bachelor" bzw. „Master" (siehe Kapitel 2.4) vergeben.

Ausländische Studienbewerber

Als ausländische Studienbewerber können Sie das IT-Studium an einer deutschen Fachhochschule aufnehmen, wenn Sie entweder in Deutschland die Fachhochschulreife erworben haben oder wenn Sie einen gleichwertigen ausländischen Schulabschluss und ausreichende Deutschkenntnisse nachweisen. Wenn Ihre ausländische Hochschulzugangsberechtigung nicht mit der deutschen Zulassungsvoraussetzung vergleichbar ist, können Sie eine „Feststellungsprüfung" an den Studienkollegs für ausländische Studierende an Fachhochschulen ablegen.

Nähere Informationen finden Sie auf den Internetseiten des DAAD, www.daad.org.de.

2.3 Aufbau von Diplomstudiengängen

Es gibt eine Vielzahl von Informatik-Studiengängen an Fachhochschulen, die sich in unterschiedlichen Umfeldern heterogen entwickelt haben. Teilweise gibt es vollständig neue und teilweise aus bestehenden abgeleitete Studiengänge. Hierbei kann unterschieden werden zwischen:

- grundständigen Informatikstudiengängen
- Informatik als Schwerpunkt in anderen Studiengängen

● Informatik als Nebenfach in anderen Studiengängen
dem Aufbau- und Zusatzstudium Informatik.

Wir konzentrieren uns hier auf die grundständigen Informatikstudiengänge unter Berücksichtigung der besonderen Aspekte in der Wirtschaftsinformatik, der Technischen Informatik und der Medieninformatik. Als grundständig wird ein Studiengang immer dann angesehen, wenn der Anteil der Informatikfächer mehr als 50 % beträgt. Oft findet sich hier neben der in der Abbildung 2.1 dargestellten Struktur auch der in der Abbildung 2.2. gezeigte Studienaufbau.

Semester

	Grundstudium
1.	
2.	
3.	
4.	Studiensemester in der Praxis
	Hauptstudium
5.	
6.	
7.	
8.	Diplomarbeit und Kolloquium

Abbildung 2-1: Aufbau des Studiums

Informatikstudiengänge an Fachhochschulen sind in der Regel achtsemestrig, siehe Abbildung 2-1. Dabei konzentrieren sich Lehrveranstaltungen und Praktika auf sechs Studiensemester, von denen meist drei dem Grundstudium zugeordnet werden. Oft ist das 4. Studiensemester eine Art Orientierungssemester, das die Entscheidung für eine Vertiefung/einen Schwerpunkt unterstützt. Hinzu kommen – meist zum Beginn des Hauptstudiums – ein Praxis- oder Auslandssemester und ein abschließendes Semester für die Diplomarbeit.

In den grundständigen Informatik-Studiengängen lassen sich nach den Empfehlungen der Gesellschaft für Informatik (GI 1996) fünf Fächerblöcke identifizieren, deren prozentuale Anteile in Tabelle 2-1 aufgeführt sind.

Grundstudium				
Fächerblock	Allgemeine Informatik	Technische Informatik	Wirtschaftsinformatik	Medieninformatik
Informatik	50	50	50	50[1]
Mathematik	20	20	15	15
Naturwissenschaftliche-technische Grundlagen	15	20	5	15
Betriebswirtschaftliche Grundlagen	5	0	20	10
Allgemeine Grundlagen	10	10	10	10

Hauptstudium				
Fächerblock	Allgemeine Informatik	Technische Informatik	Wirtschaftsinformatik	Medieninformatik
Informatik	80	60	70	80[1]
Mathematik	0	10	0	0
Elektrotechnik	0	20	0	0
Wirtschaftswissenschaften	15	5	25	10
Allgemeine Grundlagen	5	5	5	10

[1] Insbesondere medienbezogene Inhalte

Tabelle 2-1: Anteile der Fächerblöcke in Informatikstudiengängen

Über die Zusammenstellung und Inhalte der den einzelnen Blöcken zugeordneten Fächern differenzieren sich die einzelnen Studiengänge. Dabei ist der Übergang von Grund- zum Hauptstudium fließend und die Fächerzuordnung hierzu durchaus unterschiedlich.

Aus einer Auswahl der in der folgenden Tabelle 2-2 genannten Studieninhalte wird je nach Studienrichtung das Informatik-Grundstudium an einer Fachhochschule aufgebaut:

Informatik	Naturwissenschaftlich-technische Grundlagen
Organisation von Rechnersystemen Grundlagen der Informationsverarbeitung Automaten und formale Sprachen	Physik Digitaltechnik Rechnertechnologie
Programmentwicklung mit prozeduralen und/objektorientierten Konzepten	**Betriebswirtschaftliche Grundlagen**
Algorithmen und Datenstrukturen Datenkommunikation Informatik und Gesellschaft	Allgemeine Betriebswirtschaftslehre Organisation und Management Einführung in Wirtschaftswissenschaften
Mathematik	**Allgemeine Grundlagen**
Diskrete Mathematik Algebra Analysis Logik Numerik	Vortrags- und Präsentationstechniken Projektmanagement Fremdsprachen, eventuell unterstützt durch fremdsprachliche Lehrveranstaltungen

Tabelle 2–2: Grundlegende Fächer in Informatikstudiengängen

Die spezifischen Inhalte der von uns betrachteten Studiengänge sind im Folgenden jeweils getrennt dargestellt:

Aufbau Studiengang „Allgemeine Informatik"

Die moderne Gesellschaft befindet sich zur Zeit inmitten einer technologischen Revolution, die in Form neuer Informations- und Kommunikationstechnologien alle Bereiche in Gesellschaft, Wirtschaft, Politik und Wissenschaft erheblich beeinflusst.

Im Zentrum steht die Informatik als Wissenschaft in ihren Anwendungen, insbesondere in Wirtschaft und Gesellschaft:

Sie liefert die Grundlagen für diese Entwicklung, sie treibt die Entwicklungen voran. Da es sich bei den Anwendungen um Mensch-Maschine-Systeme handelt, ist neben dem technisch-funktionalen Aspekt stets auch der personale, soziale und organisatorische Bezug zu berücksichtigen (Niemeier/Steimer 2000).

Neben einer mathematisch-logischen Disziplin ist die Informatik damit auch eine ingenieurwissenschaftlich geprägte Disziplin (systematisch, strukturiert, werkzeugunterstützt, praxis- bzw. anwendungsorientiert etc.) Der Studienplan umfasst meist eine Auswahl der in Tabelle 2-3 dargestellten Veranstaltungen:

Grundstudium	Hauptstudium
Mathematik Grundlagen der Informatik/Informations- und Kommunikationstechnik Einführung in die Programmierung Datenbanken Algorithmen und Datenstrukturen Vortrags- und Präsentationstechniken Fremdsprache, z. B. Englisch Rechnerarchitektur Datenkommunikation	Software-Engineering/Systems-Engineering Numerische und Quantitative Methoden (Statistik, Operations Research) Netze (inkl. Protokolle und Programmierung) Systemsoftware und Systemprogrammierung Graphische Datenverarbeitung Compilerbau Automatentheorie und Formale Sprachen Objektorientierung (Analyse und Design) Softwareprojekte (mit/für die Praxis) Methoden der Künstlichen Intelligenz Projektmanagement Gesellschaft und Informatik

Tabelle 2-3: Fächerkatalog im Studiengang „Allgemeine Informatik"

Neben Pflichtfächern gibt es meist Wahlpflichtfächer (WPV). In vielen Studiengängen muss der Studierende bis zu 20 % von der Gesamt-Semesterwochenstundenzahl (SWS) von ca. 160 SWS als WPV wählen. Nach der Wahl werden diese WPV dann Pflicht. Mögliche Themen für WPV sind Internet/Intranet, Data Warehouse, weitere Programmiersprachen, XML, weitere Betriebssysteme, Datenschutz und Datensicherung, Verschlüsselung/angewandte Kryptographie, Kompressionsalgorithmen, Recht und Informatik, Digitale Bildverarbeitung oder spezielle Fragen des Projekt-Managements.

Ein besonderer Schwerpunkt liegt dabei im Hauptstudium auf der Projektarbeit (z. B. Studiensemester in der Praxis, Softwareprojekt, Diplomarbeit), denn bei Informatik in der Praxis ist Teamarbeit und Projektarbeit nicht wegzudenken. Das Studium wird mit dem akad. **Grad. Diplom-Informatiker (FH)**, meist mit Zusatz: **Studiengang (Allgemeine) Informatik** abgeschlossen.

Aufbau Studiengang „Wirtschaftsinformatik"

Der Aufbau und die Inhalte eines Wirtschaftsinformatik-Studiums schwanken von Hochschule zu Hochschule. Als Regelstudienzeit sind inzwischen acht Semester üblich, wobei sich das Studium in mehrere Studienabschnitte (Grundstudium, Praxis- oder Auslandssemester, Hauptstudium, Diplomarbeit) untergliedern kann (vgl. Wirtz 1993; AKWI 1997).

Im Grundstudium können beispielsweise die Themen aus Tabelle 2–4 angeboten werden.

x-cellent technologies - 2000 in München gegründet - ist auf dem besten Weg, eines der führenden Technologieunternehmen in den Bereichen interaktive Transaktionssysteme und Datensicherheit im Internet zu werden. Durch hersteller- und produktunabhängiges Consulting ermöglichen wir unseren Kunden innovative Lösungen.

Developer Java/JSP (w/m):

Sie haben:
- ein abgeschlossenes Informatik-Studium
- nach Möglichkeit bereits Berufserfahrung
- fundiertes Allgemeinwissen auf dem Gebiet der Internet-Technologien
- umfassende Kenntnisse einer OO-Sprache, vorzugsweise Java (sonst C/C++)
- jede Menge Teamgeist und Engagement

Ihr Aufgabenschwerpunkt liegt auf der Entwicklung interaktiver Anwendungen für Internet- und Intranet-Projekte.

IT-Security Specialist (w/m):

- ein abgeschlossenes Informatik-Studium oder vergleichbare praktische Erfahrung in den Bereichen IT-Revision / IT-Security
- Erfahrung im Umgang mit unterschiedlichen Security-Systemen auf verschiedenen Plattformen
- fundiertes Wissen über Internet-Technologien
- umfassende Netzwerk- und Betriebssystemkenntnisse
- jede Menge Teamgeist und Engagement

Sie führen bei Kunden IT-Securityaudits und IT-Revisionsprüfungen durch. Zudem erstellen Sie Prüfungsberichte über Sicherheitslage und -risiken der komplexen Sicherheitsumgebungen.

user@x-cellent $> /bin/mount -t praktikum /dev/prkt /mnt/praktikanten

Stecken Sie gerade mitten im Studium und suchen ein interessantes Thema für Ihre Diplomarbeit oder eine Praktikumsstelle? Dann melden Sie sich bei uns!

x-cellent technologies GmbH
Rosenkavalierplatz 5, 81925 München
Telefon: 089-929274-0, Fax: -250
email: jobs@x-cellent.com

1. Wirtschaftswissenschaften

Betriebswirtschaftslehre
Rechnungswesen
Wirtschafts-, Arbeits-, Informatik-Recht
Bebtriebliche Steuerlehre
Volkswirtschaftslehre
Unternehmens- und Personalführung

2. Quantitative Methoden

Wirtschafts- und Finanzmathematik
Wirtschaftsstatistik
Mathematik (Algebra, Analysis)

3. Informatik

Algorithmen und Programmierung
Rechnersysteme
Betriebssysteme

4. Wirtschaftsinformatik

Grundlagen
Betriebliche Anwendungssysteme
Hard- und Softwaresysteme
Datenmodellierung, Datenbanksysteme
Projektmanagement und Organisation

5. Ergänzungsfächer

Fremdsprachenausbildung
Psychologie
Präsentationstechniken

Tabelle 2–4: Themen und Fächer im Grundstudium Wirtschaftsinformatik

Aufbauend auf diesem Grundlagenwissen steht im Hauptstudium der Erwerb von methodisch /technologischem Wissen zur Lösung ausgewählter Aufgaben der Wirtschaftsinformatik im Vordergrund (vgl. Tabelle 2-5):

Kommunikationsaspekt

Kommunikationssysteme
Inter-/Intra-/Extranet
Bürokommunikation
Workflow-/Groupwaresysteme zur Unterstützung von Teamarbeit im Unternehmen
Rechnernetzmanagement

Systemaspekt

Integrative betriebliche Anwendungssysteme (z. B. SAP)
Spezielle betriebliche Anwendungssysteme (z. B. E-Commerce, Branchensysteme, Produktionsplanung- und Steuerungssysteme)
Wissensbasierte Systeme
Systemtheorie, Systems Engineering
Software Engineering
Entwicklung komplexer betrieblicher Anwendungssysteme
Entwicklung unternehmensweiter Datenmodelle

Sprachenaspekt

Objektorientierte Programmiersprachen
Relationsorientierte (Datenbank-)Sprachen
Logische Programmiersprachen
Deskriptive Sprachen (Definitions- (z. B. XML) und Auszeichnungssprachen (z. B. HTML))

Organisationsaspekt

Informationswirtschaft
Organisations- und Geschäftsprozessmodellierung
Informationsmanagement
Qualitätssicherung in der IV
Datenschutz
soft skills, z. B. Projektleitung, Konfliktbewältigung im Projektteam
IT-Consulting

Informationsaspekt

Datenbanken und Informationssysteme für das Management (Führungsinformationssysteme, Data Warehouse)
Data Mining als spezielle Methode der Datenanalyse und Auswertung
Suchen von Informationen im Internet
Entscheidungsunterstützende Systeme
Data Mining als spezielle Methode der Datenanalyse und Auswertung
Suchen von Informationen im Internet

Tabelle 2-5: Themen und Fächer im Hauptstudium Wirtschaftsinformatik

Ein für das gesamte Studium wichtiger Schwerpunkt ist der Erwerb von praktisch verwertbarem Anwendungswissen über die Entwicklung und Nutzung unternehmensweiter bzw. unternehmensspezifischer IT-Anwendungen.

Dieses Anwendungswissen wird erworben durch:

- Studiensemester in der Praxis
- Studienbegleitende Projekte
- Laborpraktika zu kommerzieller Anwendungssoftware
- Diplomarbeit.

Aufbau Studiengang „Medieninformatik"

Die Medieninformatik beschäftigt sich mit computergestützten und digitalen Multimediasystemen. Das Studium soll eine ganzheitliche Sichtweise vermitteln, die technische, konzeptuelle sowie gestalterische und ökonomische Fragen integriert.

Das Studium ist anwendungsorientiert, es umfasst i. d. R. 160 Semesterwochenstunden; ein Viertel davon beinhalten Praktika, Übungen sowie Projektarbeit in den Studios und Labors.

Die Regelstudienzeit beträgt acht Semester, wie in der folgenden Abbildung 2-2 dargestellt. Üblicherweise sind, abhängig von der jeweiligen Fachhochschule, ein bzw. zwei praktische Studiensemester abzuleisten.

Semester

	Grundstudium	
1. 2.	Grundlagen	
3.	1. Studiensemester in der Praxis	
	Hauptstudium	
4. 5.	Projektarbeit	
6.	2. Studiensemester in der Praxis	
7.	Vertiefung	
8.	Diplomarbeit	

Abbildung 2-2: Struktur des Studiums

Im ersten Studienabschnitt werden die Grundlagen in den folgenden Bereichen gelegt:

- Informatik (unter anderem graphische Oberflächen, Datenbanken, Algorithmen und Datenstrukturen, Computergrafik und Mathematik)
- Medieninformatik (unter anderem Physik, Audio-, Videotechnik)
- Wirtschaft (unter anderemBetriebswirtschaftslehre, Marketing, Werbung)
- Medien (unter anderem Medienkonzeption, und -gestaltung, Mediendidaktik, Medienpsychologie)

Im Anschluss an das erste Studiensemester in der Praxis steht im Hauptstudium die Projektarbeit im Mittelpunkt. Des Weiteren erfolgt eine Vertiefung der Lehrgebiete des Grundstudiums und deren Anwendungen. Im Anschluss an das zweite Studiensemester in der Praxis kann eine Vertiefung nach individuellen Neigungen erfolgen. Das siebte Studiensemester kann dabei auch an einer Partnerhochschule im In-/oder Ausland verbracht werden.

In der Regel wird im achten Semester die Diplomarbeit angefertigt, in der es gilt, ein aktuelles Problem der Medieninformatik mit wissenschaftlicher Methodik zu bearbeiten. Das Studium schließt mit dem Titel **Diplom Informatiker/in (FH), Fachrichtung Medieninformatik** ab.

Der Studiengang **online.medien** befasst sich mit der Konzeption, Gestaltung und Realisierung von Online-Anwendungen aller Art. Wie bei der Medieninformatik stehen auch hier neben den technischen Gesichtspunkten die gestalterischen Aspekte im Vordergrund. Mehr und mehr entscheiden diese über den Erfolg bzw. Misserfolg einer Online-Anwendung.

E-Commerce, E-Business, Lernsysteme, virtuelle Rathäuser oder virtuelle Gemeinschaften sind nur einige wenige Stichpunkte dazu. Intelligente Agenten, die im Netz agieren, werden in Zukunft ebenfalls vermehrt zum Einsatz kommen. Um solche Systeme effizient realisieren zu können, sind grundlegende Informatikkenntnisse ebenso unverzichtbar wie die Gestaltung von Digitalen Medien bzw. wirtschaftliche Gesichtspunkte, unter den diese Systeme geplant, realisiert und eingesetzt werden. Das Studium ist ähnlich dem zu Medieninformatik aufgebaut. Im Grundstudium unterscheiden sich die beiden Studiengänge nur unwesentlich. Alle Grundlagen sind auch hier von Relevanz. Im Hauptstudium dagegen wird der Schwerpunkt auf online-spezifische Fachgebiete gelegt. Hier begleiten Sie solche Fächer wie Web-Design, Online-Programmierung, Mediendesign, E-Commerce, virtuelle Gemeinschaften und vieles mehr. Eine breite Auswahl an Wahlpflichtfächern runden dieses Angebot ab.

Aufbau Studiengang „Technische Informatik"

Studiengänge der Technischen Informatik vermitteln als Ausbildungsziel die Konzeption, die Realisierung und den Einsatz rechnergestützter informationstechnischer Systeme. Dabei ist in den Lehrinhalten das Zusammenwirken von Hard- und Software besonders berücksichtigt.

Es gibt starke Parallelen zu einem Studium der Ingenieurwissenschaften und viele Querverbindungen zu anderen Technologiebereichen. Zusätzlich zu diesen informationstechnischen Lehrinhalten werden solide Kenntnisse in der Mathematik, der Elektrotechnik und im Bereich physikalisch-technischer Grundlagen vermittelt.

Demnach haben die Fächer aus diesen Bereichen insbesondere im Grundstudium ein besonderes Gewicht, was in einen entsprechenden Stundenumfang niederschlägt.

Im Einzelnen sind dies meistens folgende Fächer:

- Grundlagen der Elektrotechnik
- Digitaltechnik
- Physik
- Rechnertechnologie
- Messwerterfassung und Prozessdatenverarbeitung.

Auch die Informatik-Fächer haben stets einen System- und Technikbezug:

- Programmierung und Programmiertechnik
- Rechner- und Betriebssysteme
- Rechnerarchitekturen
- Rechnernetze, Kommunikationssysteme
- Mikroprozessortechnik

- Datenbanksysteme
- Graphische Datenverarbeitung und Bildverarbeitung.

Im Hauptstudium kann dann meist eine Schwerpunktbildung in einem informations-technischen Bereich gewählt werden. Diese können beispielsweise folgende Schwerpunkte sein:

- Kommunikationssysteme
- Prozessautomatisierung
- Hard- oder Softwareentwicklung
- Telematik.

Je nach Schwerpunkt können dabei Kombinationen folgender Fächer belegt werden:

- Systemsoftware
- Software-Engineering
- Elektronik
- Echtzeitsysteme
- System- und Netzmanagement
- Interface-Techniken
- Vermittlungs- und Übertragungstechnik
- Simulation technischer und nicht-technischer Systeme.

Zur Vertiefung des in den Vorlesungen und Übungen dargestellten Lehrstoffs werden für nahezu alle Fächer Praktika in den Laboren angeboten und ein Praxissemester vorgeschrieben.

Informatik als Schwerpunkt bzw. Nebenfach in anderen Studiengängen

Lehrveranstaltungen in Informatik sollten für eine Schwerpunktbildung in einem anderen Studiengang sowohl für die knappe Vermittlung üblicher Grundlagen als auch im Hauptstudium in für diesen Studiengang spezifischen Anwendungsdisziplinen im Studienplan eingeplant

werden. Ein solcher Studiengang führt nicht zum Abschluss des Dipl.-Informatikers, sondern zu dem akademischen Grad, der dem Hauptfach des Studiengangs zugeordnet ist (z. B. Dipl.-Ing. oder Dipl.-Kfm.).

Beispiele für Studiengänge mit Schwerpunkt Informatik sind:

- Elektrotechnik, Schwerpunkt Informationsverarbeitung
- Mechatronik
- Betriebswirtschaftslehre, Schwerpunkt Wirtschaftsinformatik
- Design, Schwerpunkt Designinformatik
- Informationstechnik im Maschinenbau
- Krankenhausmanagement mit Medizininformatik.

Die inhaltliche Ausfüllung der Informatik-Veranstaltungen im Hauptstudium hängt vom zugehörigen Hauptstudiengang ab. Während bei der Elektrotechnik und der Betriebswirtschaft jeweils eine Untermenge der oben für Technische Informatik bzw. Wirtschaftsinformatik genannten Fächer kennzeichnend ist, wäre in Bereichen der Architektur die graphische Bildverarbeitung, im Maschinenbau CAD und CIM oder beim Krankenhausmanagement Fächer wie Kommunikations- und Datensysteme und Data Mining sinnvoll.

Werden in einem Studiengang nur wenige Informatik-Veranstaltungen im Wahlbereich angeboten, so wird die Informatik hier nur als Nebenfach auf dem Abschlusszeugnis ausgewiesen. Ein Beispiel für solch ein Fach wäre „PC-Anwendungen für Ingenieure", in dem Studierende

NÄCHTE
AM SCHREIBTISCH
ADE, DIPLOMARBEIT ADE, UNI ADE.
WAS JETZT KOMMT? EIN JOB, DER VOR ALLEM EINS MACHT
LAUNE.

DATEV ist der kompetente IT-Dienstleister für Softwareentwicklung,
Kommunikation, Internet-Anwendungen und Consulting. Informieren Sie sich
jetzt über Jobs und studienbegleitende Praktika. www.datev.de/jobs

DATEV

mit dem Einsatz und der Anwendung des Computers für die Lösung typischer Ingenieurprobleme vertraut gemacht werden. Zielstellung ist dabei die Stärkung der fachspezifischen Datenverarbeitungs-Kompetenz.

2.4 Bachelor- und Masterstudiengänge

Parallel zu den bewährten Diplomstudiengängen werden an vielen Fachhochschulen und Universitäten derzeit Bachelor- und Masterstudiengänge eingeführt. Diese zusätzlichen Studiengänge sollen das Angebot an deutschen Hochschulen erweitern, nicht aber die Diplomstudiengänge ersetzen. Das anerkannte Niveau und die Qualität der bisherigen Ausbildung sollen auf die neuen Studiengänge übertragen werden.

An den Fachhochschulen bleibt also auch in Bachelor- und Masterstudiengängen das generelle Ziel der Informatikausbildung ein wissenschaftlich fundiertes, anwendungsorientiertes Studium. Aktuell ist diese Entwicklung von einer großen Dynamik getrieben, es ist daher nicht abzusehen, wie die deutsche Hochschullandschaft in fünf oder zehn Jahren aussehen wird. Im Wesentlichen werden mit der Einführung der Bachelor- und Masterstudiengänge vier Ziele verfolgt:

1. Internationalisierung und Flexibilisierung der Ausbildung
2. Bessere nationale und internationale Marktfähigkeit deutscher Hochschulabsolventen durch einen international bekannten (und anerkannten) akademischen Abschluss
3. Höhere Attraktivität deutscher Fachhochschulen für Studierende aus dem Ausland
4. Straffere Ausbildung durch Kurzstudiengänge mit reduzierten Inhalten.

Es gibt im Wesentlichen drei Konzepte beim Aufbau dieser neuen Studiengänge:

Eigenständige Bachelor- und Masterstudiengänge
Bachelor- und Masterstudiengänge werden als eigenständige, manchmal sogar von einander unabhängige Studiengänge angeboten. Der Bachelor ist ein erster berufsqualifizierender Abschluss. Die Zulassungsvoraussetzungen entsprechen den Vorschriften für die Diplomstudiengänge. Das Bachelorstudium vermittelt ein breites Spektrum an Fachwissen und die für den Einstieg in die berufliche Praxis notwendigen Grundlagen. Absolventen müssen die wissenschaftlichen Erkenntnisse und Problemlösungskonzepte in den jeweiligen Anwendungsfeldern einsetzen können.
Entsprechend kann eine Hochschule auch ohne einen Bachelorstudiengang einen Masterstudiengang anbieten, der von den Bewerbern einen vorausgehenden berufsqualifizierenden Abschluss (Bachelor, Diplom) als Zulassungsvoraussetzung fordert. Aufbauend auf diesen Abschluss wird meist eine Wissensverbreiterung im Sinne einer Zusatzqualifikation geschaffen. Der Studierende ist zu befähigen, wissenschaftliche Methoden und Erkenntnisse bei schwierigen und komplexen Problemstellungen sowohl in der Praxis als auch in der Forschung einzusetzen.

Konsekutive Studiengänge

Bachelor- und Masterstudiengänge werden als konsekutive Studiengänge mit abgestimmten Inhalten angeboten, behalten aber dennoch ihren eigenständigen Charakter. Damit bleiben insbesondere die unter dem vorhergehenden Unterpunkt aufgeführten Aussagen auch für die konsekutiven Studiengänge gültig.

Kopplung mit Diplomstudiengängen

Die neuen Studiengänge und die existierenden Diplomstudiengänge sind so gegliedert, dass gleiche Studienangebote gemeinsam genutzt werden können. Somit entsteht ein durchlässiges System, aus dem Studierende mit dem Bachelor, dem Diplom oder dem Master hervorgehen können, ohne dies beim Studienstart direkt festlegen zu müssen.

Die Studiendauer für den Bachelor beträgt mindestens drei und höchstens vier Jahre, für den Master mindestens ein Jahr und höchstens zwei Jahre. Wenn die Studiengänge konsekutiv angeboten werden, soll die Regelstudienzeit fünf Jahre nicht überschreiten. Ziele dieser gestuften Abschlüsse sind ein erster berufsbefähigender und berufsqualifizierender Abschluss nach drei Jahren und ein zweiter postgradualer Abschluss nach weiteren ein bis zwei Jahren.

Mindeststandards sollen garantieren, dass die Ausbildung auch in den neuen Studiengängen nach allgemein akzeptierten Kriterien erfolgt. Eine Empfehlung der Gesellschaft für Informatik (GI 2000) beschreibt solch einen Standard. Demnach sollten die neuen Informatik-Studiengänge an Fachhochschulen Inhalte aus folgenden Kategorien enthalten:

1. Informatik
- Grundlagen der Informatik, entsprechend der in Kapitel 2.3 beschriebenen Fächer
- Soft- und Hardwaresysteme: Soft- und Hardware-Komponenten von DV-Systemen wie Rechner, Betriebssysteme, Netze, Datenbanken, Transaktionssysteme
- Software-Engineering: Analyse, Designmethoden und Implementierung, Projektmanagement, Qualitätssicherung, Datensicherheit, Ergonomie
- Entwicklung komplexer Systeme: Systemmodellierung und -entwicklung, Anwendung von Erkenntnissen und Methoden der ersten drei Kategorien auf größere Systeme

2. Mathematische und naturwissenschaftlich-technische Grundlagen
- Mathematik
- Physik
- Elektrotechnik

3. Allgemeine Grundlagen
- Juristische Aspekte wie Datenschutz, Telekommunikations- und Medienrecht
- Arbeitswissenschaften mit neuen Arbeits- und Organisationsformen
- Arbeits- und Führungspsychologie mit Rhetorik, Verhandlungs- und Präsentationstechniken, Kommunikationstechniken

4. Betriebswirtschaftliche Grundlagen
- Grundkenntnisse in Betriebswirtschaft: Kostenschätzung, Finanzorganisation, Marktanalysen

– Grundkenntnisse in der Unternehmensorganisation: Unternehmensaufbau und -management, Geschäfts- und Steuerungsprozesse

– Informatik-Systeme in den betriebswirtschaftlichen Bereichen: Planung und Entscheidung, Marketing und Vertrieb, Administration und Disposition

5. Anwendungsspezifische Anteile

– Spezielle Anwendungen der Medien-, Wirtschafts- und Technischen Informatik

– Interdisziplinäre Inhalte in Hauptstudiengängen mit Nebenfach Informatik wie Maschinenbau, Architektur, Design oder Wirtschaft.

Das Verhältnis der Stundenanteile für die Veranstaltungen aus den unterschiedlichen Kategorien variiert in Abhängigkeit von der Art des Studiengangs und der Fachrichtung. Bei reinen Informatik-Studiengängen, die zum Bachelor oder Master führen, liegt der Anteil der Informatik-Veranstaltungen aber mit 60–80 % höher als bei den Diplomstudiengängen. Für Studiengänge der Informatik in speziellen Anwendungsbereichen liegt er auch noch zwischen 45 und 65 %.

Der Praxisanteil soll entsprechend des Fachhochschulprofils auch in den neuen Studiengängen hoch bleiben. Das Bachelorstudium umfasst demnach vorlesungsbegleitende Praktika, Praxisphasen in Form von berufspraktischen Semestern und/oder Projektfächer. Beim Masterstudiengang wird hierbei der Schwerpunkt auf die Projektfächer und -gruppen gelegt.

Alle Studien- und Prüfungsleistungen werden nach einem international einheitlichen Leistungspunktesystem bewertet, womit die Übertragung erbrachter Leistungen auf Studiengänge derselben oder einer anderen Hochschule – auch im Ausland – möglich sein soll. Damit können auch Studienleistungen, die im Rahmen eines Auslandssemesters erbracht werden, für das eigene Studium angerechnet werden. Das ECTS (**European Creditpoint Transfer System**) ist das in Europa meist verwendete Leistungspunktesystem.

Als Abschluss von Bachelor- und Masterstudiengängen der Informatik können verschiedene akademische Grade verliehen werden:

- Bachelor of Science/Master of Science – eher wissenschaftlich orientiert
- Bachelor of Engineering/Master of Engineering – eher anwendungsorientiert.

Über eine Zusatzbezeichnung soll eine genauere Kennzeichnung der Abschlüsse erreicht werden. Beispiele hierfür sind:

- Bachelor/Master of Computer Science
- Bachelor/Master of Electrical Engineering
- Master of Science in Advanced Software Technology
- Master of Communications Systems Engineering.

Wie an den Beispielen zu erkennen ist, gibt es im Titel keine Kennzeichnung des Abschlusses von einer Fachhochschule oder einer Universität. Nach der aktuellen Auffassung der Bildungsministerien soll auch keine Differenzierung der Abschlüsse erfolgen. Damit könnte ein Bachelor-Abschluss von einer Universität zum Masterstudiengang an der Fachhochschule qualifizieren. Umgekehrt soll ein Master-Abschluss, der an einer Fachhochschule erworben wurde, zur Promotion an der Universität berechtigen. In der Praxis sieht es aber noch durchaus anders aus. Nicht alle Universitäten öffnen sich den Bachelor- und Masterabschlüssen der Fachhochschulen, und der öffentliche Dienst möchte – aus Kostengründen – einen Absolventen mit einem Master von einer Fachhochschule nur in den gehobenen Dienst einstellen, was auch für das Diplom gilt.

Wie schon angesprochen, ist die Frage der Qualität der neuen, aber auch alten Studiengänge von besonderer Bedeutung. Während in den traditionellen Diplomstudiengängen die Qualitätssicherung bisher über Rahmenprüfungsordnungen erfolgt, sollen für Bachelor- und Masterstudiengänge – und später auch für die Diplomstudiengänge – international übliche Akkreditierungsverfahren angewandt werden. Ziele sind dabei:

- die Qualität zu sichern
- die Studierbarkeit nachzuweisen
- Vielfalt zu ermöglichen
- Transparenz zwischen Hochschulen zu schaffen.

Von den Ministerien unabhängige Agenturen sollen die Akkreditierung durchführen. Dabei geht es nicht um eine Vereinheitlichung der Studienangebote, sondern um die bessere Vergleichbarkeit. Begutachtet wird das Studienkonzept, es soll plausibel und wohlstrukturiert sein und die Entwicklung der Berufsfelder ebenso enthalten wie die Ressourcen der Bildungseinrichtung (personelles Potenzial, Ausstattung mit Räumen und Geräten).

Sollte sich dieses Verfahren der Qualitätssicherung auch für die traditionellen Studiengänge durchsetzen, wird es zukünftig weniger wichtig sein, welchen akademischen Titel man bei einer Fachhochschule oder einer Universität erhält, sondern wie gut der abgeschlossene Studiengang im (internationalen) Vergleich mit anderen Studiengängen der gleichen Fachrichtung akkreditiert wurde.

2.5 Prüfungsbedingungen und Prüfungsleistungen

Das IT-Studium an Fachhochschulen ist straff organisiert. Als Studentin bzw. Student werden ab dem ersten Semester regelmäßige Prüfungsleistungen von Ihnen verlangt. Der Vorteil ist dabei, dass eine schnelle Leistungskontrolle möglich wird. Sie erkennen nicht erst nach vier Semestern, dass Ihnen für dieses Studium der „richtige Biss" fehlt. Vorteilhaft ist auch, dass Sie die meisten Lehrveranstaltungen in einem Semester direkt mit einem „Schein" abschließen und sich dann im neuen Semester mit anderen Themen oder Vertiefungen beschäftigen können. Prüfungsleistungen müssen von Ihnen

- mündlich
- schriftlich durch Klausurarbeiten oder
- schriftlich durch Ausarbeitungen, Referate, Programme etc.

erbracht werden. Teilweise sind auch Kombinationen möglich, also z. B. eine Klausurarbeit und anschließend eine mündliche Prüfung. Zu diesen Prüfungen müssen Sie sich vorher anmelden (beim Prüfungsamt und/oder bei dem jeweiligen Professor). Wenn Sie zum Prüfungstermin nicht erscheinen, gilt dies bereits als ein Prüfungsversuch. Eine nicht bestandene Prüfung kann von Ihnen mehrmals wiederholt werden, z. B. zweimal. In manchen Prüfungsordnungen besteht nach den maximal erlaubten Versuchen zusätzlich noch einmal die Möglichkeit einer mündlichen Prüfung. Wenn alle Prüfungen mit schlechter als „ausreichend" bewertet wurden, droht meistens die Gefahr der zwangsweisen Exmatrikulation für den von Ihnen gewählten Studiengang.

Wenn Sie am Prüfungstag krank sind, müssen Sie ein ärztliches Attest vorlegen. Informieren Sie sich aber vorher genau, ob Sie ggf. einen bestimmten Vertrauensarzt aufsuchen müssen, oder ob die Bescheinigung eines Hausarztes oder Facharztes ausreichend ist. Wenn Sie aufgrund einer körperlichen Behinderung nicht in der Lage sind, die Prüfung in der vorgesehenen Form durchzuführen, können Sie z. B. eine verlängerte Bearbeitungszeit oder eine gleichwertige Prüfungsleistung erbringen. Auch hierzu brauchen Sie ein Attest und sollten Ihre Situation frühzeitig mit dem betreuenden Professor besprechen.

Bei **mündlichen Prüfungsleistungen** sollen Sie nachweisen, dass Sie die Zusammenhänge eines Prüfungsgebietes erkannt haben und spezielle Fragestellungen beantworten können. Außerdem soll geprüft werden, ob Sie über ausreichendes Grundlagenwissen, in dem Prüfungsfach verfügen. Mündliche Prüfungen betragen mindestens 15 Minuten. Gruppenprüfungen mit mehreren Studierenden sind möglich. Meistens sind zwei Prüfer anwesend. Über den Ablauf der mündlichen Prüfung wird ein Protokoll erstellt.

Bei mündlichen Prüfungen werden häufig Zuhörer akzeptiert. Wenn Sie an einem späteren Prüfungstermin die gleiche Fachprüfung ableisten müssen, sollten Sie sich als Zuhörer rechtzeitig (am besten, bevor Sie die entsprechende Lehrveranstaltung besucht haben) mit den Anforderungen und dem Ablauf mündlicher Prüfungen beschäftigen.

In einer **schriftlichen Klausur** sollen Sie den Nachweis erbringen, dass Sie in einer begrenzten Zeit mit begrenzten Hilfsmitteln eine Themenstellung umfassend bearbeiten können. Hierbei geht es nicht allein um die Überprüfung von gelerntem Grundlagenwissen, sondern Sie sollen auch nachweisen, dass Sie selbständig und systematisch Fallstudien und komplexe Problemstellungen mit dem zuvor erworbenen Wissen bearbeiten können.

Im Rahmen einer **schriftlichen Seminararbeit** wird von Ihnen erwartet, dass Sie eine – meist vom Professor vorgegebene – wissenschaftlich relevante Themenstellung in einem Zeitraum von mehreren Tagen oder Wochen bearbeiten können. Bei IT-Studiengängen besteht diese schriftliche Seminarleistung oftmals aus der Entwicklung eines Computerprogramms oder der Lösung eines technischen Problems. Neben der selbständigen Recherche und Vorarbeit (z. B. Literatursuche oder Erlernen einer Programmiersprache) wird von Ihnen ein Ergebnis in Form einer schriftlichen Ausarbeitung oder eines getesteten und dokumentierten Programms erwartet. Oftmals muss die Arbeit auch in der Gruppe Ihrer Mitstudierenden präsentiert werden.

Eine schriftliche Prüfungsarbeit kann auch in Form einer **Projektarbeit** entstehen, indem Sie beispielsweise gemeinsam in einer Gruppe von drei oder vier Studierenden ein Computerprogramm entwickeln, testen und dokumentieren. Schriftliche Prüfungen werden meistens von nur von einem Professor bewertet. Die Dauer einer Klausur schwankt zwischen einer und acht Stunden.

Für die **Benotung** einer Prüfungsleistung werden bekannten Schulnoten vergeben. Allerdings gilt eine Prüfung mit einer Note schlechter als 4,0 als „nicht bestanden" und muss wiederholt werden. Wenn Sie bei der Prüfung unerlaubte Hilfsmittel benutzen oder „abschreiben", wird die Prüfung mit „nicht ausreichend" bewertet. Bei manchen Prüfungen zählt lediglich, ob sie bestanden oder nicht bestanden wurden; hierbei werden Noten nicht vergeben.

Nach einer Klausur können Sie meistens eine grobe Einschätzung darüber abgeben, ob und mit welcher Note Sie bestanden haben. Häufig täuscht aber diese erste Einschätzung und Sie können sich möglicherweise überhaupt nicht erklären, warum Sie eine bestimmte Prüfung nicht bestanden haben. Nutzen Sie daher immer die Möglichkeit der Klausureinsichtnahme. Nur hierdurch erfahren Sie, was Sie bei der Klausur falsch gemacht haben und welche Erwartungen der Professor letztlich an die korrekte Bearbeitung gestellt hat. Wenn die Möglichkeit der Klausureinsicht nach der Prüfungsordnung nicht vorgesehen ist, können Sie die jeweiligen Professoren auch direkt fragen.

Anerkennung von Prüfungsleistungen

Wenn Sie die Hochschule oder den Studiengang wechseln, besteht die Möglichkeit, dass bereits erbrachte Studien- und Prüfungsleistungen anerkannt werden. Bei der Anrechnung wird geprüft, ob Inhalt, Umfang und Anforderungen der erbrachten Prüfungsleistungen an beiden Hochschulen vergleichbar sind.

Neben den Leistungsnachweisen („ Scheinen") sind für die Anerkennung oftmals inhaltliche Einzelheiten wichtig. Hilfreich können dabei z. B. Gliederungen und Skripte der Lehrveranstaltungen sein, die Sie sich anerkennen lassen möchten.

Prüfungsausschuss und Prüfungsordnung

Über Prüfungen gibt es manchmal völlig unterschiedliche Meinungen zwischen Prüfer und Prüfling. Für jeden IT-Studiengang gibt es daher eine Prüfungsordnung, in der alle Regularien festgehalten sind. Die Prüfungsordnungen sind über die jeweiligen Hochschulen erhältlich. Die Prüfungsordnung ist für Professoren und Studierende bindend. Wenn es also beispielsweise bei der Zulassung zu einer Prüfung oder zu einer Benotung Meinungsverschiedenheiten zwischen Ihnen und dem Professor gibt, müssen Sie nicht sofort einen Rechtsanwalt bemühen, sondern können sich mit Ihrem Problem an den Prüfungsausschuss für Ihr Studienfach wenden. Ein Prüfungsausschuss setzt sich aus Professoren und studentischen Mitgliedern zusammen.

Sie sollten Ihr Anliegen möglichst in schriftlicher Form an den Vorsitzenden des Prüfungsausschusses formulieren. Hilfreich kann es auch sein, vor einer Sitzung des Prüfungsausschusses die studentischen Vertreter zu informieren.

Diplom-Vorprüfung

Die zahlreichen Prüfungsleistungen werden grundsätzlich den unterschiedlichen Studienphasen zugeordnet. Das Grundstudium (im Umfang von zwei bis vier Semestern) schließt mit der Diplom-Vorprüfung (auch als „Zwischenprüfung" oder „Vordiplom" bezeichnet) ab. Durch diese Diplom-Vorprüfung sollen Sie nachweisen, dass Sie Ihr Studium mit Aussicht auf Erfolg fortsetzen können. In der Regel zählen mehrere Prüfungsleistungen zum Bestehen der Diplom-Vorprüfung. Die einzelnen Prüfungen sind in der Prüfungsordnung der jeweiligen Studiengänge genau festgelegt. Über die bestandene Diplom-Vorprüfung erhalten Sie auch ein Zeugnis, das die Fachnoten und eine Gesamtnote enthält. Damit können Sie sich z. B. für ein Studiensemester in der Praxis bei einem Unternehmen oder für einen Ferienjob bewerben.

Die Prüfungsleistungen in den ersten Semestern sind durchaus ein Gradmesser für das Bestehen der Prüfungen im Hauptstudium, auch die Noten werden sich meistens nicht mehr grundlegend ändern. Wenn Sie jede Prüfung erst nach mehrmaligem Anlauf bestehen und wenn Sie erkennen, dass Sie jede Prüfung noch soeben mit der Note „ausreichend" bestehen, sollten Sie sich überlegen, ob Sie Ihr Studienfach tatsächlich richtig gewählt haben. Im Grundstudium ist es noch möglich, in ein anderes Studienfach zu wechseln.

Diplom-Abschlussprüfung

Das Hauptstudium (in der Regel mit einer Dauer zwischen drei und fünf Semestern) besteht aus mehreren Fachprüfungen, der Diplomarbeit und meistens noch einer mündlichen Prüfung („Kolloquium").

Anders als im Grundstudium können Sie im Hauptstudium die Fächer und Themen stärker nach Ihren Interessen und Ihrem zukünftigen beruflichen Betätigungsfeld ausrichten. Daneben sind allerdings wie im Grundstudium auch mehrere Pflicht- bzw. Wahlpflichtfächer zu belegen.

Informieren Sie sich rechtzeitig, z. B. im Rahmen eines Studiensemesters in der Praxis, nach interessanten und gefragten Spezialisierungsmöglichkeiten. Durch die Auswahl Ihrer Fächer und das Thema von Referaten, Seminar- und Diplomarbeit dokumentieren Sie Ihrem zukünftigen Arbeitgeber, dass Sie sich schon während des Studiums wertvolle Spezialkenntnisse angeeignet haben.

Diplomarbeit

Durch die Anfertigung einer Diplomarbeit zeigen Sie, dass Sie in der Lage sind, innerhalb einer vorgegebenen Frist ein praxis- oder forschungsrelevantes Problem nach wissenschaftlichen Methoden zu bearbeiten. In einem Zeitraum von üblicherweise drei bis sechs Monaten (je nach Prüfungsordnung) ist eine umfangreiche Studie (meistens zwischen 60 und 100 DIN-A4-Seiten) von Ihnen zu bearbeiten, die sowohl formal (Rechtschreibung, Zitierweise, Literatur- und Abbildungsverzeichnis etc.) als auch inhaltlich (Problemanalyse, Problemlösung) den Anforderungen an eine wissenschaftliche Arbeit genügen muss. Die meisten Diplomarbeiten der Fachhochschulen werden in Kooperation mit der Praxis, z. B. einem Unternehmen, angefertigt. Die Themenfindung und der Praxiskontakt erfolgen im Idealfall durch Ihre Initiative. Hilfreich sind hierbei z. B. Diplomarbeitsbörsen im Internet, offene Diplomarbeiten, die auf den Unternehmens-Homepages angeboten werden oder persönliche Kontakte, z. B. durch praktische Tätigkeit während der Semesterferien oder durch Lehrbeauftragte. Auch die Professoren können Ihnen Diplomarbeitsthemen nennen, oder Sie stoßen durch Literaturstudium oder einen Vortrag auf ein interessantes Thema.

Für die Bearbeitungsdauer einer Diplomarbeit existieren genaue Fristen, die Sie einhalten müssen. Eine Verlängerung der Bearbeitungszeit ist nur möglich, wenn entweder Krankheit oder sonstige triftige Gründe vorliegen.

Die Diplomarbeit wird von einem Professor betreut. Diese Betreuung umfasst unter anderem die Themenfindung, die Literatursuche, die wissenschaftliche Problemdiskussion, die Bewertung und Benotung.

Für die Benotung wird die Diplomarbeit in der Regel noch von einem zweiten Professor gelesen. Neben der schriftlichen Ausarbeitung gehört oftmals eine mündliche Prüfung zum Bestehen der Diplomarbeit oder Diplomprüfung.

> Wenn Sie ein Mensch sind, der gern im Team arbeitet, können Sie auch eine Diplomarbeit zu zweit oder gar zu dritt anfertigen. Suchen Sie sich allerdings vorher die Leute gut aus, denn Sie sitzen dann „in einem Boot". Obwohl es in den Studien- und Prüfungsordnungen vorgeschrieben ist, fällt es nicht immer ganz leicht, den Eigenanteil an einer Gemeinschafts-Diplomarbeit genau abzugrenzen. Andererseits können Sie in einem derartigen Team ein komplexeres Projekt bearbeiten und bekommen gleichzeitig Erfahrungen im Umgang mit gruppendynamischen Prozessen, die für Ihr späteres Berufsleben von großer Bedeutung sein können.

2.6 Zusatzqualifikationen und Kompetenzen

Wenn Sie ein IT-Studium an einer Fachhochschule erfolgreich absolviert haben, erwartet der zukünftige Arbeitgeber von Ihnen zunächst einmal **fachliche Kompetenzen.** Das bedeutet, dass Sie während des Studiums die neuesten Techniken, Methoden und Trends kennen gelernt haben und sich ggf. schnell in die spezielle Systemumgebung (vorhandener Hard- und Software) des Unternehmens einarbeiten können. Natürlich hängt die erworbene Fachkompetenz stark ab von dem Studienangebot und von den Studieninhalten der einzelnen Fächer ab. Aber die Ausrede „Wir haben leider nur das Betriebssystem xyz kennengelernt, etwas anderes war an der Hochschule nicht installiert" zählt nicht für Sie als Bewerber bzw. Berufsanfänger. Letztlich wird von Ihnen erwartet, dass Sie selbst im Verlaufe des Studiums sich für den Erwerb Ihrer eigenen Fachkompetenzen engagieren. Die ideale Situation, dass die im Studium erworbenen Fachkompetenzen zu 100 % bei Ihrem ersten Arbeitgeber auch nutzbar sind, wird sich in den allerwenigsten Fällen ergeben. Damit kommen wir zu einem zweiten Teil der von Ihnen nach dem IT-Studium erwarteten Kompetenzen: die **Transfer-Kompetenz.** Gemeint ist hiermit die Fähigkeit, innovative IT-Konzepte, Techniken und Methoden im Unternehmen umzusetzen. Man erwartet von Ihnen neue Ideen und technische Vorschläge, die aber überzeugend – auch gegenüber Skeptikern – präsentiert und zielstrebig realisiert werden müssen. Die Transfer-Kompetenz lernen Sie während Ihres Studiums durch Projektarbeiten,

Vorträge, Diskussionen mit anderen Studierenden und Professoren.

Schließlich erwarten die zukünftigen Arbeitgeber von Ihnen **soziale Kompetenzen.** Dazu gehört, dass Sie gelernt haben, in Gruppen zu arbeiten, anderen zuzuhören und andere Ideen aufgreifen und weiterentwickeln. Viele IT-Projekte in der Unternehmenspraxis sind in der Vergangenheit an der mangelnden Sozialkompetenz von fachlich durchaus exzellenten „Individualisten" gescheitert. Besonders im Umgang mit den im Regelfall technisch weniger versierten IT-Benutzern sind Kenntnisse in den Bereichen Menschenführung, Rhetorik, Projektorganisation, Verhandlungsführung und Präsentationstechnik von sehr großer Bedeutung (vgl. GI 1996).

Schließlich sollte der Bereich Sprachen und Auslandserfahrungen nicht unerwähnt bleiben. Englisch gilt für ein Studium und eine zukünftige Berufstätigkeit inzwischen als selbstverständliche Voraussetzung. Einige Fachhochschulen bieten Ihre Veranstaltungen inzwischen in englischer Sprache an (vor allem BA- bzw. MA-Studiengänge). Mehrere Auslandsaufenthalte, ein Studiensemester im Ausland oder eine Diplomarbeit, die bei einem ausländischen Unternehmen angefertigt wurde, erhöhen Ihre Attraktivität als Bewerber und ermöglichen Ihnen später interessante Karrierechancen in international ausgerichteten Unternehmen.

Eine zunehmende Bedeutung und damit auch Wertschätzung für die spätere berufliche Laufbahn erhalten im IT-Bereich die **Industrie-Zertifikate.** Bekannte Firmen bieten Ausbildungsgänge, die über privatwirtschaftliche Learning-Partner oder öffentliche Schul- und Hochschulinstitutionen abgehalten werden. Zu diesen Firmen zählen Microsoft, Cisco, HP, Macromedia, Oracle, Novell oder SAP.

Diese Ausbildungsprogramme schulen praxisnah und bei Einsatz aktueller Produkte in realistischen Anwendungsszenarien. Die Inhalte werden zunehmend über CBTs und WBTs angeboten, womit auch die Aktualität der Inhalte gewährleistet ist. Die abschließende Zertifizierung erfolgt bei einem von den Firmen und Ausbildungsinstitutionen unabhängigen Test-Center über einen Online-Test mit Multiple-Choice-Verfahren. Eine gehörige Portion Eigeninitiative und Selbststudium ist notwendig, um dieses durchaus anspruchsvolle Examen zu bestehen. So erlangte Zertifikate müssen aber regelmäßig erneuert werden.

In manchen Programmen erfordert jedes Nachfolgeprodukt ein erneutes Examen, während andere Programme eine periodische Zertifizierung alle zwei bis drei Jahre erwarten. Dies gewährleistet, dass der Ausgebildete immer auf dem neuen Stand der Technik ist und somit die Qualität des Zertifikats insgesamt hoch bleibt. Außerdem genießt die kontinuierliche Weiterbildung hohes Ansehen in der Industrie.

Diese Ausbildungskurse sind natürlich immer auf die spezifische Fachdisziplin der anbietenden Firma bezogen. Bei der Wahl eines Kurses muss man daher darauf achten, für welchen späteren Einsatz die Ausbildung dienen soll. Außerdem ist es wichtig, dass ein Kurs nicht nur produktbezogen ist wie beispielsweise der Microsoft MCSE, der jeweils nur für ein Betriebssystem Windows NT oder Windows 2000 gültig ist. Andere Kurse wie

Cisco's CCNA oder CCNP basieren dagegen nur für die praktischen Arbeiten im Labor auf den spezifischen Produkten, ansonsten wird allgemein gültiges Know-how in der Kommunikationsnetztechnik vermittelt.

Für Informatik-Studierende an einer Fachhochschule, die über diese Weiterqualifizierung spezifische Kenntnisse und somit Pluspunkte für den Lebenslauf sammeln wollen, sind diese Kurse insbesondere wegen ihres Praxisbezugs sicher zu empfehlen. Bei einem professionellen Learning-Partner liegen die Kosten pro Kurs allerdings bei bis zu 2.000 Euro. Daher bietet sich auch die Alternative, die Kurse – eventuell sogar im Rahmen des Studiums – bei einer an einer Hochschule angesiedelten Industrie-Akademie zu erwerben. Dort sind die Gebühren wesentlich niedriger. An der Hochschule Niederrhein ist beispielsweise eine Cisco-Academy etabliert, die Kurse unter anderem im Rahmen des Studiengangs Technische Informatik anbietet.

2.7 Lernmedien, Lehr- und Lernformen

Lernmedien und Lehr- und Lernformen im Studiengang Informatik an einer Fachhochschule müssen vor der grundsätzlichen Konzeption der Fachhochschulen, eine wissenschaftlich fundierte, praxisorientierte Ausbildung zu leisten, betrachtet werden. Lernen ist dabei aktives Handeln, nicht passives Empfangen. Zudem ist von den Lehrenden der aktuelle Praxisbezug immer herauszuarbeiten, und umgekehrt sind die vermittelten Kenntnisse und Fähigkeiten von den Studierenden direkt in der Praxis anzuwenden.

Die Organisation der Fachhochschulen war in der Vergangenheit im Wesentlichen auf die Lehrformen Vorlesungen und Übungen mit Tafel und Tageslichtprojektor und Praktika in Laboren ausgerichtet. Zu diesen bewährten Lehr- und Lernformen sind aber zunehmend neue Veranstaltungsformen, die insbesondere die neuen Medien verstärkt einsetzen, gekommen.

Somit ergibt sich ein weites Spektrum von Lehr- und Lernformen, die jeweils ihre spezifischen Eigenheiten aufweisen:

Lehrvortrag
Diese meist der reinen Vermittlung der Lehrinformation dienende Lehrform wird in einer Präsensveranstaltung angeboten, wobei die Handlung eindeutig beim Professor liegt. Je nach Veranstaltungsschwerpunkt bzw. -phase wird in unterschiedlicher Intensität die Interaktivität mit Studierenden eingebaut, wobei im Extremfall eine seminaristische Vorlesung entsteht.
Die Lehrform Lehrvortrag wird in allen Phasen des Studiums angeboten, weil mit ihr Grundlagen, weiterführende Kenntnisse und auch vertiefende Spezialkenntnisse vermittelt werden können. Während die Grundlagenfächer zu Beginn des Studiums immer Pflichtfächer darstellen, können Studierende durch die Wahl eines Vertiefungs- oder Erweiterungsfachs im Hauptstudium entweder einen gewählten Schwerpunkt vertiefen oder ihr Fachwissen auf eine breitere Basis stellen. Vorträge von Praktiker/innen/n zu speziellen Fragestellungen aus der Praxis sind oft eine sinnvolle Ergänzung zum reinen Lehrstoff.

Der Einsatz neuer Medien in einem Lehrvortrag variiert stark und reicht vom Einsatz von PowerPoint-Präsentationen über die Benutzung des Internets bis hin zu Videokonferenzen.

Übung

In der Übung liegt die Aktivität klar auf der Seite der Studierende, die kleinere, meist im Kontext der Vorlesung gestellte Aufgaben lösen sollen. Das Spektrum reicht dabei von der „Papierübung" mit Aufgaben, die – mit Papier und Bleistift – durchgerechnet werden sollen, über zu konstruierende Entwurfsansätze bis zur Implementierung kleiner System- oder Programmmodule in Hard- oder Software mit Rechnerunterstützung. Der Professor gibt in der Übung Anleitung und Hilfestellung und am Ende der Veranstaltung Lösungsansätze bzw. auch vollständige Lösungen.

Praktikum im Labor

Diese Lehrform ist sicher eines der wichtigsten Merkmale des Studiums an einer Fachhochschule. Für nahezu jedes Fach wird ein Laborpraktikum angeboten, in dem ein Studierender durch angeleitetes wissenschaftliches Arbeiten die Vorlesungsinhalte praktisch erproben und vertiefen kann. In einer meist für mehrere Stunden angesetzten Veranstaltung lösen Kleingruppen komplexere Aufgabenstellungen, wobei die erfolgreiche Teilnahme durch einen Praxistest und/oder eine Ausarbeitung nachzuweisen ist. Laborarbeitsplätze sind oft teuer und aufwendig in der Betreuung. Hier versprechen für Informatikstudiengänge Simulatoren und virtuelle Labore eine zukunftsweisende Alternative. Über das Internet kann auf Rechner-Cluster, Netzkomponenten, SW-Systeme und bald sogar auch auf Messgeräte wie ein extrem teures Rasterelektronenmikroskop zugegriffen werden. Diese Systeme sind dann bereits vorkonfiguriert und stehen jeweils für bestimmte Aufgabenstellungen zur Verfügung. Simulationsprogramme können als Einstieg die Bedienung oder Konfiguration von Geräten sicher unterstützen, hier muss aber im Verlauf des Praktikums auch der direkte Zugang für die Studierenden möglich sein.

Projektstudium

Bei dieser Lehrform steht angeleitetes selbständiges wissenschaftliches Arbeiten der Studierenden in einem praxisnahen Übungsfeld im Mittelpunkt. Zu Semesterbeginn erhalten Teams eine komplexe, informatikspezifische Aufgabenstellung, meist in Form einer Fallstudie, die über alle Projektphasen hinweg eigenständig und unter Berücksichtigung wissenschaftlicher Aspekte gelöst werden soll. Parallel zu den übrigen Lehrveranstaltungen gibt es über das ganze Semester regelmäßige Betreuungsstunden und Vortragstermine, in der Zwischen- und Endergebnisse präsentiert werden sollen. Neben den rein fachlichen Qualitäten ist der Erfolg stark von der Projektorganisation, der Handlungskompetenz der Studierenden innerhalb der Gruppe und der Sozialkompetenz abhängig.

Seminar

Hier werden Themen zu einer bestimmten Forschungs- oder Entwicklungsdisziplin nach entsprechender Anleitung durch den Professor von den Seminarteilnehmern weitgehend selbständig erarbeitet und die Ergebnisse z. B. in Form von Referaten vorgestellt. Neben der Wissensvermittlung steht die Diskussion wissenschaftlicher Themen im Vordergrund, wobei jeder Teilnehmer der Spezialist für das von ihm bearbeitete Thema ist. Der Einsatz neuer Medien ist im Rahmen der Wissensbeschaffung und für die Präsentation bzw. Dokumentation zu empfehlen.

Studiensemester in der Praxis

Die in Form eines Studiensemesters durchgeführte berufspraktische Ausbildung als integrierter Teil des Informatikstudiums bietet die Möglichkeit der praktischen Erprobung der vermittelten Kenntnisse und Fähigkeiten in verschiedensten Anwendungsumgebungen. Das Arbeitsgebiet wählt der Studierende nach seinem Studienschwerpunkt und persönlichen Interessen selber aus. Das praxisorientierte Semester sollte in der ersten Hälfte des Hauptstudiums im Studienplan integriert werden. In dieser Studienphase haben Studierende bereits hinreichend viele Kenntnisse und Fähigkeiten erworben, um in der Praxis qualifizierte Arbeiten übernehmen zu können. Die Betreuung erfolgt gemeinsam von dem Professor der Hochschule und einem Mitarbeiter im Praktikumsbetrieb. Weitere Einzelheiten und Beispiele zur Lernform „Praktika" sind in Kapitel 3 beschrieben.

Vor- und Nacharbeiten, Selbststudium

Lehrveranstaltung erfordern von einem Studierenden in jedem Studiengang eine ergänzende selbständige Vor-

und Nacharbeit. Hierzu dienen Lern- und Übungsmaterialien, die in der Veranstaltung verteilt oder erstellt wurden bzw. im WWW zum Download oder online bereitgestellt werden.

In der Informatik ist es darüber hinaus besonders wichtig, zusätzliche Informationen und ergänzende Ansätze im Selbststudium zu erarbeiten. Aufgrund der sich rasant schnell entwickelnden Inhalte dieser Wissenschaft ist es nahezu unmöglich, alle aktuellen Fakten in der einer einzelnen Lehrveranstaltung zu präsentieren. Der Professor muss also verstärkt Hinweise auf weiterführende Informationsquellen geben. Die dazu verfügbaren Lernmittel reichen über die traditionellen Medien wie Präsentationsunterlagen, Vorlesungsskripten, Bücher und Fachzeitschriften, über die Wissensbeschaffung und Vermittlung der Lehrinformation im Internet bis zu speziellen Lernprogrammen und Animationen. Lernprogramme können in Form von CBT und WBT bereitgestellt werden, sollten aber auf jeden Fall interaktiv sein. Zusätzliche Animationen wie geladene Java-Applets und auch Simulation z. B. von Mikrorechnern motivieren und unterstützen das Selbststudium.

Persönliche Betreuung

Die Sprechstunde beim Professor ist immer noch eine wichtige Form der persönlichen Betreuung; gerade an Fachhochschulen mit relativ kleinen Gruppengrößen ist die Erreichbarkeit des Professors zwischen den Veranstaltungen auch meist gewährleistet. Darüber hinaus wird heute die E-Mail verstärkt als Kommunikationsmedium zwischen Studierenden und Professoren genutzt. Der persönliche Bedarf an weiterreichender Lernunterstützung kann mit zusätzlichen Tutorien, Veranstaltungen zur Prüfungsvorbereitung oder spezifischen Lernprogrammen gedeckt werden.

Während die Betreuung durch einen Professor meist veranstaltungsbezogen ist, gibt es für die Hochschule das Studentensekretariat und in jedem Fachbereich eine Fachschaft und eine Studienberatung, über die allgemeine Fragen zum Studium erläutert werden können. Auch stellen diese Institutionen verstärkt Informationen im WWW bereit.

Überprüfung

Die Überprüfung des Lernfortschritts von Studierenden beschränkt sich nicht auf das von vielen gefürchtete Examen bzw. die Klausuren. Eine kontinuierliche Überprüfung findet statt durch:
- Kontrollfragen in der Vorlesung
- Lösung von Übungsaufgaben
- Testatpflichtige Praktikumsaufgaben
- Online-Tests auf global zugänglichen Servern
- Diskussionen mit den Studierenden.

Diskussionsforen

Ein aktives Studium erfordert die Diskussion der Studierenden untereinander, aber auch von Studenten mit den Professoren. Die Diskussion inhaltlicher und organisatorischer Aspekte kann in speziellen News-Gruppen, über Whiteboards oder E-Mail asynchron, das heißt zeit- und raumunabhängig erfolgen. Die synchrone Diskussion erfolgt immer innerhalb fest terminierter Präsenzveranstaltungen. Hier sind aber zukünftig auch virtuelle Treffen in Chat-Räumen, in Video- oder Audiokonferenzen über das Internet bzw. Telefon ohne großen technischen Aufwand möglich.

Zu weiteren Veranstaltungsformen zählen

- Exkursionen zu Betrieben, Organisationen oder Veranstaltungen
- Workshops zu speziellen Wahlthemen wie Lerntechniken, Persönlichkeitsbildung oder Prüfungsvorbereitung
- Tutorien zur intensiven Wiederholung des Lehrstoffs und der Prüfungsvorbereitung.

Ein aktuelles Thema im Zusammenhang mit den gerade beschriebenen Lehrformen ist deren Evaluation im Rahmen des Konzeptes zur Steigerung der Qualität in der Lehre. Neben der „Abstimmung mit den Füßen" – schlechte Veranstaltungen verzeichnen auch keinen guten Besuch – haben Studierende zum Semesterende zunehmend die Möglichkeit, eine persönliche Bewertung der Lehrveranstaltung abzugeben. In einem Fragebogen können Bewertungen zum Professor, seiner Didaktik und seines Arrangements, der Lehrinhalte, deren Praxisbezug und anderer Kriterien angegeben werden.

Gerade für das Informatik-Studium ist es angemessen, neue Medien in der Lehre intensiv zu nutzen. Damit wird ein Fachthema, das auch Lehrinhalt ist, direkt als Mittel zur Wissensvermittlung eingesetzt. Nach der bisherigen Aufstellung ergeben sich somit für Fachhochschulen drei Gruppen von Lernformen: traditionelle Präsenzveranstaltungen, praxisorientiertes Arbeiten in Laboren und Betrieben und der verstärkte Einsatz von eLearning. Dabei finden elektronische Medien auch verstärkt Anwendung in den beiden zuerst genannten Gruppen.

Aktuelle Beispiele für einen ganzheitlichen eLearning-Ansatz sind das Bundesprojekt „Virtuelle Fachhochschule" oder die Informatik-Studiengänge der Fernuniversität Hagen. Dort gibt es neben zeitlich synchronen Lehrvorträgen, die an entfernte Teilnehmer über das Internet übertragen werden, auch virtuelle Lerneinheiten. Diese sind im Netz oder auf CD asynchron abrufbar und dienen dem selbstbestimmten Lernen. Solch eine virtuelle Lerneinheit enthält zwingend Elemente von Lernformen wie Interaktivität und Lernfortschrittskontrolle. Aspekte wie Animationen, Simulationen und Tutoring sollten gegebenenfalls auch integriert werden. Die Lernfortschrittskontrolle kann über Online-Tests oder auch über ein Feedback auf per E-Mail eingesandte Studentenbeiträge, z. B. Lösungen zu Programmieraufgaben, erfolgen.

Die meisten CBT/WBTs sind im Ablauf statisch und berücksichtigen nicht das Lernverhalten und den Kenntnisstand einzelner Studierender. Daher umfassen fortgeschrittene Kurseinheiten unterschiedliche Stufen der Lernstoffintensität, die der Studierende je nach Verständnis für zusätzliche Lernhilfen anwählen kann. Ein anderes Konzept zur Dynamisierung von CBT/WBTs ist der Einbau von Lernfortschrittskontrollen und Auswertemodulen nach einzelnen Lerneinheiten. Auf Basis der Ergebnisse wird das CBT/WBT mit einer neuen Lektion fortgesetzt, eventuell die Lernstoffintensität angepasst oder aber ein Wiederholungsmodul eingespielt.

Literatur

__Arbeitskreis Wirtschaftsinformatik an Fachhochschulen (Hrsg.): *Wirtschaftsinformatik an Fachhochschulen – der fachliche Rahmen*, o. O. 1997

__Bischoff, R.: *Wirtschaftsinformatik an Fachhochschulen: Studium, Angewandte Forschung und Transfer*. 2. Auflage, Springer-Verlag, Berlin et al.,1992

__Bischoff, R.: *Studien- und Forschungsführer Informatik, Technische Informatik, Wirtschaftsinformatik an Fachhochschulen*. Hrsg. im Auftrage des Fachbereichstags Informatik an Fachhochschulen. Vieweg-Verlag, Wiesbaden 1995

__Bischoff, R.: *Diplom-Wirtschaftsinformatiker(in)/Diplom-Informatiker(in) Wirtschaftsinformatik (Fachhochschule)*. Blätter zur Berufskunde, hrsg. von der Bundesanstalt für Arbeit, Bielefeld 1996

__Böhme, G.: *Diplom-Informatiker/Diplom-Informatikerin (Fachhochschule): Allgemeine Informatik, Medieninformatik*. Blätter zur Berufskunde, hrsg. von der Bundesanstalt für Arbeit, Bielefeld 1993 (6. Auflage)

__Freytag, J.: *Empfehlungen der Gesellschaft für Informatik für das Informatikstudium an Fachhochschulen*, in: Informatik-Spektrum, Band 19, Heft 1, 1996

__*Standards zur Akkreditierung von Studiengängen der Informatik und interdisziplinären Informatik-Studiengängen an deutschen Hochschulen*, Empfehlung der Gesellschaft, hrsg. von der Gesellschaft für Informatik, 2000

__Niemeier, V.; Steimer, F.: *Diplom-Informatiker/Diplom-Informatikerin (Fachhochschule). Allgemeine Informatik, Medieninformatik*. Blätter zur Berufskunde, hrsg. von der Bundesanstalt für Arbeit, Bielefeld 2000

__Wirtz, K.-W.: *Wirtschaftsinformatik an Fachhochschulen*, in: Informatik als Schlüssel zur Qualifikation, S. 72–78, Berlin u. a. 1993

Weitere Titel aus dem Programm

Peter P. Bothner/Wolf-Michael Kähler
Ohne C zu C++
Eine aktuelle Einführung für Einsteiger ohne C-Vorkenntnisse
in die objekt-orientierte Programmierung mit C++
2001. XII, 337 S. mit 102 Abb. Br. € 19,90   ISBN 3-528-05780-7
Klassen-Konzept, Polymorphie, Einfach- und Mehrfachvererbung -
überladene und virtuelle Funktionen - Klassen-Funktionen und Klas-
sen-Variablen - friend- und template-Funktionen - Ausnahmebehand-
lung - Erzeugung grafischer Benutzeroberflächen mittels Visual C++ -
ereignis-gesteuerte Kommunikation und Document/View-Konzept

Andreas Solymosi/Ulrich Grude
Grundkurs Algorithmen und Datenstrukturen
Eine Einführung in die praktische Informatik mit Java
2., überarb. u. verb. Aufl. 2001. XII, 193 S. mit 83 Abb. u. 33 Tab.
Br. € 19,90   ISBN 3-528-15743-7
Begriffsbildung - Komplexität - Rekursion - Suchen - Sortierverfahren -
Baumstrukturen - Ausgeglichene Bäume - Algorithmenklassen

Andreas Solymosi/Peter Solymosi
Effizient Programmieren mit C# und .NET
Eine Einführung für Programmierer mit Java- oder C++-Erfahrung
2001. XIV, 279 S. mit 82 Abb. Br. € 24,00   ISBN 3-528-05778-5
*„Das Buch erfüllt einen doppelten Zweck. Es ist eine Einführung in
Java, (....), zugleich aber auch eine Darstellung der Prinzipien des
objektorientierten Programmierens.“*   ekz-Informationsdienst, 29/99

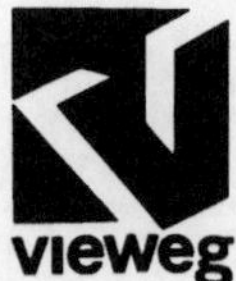

Abraham-Lincoln-Straße 46
65189 Wiesbaden
Fax 0611.7878-400
www.vieweg.de

Stand 1.10.2001. Änderungen vorbehalten.
Erhältlich im Buchhandel oder im Verlag.

Prof. Dipl. Inform. Wilhelm Walter

Studium der Informatik von 1972–1977 an der TU Karlsruhe
Von 1977–1992 Entwicklung von Computersystemen bei der Firma
Digital Kienzle in Villingen
Seit 1992 Professor für praktische Informatik an der Fachhochschule
Furtwangen im Fachbereich Digitale Medien
Seit 01.09.2000 Studiengangsleiter online.medien

3.1 Allgemeines zu Praktika

In den Studiensemestern vermitteltes theoretisches Wissen muss in der Praxis, also insbesondere im betrieblichen Umfeld angewendet, geübt und vertieft werden. Aus diesem Grunde ist an allen IT-Studiengängen von Fachhochschulen vorgesehen, dass die Studierenden ein bzw. zwei Semester in geeigneten Betrieben oder Dienststellen (Praxisstellen) praktische Erfahrungen und Kenntnisse erlangen, welche den Lehrstoff vertiefen bzw. ergänzen. Ob nun ein oder zwei Praxissemester abzuleisten sind und um welche Semester es sich dabei handelt, kann von Fachhochschule zu Fachhochschule verschieden sein. An der Fachhochschule Furtwangen sind es in den IT-Studiengängen normalerweise das 3. und 6. Semester.

Ein praktisches Studiensemester umfasst i. d. R. 20 Wochen praktischer Tätigkeit im Berufsfeld inklusive der von der Fachhochschule angebotenen Lehrveranstaltungen zur Vor- und Nachbereitung des praktischen Studiensemesters. Studierende werden während des praktischen Studiensemesters von der Fachhochschule betreut. Dies erfolgt in der Regel durch vier Stunden Betreuung je Studierende. Die Fachhochschule arbeitet in allen die berufspraktische Ausbildung der Studierenden betreffenden Fragen mit der Praxisstelle zusammen. Die Fachhochschule bietet eine vorbereitende und eine nachbereitende Lehrveranstaltung an. Beide Veranstaltungen zusammen werden durch den Schein für das Seminar praktisches Studiensemester testiert. Daneben findet auch eine Betreuung vor Ort durch den verantwortlichen Dozenten statt. Ein praktisches Studiensemester ist anerkannt, wenn sowohl der Praxisteil anerkannt als auch der Schein für das Seminar „Studiensemester in der Praxis" erbracht wurde.

Studierende haben über die Ausbildung während der praktischen Studiensemester schriftliche Berichte zu erstellen und diese von der Praxisstelle bestätigen zu lassen. Am Ende des praktischen Studiensemesters stellt die Praxisstelle ein Zeugnis aus sowie einen Tätigkeitsnachweis, der Art und Inhalt der Tätigkeiten, Beginn und Ende der Ausbildungszeit sowie Fehlzeiten ausweist. Auf der Grundlage der Praxisberichte und des Tätigkeitsnachweises entscheidet der Prüfungsausschuss, ob Studierende den Praxisteil des praktischen Studiensemesters erfolgreich abgeleistet haben; wird der Praxisteil des praktischen Studiensemesters nicht als erfolgreich abgeleistet anerkannt, so ist er zu wiederholen (oder es sind entsprechende Auflagen zu erfüllen).

Die Ausbildungsziele und die Ausbildungsinhalte der praktischen Studiensemester sind in der Studienordnung des jeweiligen Fachbereichs festgelegt. Während des Praxissemesters kann die Praxisstelle nur in begründeten Ausnahmefällen mit Genehmigung des Prüfungsausschusses gewechselt werden.

Die Beschaffung eines geeigneten praktischen Studiensemesterplatzes obliegt den Studierenden. Normalerweise gibt es in den einzelnen Studiengängen entsprechende Listen oder, noch komfortabler, es existieren online-Datenbanken mit entsprechenden Adressen interessanter Firmen. Die Praxisstellen sind dann von den Studierenden vorzuschlagen und vom Dekan oder von einem von diesem beauftragten Professor zu genehmigen.

Eine facheinschlägige Berufsausbildung oder eine mindestens ebensolche Tätigkeit vor Beginn des Studiums kann eine Anrechnung auf die Praxis der praktischen Studiensemester erlauben. Dazu ist die jeweils gültige Prüfungsordnung der Studiengänge bzw. Fachbereiche zu Rate zu ziehen.

3.2 Inhaltliche Ausrichtung der Praktika

3.2.1 Allgemeine Informatik

In der allgemeinen Informatik steht die Konzeption und Implementierung von Softwareprodukten im Vordergrund des Interesses. In dafür relevanten Firmen sollen die Studenten anhand konkreter Beispiele den architekturellen Aufbau komplexer Softwaresysteme verstehen und selbst in der Lage sein, solche Systeme zu konzipieren und zu realisieren. Dazu sind detaillierte Kenntnisse in den gängigsten Programmiersprachen wie z. B. C++ oder Java ebenso unerlässlich wie entsprechende Verfahren der Modellierung und der Software-Entwicklung.

Typischerweise wird ein Praktikum z. B. in Softwarehäusern bzw. in den Software-abteilungen von Firmen durchgeführt. Beispielhafte Tätigkeiten sind:

- Betreuung eines Netzwerkes und Workstations
- Erstellung eines API (Application Programming Interface) zur Bereitstellung von Realtime-Kursen mit Hilfe der Servlet-/JSP-Technologie (Java)
- Softwareerstellung im Bereich der medizinischen Informatik
- Programmierung von Internet-Anwendungen
- Erstellung einer Software für den elektronischen Zahlungsverkehr.

Ein Praktikum ist sowohl im Bereich der Systemsoftware (Betriebssysteme, Compilerbau, Netzwerke) oder im Anwendungsbereich möglich.

3.2.2 Wirtschaftsinformatik

1. Studiensemester in der Praxis

Im ersten Studiensemester in der Praxis erproben und erweitern die Studierenden ihre Kenntnisse anhand von Aufgabenstellungen in der Unternehmenspraxis. Sie erkennen dabei die betrieblichen Zusammenhänge und wirken bei der Planung, Realisierung oder Administration von Informations- und Kommunikationssystemen, heutzutage meist verteilte Systeme, mit. Der Schwerpunkt kann entweder im betriebswirtschaftlichen, organisatorischen oder systemtechnischen Gebiet liegen.

Beispiele für Tätigkeiten, die im Übrigen mit den betreuenden Unternehmen abzustimmen und dem Fachbereich bekannt zu geben sind, sind z. B.:

Auf betriebswirtschaftlich-organisatorischem Gebiet	Auf systemtechnischen Gebiet
Aufgaben in der Struktur- und Prozessorganisation unterschiedlicher Bereiche im Unternehmen	Tätigkeiten bei der Konfiguration, Installation, Inbetriebnahme und/oder Verwaltung von Rechnersystemen und Netzen und bei der Installation von System- und Anwendersoftware
Tätigkeiten in einzelnen Funktionsbereichen, vorwiegend im Finanz- und Rechnungswesen, in der Fertigungs- und Materialwirtschaft, in der Dienstleistungsproduktion und/oder im Vertrieb	Tätigkeiten in IT-Abteilungen und im Rahmen des Benutzersupport
	Programmieraufgaben mit der Möglichkeit, Gesamtzusammenhänge und Strukturen einer Anwendung erkennen zu können
	Übernahme einfacher Teilaufgaben im Rahmen der Teamarbeit mittlerer bis größerer IT-Projekte

Abbildung 3.1: Aufgabenstellungen im 1. Studiensemester in der Praxis

2. Studiensemester in der Praxis

Im zweiten Studiensemester in der Praxis vertiefen und festigen die Studierenden ihre im ersten Studiensemester in der Praxis erworbenen Kenntnisse. Dabei ist das im Hauptstudium zusätzlich angeeignete Wissen angemessen in der praktischen Arbeit umzusetzen und zu reflektieren. Die Studierenden sollten darüber hinaus konkrete Vorstellungen über die möglichen Arbeitsinhalte von diplomierten Wirtschaftsinformatiker/innen/n entwickeln und dies insbesondere in Bereichen der von ihnen gewählten Vertiefungsrichtung bzw. der Ausgestaltung der frei wählbaren Wahlpflichtfächer. Auf diese Weise werden den individuellen Interessen und Fähigkeiten entsprechende Belegungen im restlichen Studium, die Auswahl des Diplomarbeitsthemas sowie der Stellenwahl nach Abschluss des Studiums gefördert. Die von den Studierenden zu übernehmenden Tätigkeiten sollen im Vergleich zum ersten Studiensemester in der Praxis umfassender, anspruchsvoller und von integrativer Art sein. Beispiele für Aufgabenstellungen, die übrigens mit den betreuenden Unternehmen abzustimmen und dem Fachbereich bekannt zu geben sind, sind die Folgenden:

Es wird hier auf zwei Grobrichtungen eingegangen, die heute oft typisch für das Berufsfeld eines diplomierten Wirtschaftsinformatikers sind (siehe Abbildung 3.2)

Business Networking	Business Consulting
Erarbeiten von Anforderungsprofilen für neue Anwendungen in Zusammenarbeit mit den Funktionsbereichen bzw. Geschäftseinheiten des Unternehmens (inkl. Wirtschaftlichkeitsrechnung, Beratung der Mitarbeiter/innen)	Mitwirkung bei der Analyse von Organisationsstrukturen und der Entwicklung optimierter Geschäftsprozesse, ggf. mit strategischer Ausrichtung
Entwicklung von Grob und Feinkonzepten für Informations-, Kommunikations-, und/oder kaufmännische Anwendungssysteme kleineren bis mittleren Umfangs bzw. Schwierigkeitsgrads, möglichst unter Einsatz computergesteuerter Entwurfswerkzeuge	Mitwirkung bei der Akquisition, Präsentation, Beratung sowie der Kosten-/Nutzen-Analyse in den Fachabteilungen/Geschäftseinheiten und der Softwaresysteme
Mitwirkung beim Entwurf und der Implementierung integrierter Anwendungssysteme und -netze, insbesondere in branchen- oder betriebsspezifischen Projekten, sowie unter Einsatz modernster Softwareentwicklungs-, Datenbank- und Kommunikationstechnologien (unter anderem Internet, Intranet auf der Basis von E-Business)	Mitwirkung bei der Ausschreibung, Auswahl, Anpassung und Inbetriebnahme von Standard-Anwendungssoftware-Systemen
	Beratung und Schulung von Anwendern beim Einsatz von Software

Abbildung 3.2: Aufgabenstellungen im 2. Studiensemester in der Praxis

Beispiel: Zweites Studiensemester in der Praxis (Wirtschaftsinformatik)

Timo Haberkern,
Fachhochschule Furtwangen
Praxissemester bei der Firma Technical
Office GmbH, Wingertstr. 4, 74850 Schef-
flenz, in der Zeit vom 01.09.2000 bis
28.02.2001

Die Vorfreude

Man freut sich auf das zweite Studiensemester in der Praxis. Zum einen ist man nach zwei Semestern an der Hochschule gespannt darauf, sein erworbenes Wissen in der Praxis unter realen Bedingungen unter Beweis zu stellen, und zum anderen stellt es die beste Chance dar, sich ein Bild über die Praxis zu verschaffen.

Meiner Meinung nach ist das zweite Studiensemester in der Praxis der wichtigste Praxisteil während des Studiums. Zum letzten Male bietet sich einem die Gelegenheit, über einen längeren Zeitraum (sechs Monate) hinweg, in einen Bereich des späteren Berufslebens hineinzuschnuppern, und das ohne Druck und Verpflichtungen, wie dies etwa bei der abschließenden Diplomarbeit der Fall ist. Bereits vor diesem Semester in der Praxis legt man sich durch Vertiefungsrichtung, Wahlpflichtfächer und persönliche Interessen auf einen Schwerpunktbereich fest, in dem man später sein Berufsleben begin-

nen möchte, sei es nun Softwareentwicklung, Beratung, Netzwerkdesign oder etwas anderes. Während des Studiensemesters in der Praxis bietet sich die Möglichkeit, die eigenen Vorstellungen und die tatsächliche Realität miteinander zu vergleichen, um sich entweder die Bestätigung zu holen, den eingeschlagenen Weg fortzusetzen oder doch noch in Form anderer WPV umzusatteln, um andere Bereiche kennen zu lernen.

Die Vorüberlegungen

Für mich war es daher wichtig, ein Unternehmen zu finden, das es mir ermöglicht, diesen Vergleich vorzunehmen und gleichzeitig auch noch Wissen und Erfahrungen für mein weiteres Studium zu sammeln.

Für mich war es deswegen sehr wichtig, dass ich während des Studiensemesters in der Praxis in normalen Projekten eingesetzt wurde, die auch eine gewisse Bedeutung haben und sich durch eine be-

schränkte Zeitdauer auszeichnen, damit ich den alltäglichen Projektalltag kennen lernen konnte. Des Weiteren lag mir am Herzen, dass ich auch mit den Kunden in Kontakt komme, um nicht nur die reine Entwicklerarbeit als Erfahrung mitzunehmen.

Aus den besagten Gründen entschied ich mich für ein kleines Unternehmen, da ich dort am ehesten die Chance sah, in allen Bereichen eingesetzt zu werden und verschiedene Aufgaben zugeteilt zu bekommen. Außerdem hatte ich bereits mein erstes Studiensemester in der Praxis in einem großen Unternehmen verbracht und wollte auch noch eine andere Art von Unternehmen kennen lernen.

Die Entscheidung

Für das 2. Studiensemester in der Praxis bekommt man in der Regel eine Unmenge an unterschiedlichen Angeboten, die sich fast alle in sehr interessanten Themenbereichen bewegen. Letztendlich entschied ich mich aus einer Vielzahl für den Bereich Softwareentwicklung und für ein kleines Start-Up-Unternehmen mit wenigen Mitarbeitern, das im Bereich Technische Dokumentation tätig ist. Dieses Unternehmen plante zum Zeitpunkt des Semesterbeginns (September 2000) mit der Realisierung eines eigenen Cross-Media-Publishing-Systems zu beginnen (Cross-Media-Publishing = Speichern von Produktinformationen in einer zentralen Datenbank und Publizierung auf nahezu beliebigen Medien wie Print, Web, CD-ROM usw.).

Für mich bot sich hier die Chance, neben der Entwicklungsarbeit auch Einblick in die Design- und Konzeptionsphase eines Softwareprojektes zu erhalten und das Voranschreiten der Implementierung von Beginn an mitverfolgen zu können. Durch den Anwendungsfall Cross-Media-Publishing war es mir auch möglich, mich mit verschiedensten Technologien auseinander setzen zu können. Sowohl „klassische" Applikationsentwicklung als auch Web-Technologien und Client-Server-Ansätze waren im Projekt vorgesehen.

Der Start

Zu Beginn der Tätigkeit galt es allerdings erst einmal, die notwendigen Grundlagen zu schaffen. Natürlich ist man von Seiten des Studiums bereits gut auf die Aufgaben in der Praxis vorbereitet, sofort „einsatzfähig" ist man aber trotzdem nicht. Im ersten Monat musste ich mich daher sowohl mit meinen neuen Kollegen als auch mit dem technischen Entwicklungsumfeld des Unternehmens vertraut machen. Neben ungewohnten Entwicklungsumgebungen betraf dies vor allem den spezifischen Programmierstil des Unternehmens.

Neben der Technik war auch das Anwendungsgebiet zu Beginn fremd für mich, da ich im Laufe meines Studiums noch nicht in diesem Bereich tätig war. Die Einarbeitung stellte letztendlich aber eine willkommene Abwechslung und eine Bereicherung dar, die ich im Nachhinein nicht missen möchte, da ich mit Themen in Berührung kam, die ich sonst während meines Studiums nicht gestreift hätte.

Der Verlauf

Ganz wie ich es mir im Vorfeld bei meinen Entscheidungen erhofft hatte, wurde ich dann während der restlichen fünf Monate des Praktikums mit den unterschiedlichen Aspekten des Projekts konfrontiert und konnte somit als vollwertiges Mitglied des Entwicklungsteams Erfahrungen in allen Phasen eines Entwicklungszyklusses sammeln.

So war ich sowohl in der Erstellung des Pflichtenheftes involviert, dessen Inhalt in Zusammenarbeit mit dem Kunden in Workshops erarbeitet wurde, als auch in der anschließenden Konzeptionsphase, in der die Architektur des Gesamtsystems mit modernen Softwareentwurfsmethoden entworfen wurde. In diesen Phasen war es notwendig, dass alle Entwickler effektiv zusammenarbeiteten.

In der Umsetzungsphase war ich für komplette Systemteile allein verantwortlich, was neben einem sehr großen Motivationsschub auch zur Folge hatte, dass ich mit einer Arbeitsumgebung und Aufgaben zu tun hatte, wie ich sie auch im Berufsleben nach dem Studium vorfinden werde. Nur so war es mir möglich, nach Ende des Studiensemesters in der Praxis sagen zu können, ob ich mir einen solchen Arbeitsbereich auch für die Jahre nach dem Studium vorstellen kann.

Die einzige Phase, an der ich nicht persönlich beteiligt war, war die Testphase, die erst begonnen wurde, nachdem dieses Studiensemester in der Praxis zu Ende war.

Die Beurteilung

Für mich persönlich war dieses Semester somit ein voller Erfolg. Sowohl die zu lösenden Aufgaben als auch die Umgebung, die unkonventionelle Arbeitsweise und der freundliche Umgang untereinander in diesem kleinen Unternehmen hat mir sehr viel Freude bereitet, sodass ich es auch ein Stück weit bedauert habe, als diese Zeit vorüber war und ich meine betreuten Aufgaben an andere übergeben musste.

Um etliche Erfahrungen reicher und mit der Bestätigung, dass der von mir eingeschlagene Studienweg mit meinen persönlichen Vertiefungsrichtungen für mich der richtige ist, ging ich nach diesem 2. Studiensemester in der Praxis an die letzten Semester meines Studiums. Die meisten Erfahrungen dieses Semesters konnte ich dabei im Übrigen sehr gut gebrauchen: Sie halfen mir dabei, Wissen durch diese weitere praktische Anwendung (über die Hochschule hinaus) in Zusammenhang zu bringen und somit ein besseres Verständnis für den Stoff an der Hochschule zu bekommen.

3.2.3 Technische Informatik

Analog zu den Überschneidungen zwischen den einzelnen Informatik-Disziplinen haben die Aufgabenstellungen für ein Praxissemester im Studiengang Technische Informatik keine scharfe Abgrenzung zu Tätigkeiten eines klassischen Ingenieurs in Planungs-, Entwicklungs- und Konstruktionsabteilungen. In jedem Fall werden Fähigkeiten und Kenntnisse sowohl auf technischen als auch auf informationstechnischen Gebieten erwartet, die derzeit im Mittelpunkt einer rasanten Entwicklung stehen. Alle technischen Systeme haben eine informationstechnische Komponente, ja werden sogar teilweise von diesen ersetzt. Ein gutes Beispiel für diese Entwicklung ist ein Fahrkartenautomat, der heutzutage durch ein speziell programmiertes Computersystem mit dedizierter Peripherie realisiert ist. Allein der Geldeinwurf und die Kartenausgabe erfordern noch elektro-mechanische Module.

Das Praxissemester sollte in einem Unternehmen absolviert werden, dessen Aufgaben den ständigen Einsatz von Mitarbeiter mit der genannten Qualifikation erfordern. Dazu gehören beispielsweise Unternehmen aus dem Bereich der Informatik und Elektronik, der Kommunikations-, Steuerungs-, Regelungs- und Automatisierungstechnik sowie Software- und Systemhäuser, aber auch Telekommunikationsanbieter und Internet- und Serviceprovider. Die Zielsysteme reichen dabei von allgemeinen Computer- und Datenbanksystemen und vernetzten DV-Anwendungen über Multimedia-Systeme, Steuerungs- und Regelungsanlagen, Automatisierungs- und Robotik-Systeme bis hin zum Internet und multimedialen Kommunikationsinfrastrukturen in Form von UMTS.

Das Praxissemester soll die Studenten an die anwendungsorientierte Tätigkeit des Technischen Informatikers/Ingenieurs heranführen. Die Studenten erhalten somit Gelegenheit, die im Studium vermittelten wissenschaftlichen Kenntnisse und Fertigkeiten auf komplexe technische Systeme in täglichen Problemsituationen anzuwenden. Dabei ist es wichtig, dass sie

die verschiedenen Aspekte der betrieblichen Entscheidungsprozesse sowie deren technische Rahmenbedingungen kennen lernen und die Möglichkeit bekommen, Einblicke in die organisatorische, ökonomische und soziale Struktur des Betriebsgeschehens zu erhalten. Wünschenswert ist der Einsatz in den Bereichen Entwicklung, Labor, Projektierung, Prüfwesen, Wartung, Sicherheits- und Qualitätswesen, Kundenberatung, Projekt- und Betriebsmanagement, Dokumentation, technische Datenverarbeitung oder technischer Vertrieb.

Die zunehmende Komplexität der technischen Systeme und ihre intensive Vernetzung im Berufsleben, im Bildungswesen, im Verkehr etc. mit Anwendungen in Industrie, Wirtschaft und Verwaltung bietet vielfältige Themen für ein Praxissemester. Die Globalisierung der industriellen Märkte erfordert dabei immer eine steigende Fremdsprachenkompetenz des Studierenden.

In der Tätigkeit im Rahmen eines größeren DV-Projektes muss immer eine fachliche Eigenleistung des Studierenden zu erkennen sein. Dabei sind folgende Einsatzformen und -beispiele üblich:

- Konzeption, Gestaltung und Realisierung der Benutzerführung und des Layouts von (graphischen) Oberflächen für technische Systeme wie eine Maschinenüberwachung oder Fahrkartenautomaten
- Entwurf, Implementierung und Test der Schnittstellen zwischen technisch/elektronischen Anwendungssystemen und computergestützter Technik zur Datenerfassung und Anwendungssteuerung

- Planung, Projektierung und Betrieb computergesteuerter technischer Systeme und Anlagen
- Analyse, Optimierung und Management von unternehmensweiten Kommunikationsinfrastrukturen
- Konzeption, Aufbau und Test industrieller (vernetzter) Computer- oder Anwendungssysteme
- Industrielle Produktion von Software für technische Anwendungen, Integration/Anpassungen von Standard-Software und Mitwirkung bei SW-Tests

- Entwicklung und Betrieb von Anwendersoftware im Inter-/Intranet bzw. Web-basierter Client-/Server-Software
- Datenbank-Anwendungen wie Dokumentenverwaltungssysteme für Produktions-, Lager-, Maschinen- und Betriebsdaten
- Aufbau von Netz- und Anwendungsdiensten und technischer Support bei Providern
- CTI (Computer Telephony Integration), Inbetriebnahmen im Bereich TK-Anlagen, Integration von Sprach- und Datennetzen, Voice-over-IP.

Beispiel: Zweites Studiensemester in der Praxis (Technische Informatik)

Ralf Knapp, Fachhochschule Niederrhein

Als Student der Technischen Informatik an der Hochschule Niederrhein in Krefeld arbeite ich gerade an der Fertigstellung meiner Diplomarbeit zum Thema **Automatisches Kunden- und Informationsmanagement über ein Webformular im Rahmen eines CRM-Systems** bei der com:con AG in Mönchengladbach. Als Systemhaus bietet diese Firma Dienstleistungen, um die Gesamtheit und die Funktion sowie die Effizienz der Kommunikationsnetze eines Unternehmens zu analysieren, zu konfigurieren und zu sichern. Dazu gehören Beratung und Schulung, der Vertrieb von Soft- und Hardware sowie deren Anpassung/Integration und Bereitstellung eines Internetzugangs als Internetprovider für Geschäftskunden aus dem medizinischen Bereich, Finanzdienstleistung, Werbe- und Managementagenturen sowie anderen Unternehmen am gesamten Niederrhein.

Auch mein 20-wöchiges Praxissemester habe ich bei dieser Firma durchführen können. Die Auswahl des Diplomthemas erfolgte aus einer Vielzahl von Themen, in die ich mir während meines Praxissemesters tiefere Einblicke verschaffen konnte. Durch mein Studium der Technischen Informatik, dessen Schwerpunkt ich auf Netzwerke und Datenbanksysteme ausgerichtet habe, habe ich mir theoretisches Wissen angeeignet, das ich in der Praxis „testen" und vertiefen wollte.

Durch kleinere Projekte, sowie tägliche Aufgaben wie Cisco-Routerkonfigurationen, Netzwerkausfälle analysieren und beheben, bei Kunden vor Ort Software-wartung und Installation durchführen oder auch für Kunden Softwareprodukte vergleichen, installieren und dann testen, lernte ich in der ersten Phase des Praxissemesters die Kollegen und die einzelnen Aufgabenbereiche der Firma kennen.

Nebenbei wuchs in mir die Bestätigung, dass sich das Studium gelohnt hat und die richtige Entscheidung war. Im Studium fragte ich mich immer wieder, wozu brauche ich dieses oder jenes. Darunter litt meine Motivation weiterzumachen bzw. stellte sich mir die Frage, ob der Beruf das Richtige für mich ist. Doch durch das Praxissemester habe ich Bestätigung und eine Orientierung erhalten. Die kleineren Aufgaben führten mein Interesse dann auch schnell zu einem Projekt, was mein „Kind" während des Praxissemesters wurde: IP-Accounting.

Als kleiner Internet Service Provider ist die com:con selber Kunde eines größeren Providers und bekommt von diesem das gesamte Datenvolumen, welches über deren Leitungen fließt, in Rechnung gestellt. Meine Aufgabe war es nun, ein Software-werkzeug zu realisieren, das es ermöglicht, das Datenvolumen, welches der com:con in Rechnung gestellt wird, auf die einzelnen Kunden aufzuschlüsseln. Nach der Problemanalyse war zu entscheiden, eine Software vom Markt zu nehmen oder das Werkzeug neu zu programmieren.

Nach längerer Recherche und einigen Vergleichen habe ich mich für ein verfügbares Produkt entschieden und dessen Voraussetzungen geprüft. Anschließend folgte eine interne Netzwerkanalyse, um die Netzstruktur später auch richtig in

dem Programm abbilden zu können. In enger Zusammenarbeit mit den Kollegen haben wir gemeinsam auch Schwachstellen im Netzwerkdesign beseitigt, einige Optimierungen durchgeführt und zukünftige Änderungsoptionen festgehalten. Nun musste die anvisierte Lösung umgesetzt und auch angepasst werden. Um zum Beispiel auch festhalten zu können, zu welchem Zeitpunkt und nicht nur über welchen Zeitraum die Kunden wie viel Datenvolumen verursachen, musste ich die Software durch geeignete Konfigurationen und eigene Scripte anpassen.

Neben dem angewendeten Wissen im Bereich der Kommunikationsnetze, dem Programmieren von Unix-Shell-Scripten und dem Erstellen und Abfragen von Datenbanken habe ich auch Erfahrung in der Projektplanung machen dürfen. Im Speziellen waren die organisatorischen oder kommunikativen Probleme innerhalb eines Projektes oder allgemein innerhalb einer jungen Firma im dynamischen IT-Umfeld sehr lehrreich und interessant. So habe ich die Umstände und Hindernisse bei Verhandlungen oder Umsetzung von Projekten, die in der Praxis oder im Alltag mit Kunden oder den Händlern, aber auch Partnern auftreten, kennen und lösen gelernt.

In der Praxis läuft vieles anders, als es nach der reinen Lehre sein sollte, was durch Termindruck, fehlende Finanzmittel und ein rasantes Wachstum im IT-Markt zu erklären ist. Neben dem Wissen, wie man etwas richtig macht, ist es wichtig, die Funktion eines bestehenden Systems mit gegebenen Mitteln aufrecht zu halten. Improvisation ist gefragt, doch sollte diese immer mit Blick auf eine angestrebte optimale Lösung erfolgen.

Alles in allem konnte ich in diesem Projekt ein breites Spektrum des TI-Studienganges in der Praxis anwenden und so meine Stärken und Schwächen, aber auch Vorlieben erfahren. Mein Studium der Informatik hat mir ein breites Wissenspotenzial gegeben und die Praktika, Jobs oder das Praxissemester haben mir nähergebracht, in welcher Richtung ich mich weiterentwickeln möchte. Findet selber heraus, was ihr machen möchtet, mit dem Studium habt ihr die Grundvoraussetzungen schon geschaffen!

3.2.4 Medieninformatik/ online.medien

Ziel des 1. praktischen Studiensemesters ist es, Methoden und Anwendungen der digitalen Informationsverarbeitung in der medialen Kommunikation kennen zu lernen. Es soll die Möglichkeit bestehen, die Bedeutung und Komplexität insbesondere von „Multimedia" im On- und Offline-Bereich in einem konkreten Realitätsausschnitt erfahren zu können. Deshalb sollte der Schwerpunkt dieses praktischen Studiensemesters im Bereich von Konzeption, Gestaltung, Produktion, Programmierung oder Vertrieb von digitalen Medienanwendungen oder der Entwicklung von Hard-/Software-Werkzeugen hierfür liegen. Idealerweise werden in diesem Praktikum solche Tätigkeiten bevorzugt, die Verbindung der Medien und der Informatik besonders deutlich hervorheben.

Neben naturwissenschaftlichen Grundlagen werden den Studierenden in den beiden ersten Studiensemestern vor allem informationstechnische, gestalterische und betriebswirtschaftliche Grundlagen vermittelt. Diese sollen die Studierenden in die Lage versetzen, sich bereits im ersten Praxissemester in einer computerorientierten und unternehmerisch denkenden und handelnden Umwelt bewegen zu können. Konkret sollten die Studierenden sich hier mit interaktiven und kommunikationstechnischen Medien beschäftigen wie:

- Multimedia,
- AV-Medien,
- Printmedien/Electronic Publishing,
- Didaktiknahe Medien,
- Kommunikationstechnische Medien/Bürokommunikation,
- Entwicklung/Programmierung von medienorientierten Hardware- und Softwaresystemen.

Dabei ist es sekundär, ob es sich um Medienapplikationen (z. B. Einsatz von Electronic Publishing für eine Firmenzeitschrift) oder um Medienimplementierungen (z. B. Erzeugung einer Computeranimation) handelt.

Maßgeblich ist, dass die Praktikanten einen umfassenden Einblick in klar umrissene Aufträge/Projekte erhalten und aktiv und kreativ an der Erzeugung eines Produkts mitarbeiten. Der Einsatz der Praktikant/innen/en als passive Hilfskraft ist abzulehnen.

Die Zuordnung des praktikagebenden Unternehmens zu einer Branche ist von untergeordneter Bedeutung. Im Zweifelsfall ist die Absprache mit dem Praktikantenamt bzw. dem betreuenden Professor des Fachbereichs zu raten.

Folgende Einsatzformen und -beispiele sind üblich:

- Konzeptierung und (Teil-)Realisierung von Projekten im Umfeld der Textverarbeitung und des Electronic/Desk Top Publishing (bei Anwendern bzw. Anbietern)
- Konzeptierung und (Teil-)Realisierung von Projekten im Umfeld der digitalen Bildverarbeitung/Computeranimation (bei Anwendern und Anbietern)
- Konzeptierung und (Teil-)Realisierung von Projekten auf der Basis von Multimedia-Produkten (z. B. DTP und Video)
- Konzeptierung und (Teil-)Realisierung von computerbezogenen AV-Projekten
- Programmierung von Mediensystemen (z. B. auf der Basis von „C++", Visual Basic, Java ...)
- Planung, Analyse und Implementierung von BK-/Telekommunikationskonzepten in Unternehmungen (bzw. markanter Teile davon)
- Planung, Analyse und Implementierung von Präsentations- und Lernsystemen (z. B. interaktives Video in der Weiterbildung)
- analoge Projekte bei Anbietern entsprechender Systeme
- Konzeptierung und nach Möglichkeit auch (Teil-)Realisierung von Projekten auf der Basis „Integrierter Anwendungspakete" wie Smart, Lotus 1-2-3, Excel, ... – bevorzugt im Umfeld medienrelevanter Bereiche wie Vertrieb, Werbung, Marketing ...
- Aktive Mitarbeit an computergestützten Projekten in medientangierten Unternehmensbereichen wie Werbung, Marketing, Vertrieb, PR.

Im 2. praktischen Studiensemester liegt der Schwerpunkt auf Bearbeitung von sowie Mitarbeit in Medienprojekten. Das in Vorlesungen und vor allem auch in Praktika und Workshops vermittelte Wissen soll bei der Konzipierung und Realisierung von Medienprodukten umgesetzt werden. Gleiches gilt für die Umsetzung erworbener Kenntnisse hinsichtlich der fachlichen und betriebswirtschaftlichen Abwicklung zugehöriger Medienprojekte. Gemäß der Ausrichtung des Studiengangs sind hierbei vor allem Multimedia-Projekte/Aufgaben zu empfehlen.

Wie im 1. praktischen Studiensemester kann das Einsatzfeld in einem oder mehreren der dort genannten Mediengebiete liegen. Auch hier soll auf den Symbiosebezug von Medien und Informatik nicht verzichtet werden. Diese Orientierung des 2. praktischen Studiensemesters impliziert folgende typischen und beispielhaften Aufgabenfelder, welche i. d. R. nicht nur dediziert zu bearbeiten sind:

- Akquise von Medienprojekten
- Ermittlung der funktionalen und zielgruppenspezifischen Bedarfsprofile eines Medienprojekts (Bedarfsrecherche, Agentur-Briefing, ...)
- Betriebswirtschaftliche und logistische Planung, Steuerung und Überwachung eines/von Medienprojekts(en)
- Mitarbeit bei der Konzipierung und/oder Realisierung eines entsprechend dimensionierten Medienprojekts respektive der zugehörigen Medienprodukte
- Markteinführung bzw. Rezeptoreneinweisung von Medienprodukten
- Wirkungsforschung, Akzeptanz, Anwendungs-, Werbewirkung von Medienprojekten/-produkten.

Bodo Schäfer ist
heute Consultant
bei Accenture.

_Zur kreativen Entfaltung empfehlen wir Ihnen des
Weiteren eine Stelle, bei der Sie neueste Technologien tatsächlich umsetzen können

www.entdecke-accenture.com

• Beratung • Technologie • Outsourcing • Allianzen • Risikokapital

accenture

Beispiele für Zweites Studiensemester in der Praxis (Medieninformatik)

1.

Thomas Lachmann, Fachhochschule Furtwangen

Mein Name ist Thomas Lachmann. Ich bin momentan im 8. Semester und schreibe an meiner Diplomarbeit.

Da ich das 6. und das 7. Semester getauscht habe, liegt mein 2. Praxissemester noch nicht allzu lange hinter mir. Ich habe es in Stuttgart bei der dmc GmbH verbracht. dmc ist ein Full-Service-Internet-Provider. Einer der bekanntesten und größten Kunden ist die Neckermann Versand AG. Mein Praktikum habe ich im Bereich Projektmanagement verbracht. Mein Betreuer war der Projektleiter für Neckermann Deutschland.

Um erfolgreich Projektmanagement betreiben zu können, muss man erst einmal wissen, wer innerhalb der Firma für was zuständig ist, wie das System grob funktioniert und wer der Kunde ist; so bekam ich zuerst eine Einführung in das Neckermann-System. Dies umfasste die verschiedenen Server, den Aufbau und die Struktur der Internet-Seite und die Kontaktpersonen bei Neckermann selbst. Das Neckermann Web-System ist im Januar 2001 einem Redesign unterzogen worden, und da habe ich die Gelegenheit ergriffen und eine Dokumentation über dasselbe erstellt.

Es kamen zwischendurch immer wieder kleinere Jobs auf mich zu, die ich erledigen konnte. Das war sehr hilfreich, um meine Kollegen etwas besser kennen zu lernen, und mit der Zeit hatte ich ein gutes Gespür dafür, mit welchen Fragen und Wünschen ich zu wem gehen konnte. Ich habe dann auch angefangen, an Konzepten mitzuarbeiten und Angebote für kleinere Aufträge zu erstellen. So konnte ich einen Einblick in die Kostenkalkulation bekommen.

So gegen Mitte meines Praktikums kam das Projekt „interaktive Produktberatung" auf. Bei diesem Projekt ging es darum, dem User eine Auswahl von Produkten zu präsentieren, die er bei Neckermann direkt bestellen kann und die am besten auf seine Bedürfnisse zugeschnitten sind. Für die Durchführung dieses Projektes haben wir mit einer Fremdfirma zusammengearbeitet, welche das Backend für diese „Suchmaschine" entwickelt hatte. Zusammen mit meinem Betreuer habe ich das Konzept und das Angebot für dieses Projekt geschrieben. Nach den ersten zwei Wochen habe ich die Projektleitung übernommen. Ich war für die Koordination der Aktivitäten von dmc und unseren externen Partnern zuständig und war direkter Ansprechpartner für die Neckermann Versand AG. Als nach weiteren zwei Wochen der Hauptprogrammierer dieses Projekts für längere Zeit krank wurde, habe ich, da ich als einziger mit jsp, den JAVA-Beans für das Backend und dem Projekt vertraut war, die Programmierung übernommen. Das Interessante an dem Projekt war die Kommunikation zwischen der Fremdfirma, Neckermann und dmc und die Implementierung des Backends in das bestehende Neckermann Backend. Da die verschiedenen Parteien eine unterschiedliche technische Kompetenz besaßen, war ein erhöhter Kommunikationsaufwand notwendig.

Alles in allem war das Praktikum eine sehr interessante Erfahrung. Ich habe sehr viel über Projektleitung gelernt. Dazu zählt nicht nur Konzeption, Angebote schreiben und telefonieren. Es war auch sehr interessant zu lernen, wie man mit den einzelnen Mitarbeitern umgehen muss, damit man bekommt, was man will.

**2.
Bettina Müller,**
Fachhochschule
Furtwangen

Hallo! Ich heiße Bettina und bin gerade dabei, meine Diplomarbeit zu schreiben. Wenn alles gut läuft, dann werde ich im Februar 2002 mein Studium als diplomierte Medieninformatikerin (FH) nach acht Semestern erfolgreich abschließen.

Warum ich mich zu Beginn meines Studiums für die FH in Furtwangen entschieden habe, kann ich heute nicht mehr sagen

... Aber ich weiß, dass ich diese Entscheidung jederzeit wieder treffen würde.

Wie an den meisten FH's sind auch in Furtwangen zwei Semester für externe Praktika in verschiedenen Firmen vorgesehen. Meines Erachtens eine sehr gute Sache, denn man erhält dadurch die Gelegenheit, Gelerntes anzuwenden und vor allem den Arbeitsalltag kennen zu lernen. Ich habe letztes Semester mein zweites Pflichtpraktikum absolviert und möchte gerne ein bisschen darüber erzählen.

Da ich während des ersten Praktikums bereits die Gelegenheit hatte, das Agenturleben kennen zu lernen, wollte ich dieses Mal gerne einen Einblick in einen anderen Bereich bekommen. So entschloss ich mich für den Schwerpunkt „Projektmanagement". Und wo könnte man auf diesem Gebiet mehr lernen als in einem großen Konzern? So bewarb ich mich bei der DaimlerChrysler AG in Stuttgart. Genauer gesagt in der eBusiness Unit des Headquarters. Bereits während meines Vorstellungsgesprächs wurde mir klar, dass das kommende halbe Jahr bestimmt nicht langweilig werden würde. Und mein Gefühl sollte mich nicht trügen! Wer gerne organisiert und auch in unruhigen, stressigen Zeiten einen klaren Kopf behält, der wird sich im Team „International Website Management" wirklich wohl fühlen. Neben diversen Projekten galt es auch, die täglichen Linienaufgaben zu bewältigen. Dazu gehörten unter anderem die Pflege des www.mercedes-benz.com Internetauftritts sowie die Vor- und Nachbereitung der so genannten Online Redaktion. (Dabei handelt es sich um ein Gremium, welches gemeinsam die Inhalte der Webseiten diskutiert, zum Teil erstellt und freigibt.) Genauso gehörte die „Öffentlichkeitsarbeit" (sprich das Beantworten von Kundenanfragen) zu meinen Aufgabengebieten. Selbständiges und eigeninitiatives Arbeiten waren äußerst wichtige Grundvoraussetzungen, denn bereits nach einer kurzen Einarbeitungsphase, wurde ich mit der Durchführung eigener kleiner Projekte betraut.

Im Rahmen solcher Projekte galt es unter anderem, Konzeptionen zu erstellen, Präsentationen auszuarbeiten (sehr oft auch in englischer Sprache) und Meetings durchzuführen. Aufgaben, die einen wirklich forderten und hin und wieder auch die ein oder andere Überstunde notwendig machten. Leider kann ich über die einzelnen Projekte selbst nichts erzählen, das ist alles noch TOP SECRET, aber ich hoffe trotzdem, dass ich wenigstens einen kleinen Einblick in meine Arbeit bei der DaimlerChrysler AG geben konnte!

3.

Gerit Wessendorf, FH Furtwangen
Bild: von rechts nach links
- Steve Wingert, Vice President Technology
- Kathy McClelland, Director Software Development Group
- Nate Perkins, Webmaster & DB-Admin
- Judy Frohman, Business-To-Business Project Lead
- Chris McClelland, Bug City Project Lead
- Gerrit Wessendorf, Intern Software Engineer

Der steigende Bedarf an Test- und Supportleistungen für Multimedia-, Spiele-, Entertainment- oder Edutainment-Software war im Jahre 1996 Anlass für den bekannten Spielentwickler MicroPros, das Tochterunternehmen Absolute Quality als Testlabor für Spiele und Multimedia-Anwendungen zu gründen. Absolute Quality wurde sehr schnell populär in der Spiele- und Multimedia-Branche und entwickelte sich zu einer bevorzugten vollständigen Outsource-Lösung vieler großer Entwickler und Verlage wie Hasbro Interactive, Activision, Eidos, Lego MindStorms, Simon & Schuster, InfoGrames, Scholastic oder Konami.

Heute beschäftigt Absolute Quality mehr als 300 Arbeitnehmer in Hunt Valley (Maryland), Alameda (Kalifornien) und Glasgow (Schottland) und bietet weltweit Test- und Supportleistungen in mehr als zehn Sprachen.

Das zweite praktische Studiensemester absolvierte ich in der Abteilung für Softwareentwicklung. Die in Hunt Valley angesiedelte „Software Development Group" setzt sich aus vier kleineren Pro-

83

jektteams zusammen, die jeweils für das Produkt BugCity(tm) und verschiedene Business-To-Business-Lösungen verantwortlich sind.

Das Softwarepaket BugCity(tm), welches den Kunden als flexibles Werkzeug zum Fehlermanagement und zur Kommunikation zwischen Tester, Entwickler, Produzenten und Projektleiter bereitgestellt wird, bildete gleichzeitig den Inhalt meines auf zwölf Monate verlängerten Praxissemesters. Meine Aufgaben erstreckten sich von der Entwicklung und dem Design von Geschäftsklassen auf der Mittelschicht bis zur Entwicklung der Windows- und Web-Clientanwendungen unter besonderer Beachtung von Stabilitäts-, Sicherheits- und Flexibilitätsanforderungen dieser in der Produktion von Computerspielen und Multimediaanwendungen eingesetzten Software.

Im Rahmen dieses Projektes wurde in erster Linie auf Microsoft-Technologien und -Konzepte zurückgegriffen. Dazu zählten die Entwicklung und Administration mehrerer SQL Server Datenbanken als Grundlage des zentral verwalteten Systems, die Entwicklung der Clientanwendung für Windows-Betriebssysteme und der Geschäftskomponenten in Visual C++ und Visual Basic auf Basis der Microsoft DNA (Distributed Internet Architecture), dem Architekturmodell für verteilte Internetanwendungen. In Hinblick auf die Anforderungen der webbasierten Clientanwendung wurden auch plattformneutrale Sprachen und Technologien wie Java, JavaScript und Dynamic HTML gewählt, um eine fehlerfreie

Funktion auf Unix- und Macintosh-Systemen zu gewährleisten. Neben der praktischen Auseinandersetzung mit verschiedenen Sprachen und Technologien zur Implementierung des Systems erhielt ich während meines Praxissemesters ebenso einen wertvollen Einblick in andere Abschnitte des Softwareentwicklungszyklus einschließlich der Planung, Modellierung und Dokumentation von Geschäftsklassen, der Software-Testphase und der regelmäßigen Teilnahme an abteilungsweiten Code-Besprechungen, die neue Anregungen einbrachten und etwaige logische Fehler aufdeckten.

Das Praktikum war nicht nur aufgrund der lehrreichen und interessanten Inhalte ein Erfolg. Auch das Betriebsklima dieses recht jungen und im wahrsten Sinne „verspielten", aber gleichzeitig einen sehr hohen Qualitätsstandard repräsentierenden Unternehmens garantierte eine sehr angenehme und motivierte Zeit mit freundlichen, kollegialen und sehr hilfsbereiten Mitarbeitern.

Maryland ist sicherlich keine übliche Wahl für einen Praktikantenplatz in den USA, da in der Regel Technologie-Metropolen in Kalifornien oder New York favorisiert werden. So hatte Absolute Quality bisher auch noch keine Praktikanten aus Deutschland oder Studenten der Fachhochschule Furtwangen. Nach meiner Premiere kann ich diesen Standort jedoch sehr empfehlen. Hunt Valley befindet sich in unmittelbarer Nähe von Baltimore und Washington DC. Philadelphia und New York können ebenfalls schnell und kostengünstig erreicht werden.

3.3 Projektstudium

Um die praxisnahe Ausbildung noch weiter zu vertiefen wurde gerade in den Informatikstudiengängen verstärkt ein Projektstudium integriert. Die Art der Integration variiert dabei von FH zu FH, das heißt es wird entweder pro Semester ein Projekt realisiert oder wie z. B. an der Fachhochschule Furtwangen ein großes Projekt über zwei Semester veranstaltet.

Neben den fachlichen Aspekten werden hierbei auch Schlüsselqualifikationen wie Teamfähigkeit und soziale Kompetenz geschult. Projektthemen kommen dabei vorwiegend aus der Industrie, wobei darauf geachtet wird, dass es sich um innovative Themen handelt, die auf dem neuesten Stand der Technologie entwickelt werden. Für diese Projektarbeit sind in den Prüfungsordnungen eine bestimmte Anzahl von Semesterwochenstunden (z. B. sechs bis zehn an der FHF) vorgesehen. Das tatsächliche Engagement geht nach meiner Erfahrung, sowohl was die Studierenden als auch die Betreuer betrifft, weit über diese Stundenzahl hinaus. Diese Art des Studiums, bei welcher man sich auch einmal mit Themen beschäftigen muss, die noch nicht im Unterricht behandelt wurden, hat sich als äußerst motivierend und effizient erwiesen.

Außerdem können hier die Studierenden ein Themengebiet ihrer Wahl vertiefen, die alle Phasen der Produktentwicklung beinhaltet, also von der Planung, Konzeption bis hin zur Realisierung und dem praktischen Einsatz.

Im Folgenden sind einige solcher Projekte genannt und kurz beschrieben:

Projekte aus dem Bereich Wirtschaftinformatik

- XML- und EDI-basierter Datenaustausch zwischen Unternehmen
- Persistenz-Frameworks für Java: Einsatz und Vergleich mehrerer Lösungen
- eProcurement für ein mittelständisches Unternehmen
- Content Management: Design und Realisierung für eine konkrete Firma
- Flugbuchungs- und Auskunftssystem (inkl. Realisierung für eine kleinere Fluggesellschaft)
- Die Design-Phase in der Softwareentwicklung: Studie für ein Großunternehmen Brainstorming versus Brainwriting
- Kommunikationsprinzipien in verteilten Software-Anwendungen (mit realisierter Fallstudie)
- Automatische Klassifikation von Dokumenten (mit Realisierung)
- Einführung einer Standardsoftware (Controlling) bei einem Unternehmen.

Die Projekte wurden von zwei bis sechs Studierenden bearbeitet. Sie gingen zum Teil über zwei Semester.

Projekte aus der Medieninformatik

- **VIB**
  Virtual Information Broker Verwaltung von Rechercheanfragen über das Internet eines Verlages
- **Tanz im Barock**
  Planung und Produktion einer Multimedia-Lern-CD-ROM in Zusammenarbeit mit der Musikhochschule Trossingen
- **DCMS**
  Document Content Management System System zur Verwaltung und Beschreibung von Dokumenten für Mittelständische Betriebe
- **MI5**
  Erstellen einer Lern-CD, welche die Arbeitsschritte bei der Erstellung von 3D-Animationen illustriert
- **Virtuelles Museum**
  Planung und Implementierung eines virtuellen Museums für einen Zeitungsverlag.

3.4 Auslandssemester/ Auslandspraktika

Ein Praxissemester oder auch ein Studiensemester im Ausland bietet die Möglichkeit, den persönlichen Horizont zu erweitern und interkulturelle, berufsspezifische und sprachliche Kompetenz für den globalen Arbeitsmarkt zu gewinnen. Fast jede Fachhochschule bietet den Studierenden über das akademische Auslandsamt die Möglichkeit, Kontakte zu kooperierenden Hochschulen zu knüpfen.

3.4.1 Finanzielle Unterstützung

BAföG:	Sie können einen Antrag auf Auslands-BAföG stellen. Der Antrag sollte mindestens sechs Monate vor der Ausreise beim zuständigen Ausbildungsförderungsamt gestellt werden. Auslandsbedingte Mehrkosten (Reisekosten, Auslandszuschlag, Studiengebühren) werden unter Umständen vom BAföG-Amt übernommen. Dies gilt seit 1.4.2001 nicht für die EU-Länder.
DAAD-Semester oder Jahresstipendien:	Wenn Sie für ein Semester oder ein Jahr an eine ausländische Hochschule gehen wollen, können Sie sich um ein DAAD-Teilstipendium bewerben. Nähere Informationen finden Sie in einer entsprechenden Broschüre des DAAD. Der Bewerbungstermin muss ein Jahr vor Reiseantritt liegen, ebenso ist eine überdurchschnittliche Qualifizierung erforderlich.
Fullbright:	Wenn Sie für ein Jahr an eine US-amerikanische Hochschule gehen wollen, können Sie sich um ein Fullbright-Stipendium bewerben. Höhere Semester werden dabei bevorzugt. Der Bewerbungstermin liegt im Juni des Vorjahres, wobei eine strenge Auswahl erfolgt und die Hochschule zugewiesen wird. Die Bewerbung erfolgt ebenfalls über das Akademische Auslandsamt.

Abbildung 3.3: Finanzielle Unterstützung im Auslandssemester bzw. Auslandspraktika

3.4.2 Beispiele Auslandssemester

1.

Bohnet-Armstrong,
FH Furtwangen,
Studiensemester
in San Francisco,
Kalifornien

Im Zeitraum vom 21.08.2000 – 08.01.2001 habe ich mein Wintersemester an der San Francisco State University – SFSU – in Kalifornien verbracht. Dort war ich im Broadcast And Electronic Communication Arts Department (BECA) untergebracht. Wie der Name schon vermuten lässt, vermittelt dieser Fachbereich hauptsächlich Inhalte aus dem Bereich Videoproduktion für Fernsehproduktionen wie Nachrichten, Shows und TV-Serien. Die Universität liegt im Westen von San Francisco direkt am Highway 1 mit Blick auf den Pacific und ist nur wenige Minuten vom Herzen der wohl genialsten Stadt Amerikas entfernt.

Neben den vermittelten Inhalten war es für mich vor allen Dingen wichtig, sowohl einen tiefen Einblick in das amerikanische Studentenleben als auch in das Land und die Menschen zu bekommen. Interessant ist der von Grund auf verschiedene Lehransatz der SFSU im Vergleich zu vielen deutschen Hochschulen. An der SFSU wird sehr viel Wert auf praktisches Arbeiten gelegt – ich war daher fast ausschließlich mit konkreten Projekten beschäftigt.

Diese umfassten die Erstellung eines vierminütigen Magazinbeitrags in Kooperation mit einem Lokalsender, die Erstellung eines 30 Sekunden „Anti Smoking" Werbespots und der Planung (Auftraggeber, Zeitplan, Budget und Produktion) eines Dokumentationsfilms. Der vierminütige Magazinbeitrag wurde sogar im März 2001 in der kompletten Bay Area um San Francisco im Fernsehen ausgestrahlt.

Der starke Praxisbezug der SFSU war eine sehr gute Ergänzung zu der an der FH Furtwangen vermittelten Theorie. Neben dem Studium bestanden die Highlights meines Auslandsaufenthalts auch in der Auseinandersetzung mit der amerikanischen Kultur. Hierdurch habe ich eine sehr viel differenzierte Sicht auf die USA, aber auch auf Deutschland und meine durch meine Kultur geprägten Denkweisen gewinnen können – eine Erfahrung, die für mich sicherlich wesentlich wertvoller ist als vieles andere. Natürlich ist der Freizeitspaß alles andere als zu kurz gekommen.

San Francisco ist eine wunderschöne Metropole mit einem tollen Nachtleben inmitten einer herrlichen Umgebung, angefangen mit der Weinregion im Napa Valley, hinüber zur Golden Gate Bridge, entlang der beeindruckenden Küste des Pacifics über die wunderschönen Santa Cruz Mountains vorbei an riesigen Redwood Bäumen ins Silicon Valley und hinauf auf den Mount Hamilton mit der zweitgrößten Sternwarte der Welt und zum Mount Diablo, der ein atemberaubendes Panorama und eine Landsicht bietet, die angeblich nur vom Kilimanjaro in Afrika übertroffen wird. Ich habe eine großartige Zeit in San Francisco verbracht und bin mehr als froh, dass ich die durch die FH angebotene Möglichkeit zu einem Studium im Ausland nutzen konnte. Ich habe meinen Auslandsaufenthalt als einen großen Gewinn bezüglich Sprachkenntnissen, beruflichem Werdegang und Persönlichkeitsentwicklung erfahren. Nur zu gerne hätte ich auch die weiteren durch die Professoren geknüpften Verbindungen und Angebote wie zum Beispiel nach Mexiko, Australien und Finnland wahrgenommen – aber irgendwann will ich ja auch mal mit dem Studium abschließen.

2.

Dirk Ziegler,
FH Furtwangen,
Arbeiten an der
amerikanischen
Westküste

Meine Entscheidung, für ein Jahr in die Vereinigten Staaten zu gehen hatte ich schon sehr weit im Voraus gefasst, da ich nur darin eine Chance sah, den nicht zu unterschätzenden Aufwand für dieses Projekt im Rahmen der finanziellen Möglichkeiten zu amortisieren. Gerade diesen Aspekt sehen viele nicht auf den ersten Blick und sind sehr über die anfänglich zu leistenden Zahlungen überrascht. Das liegt nicht im Wechselkurs begründet, sondern eher mit dem Lebensstandard und der Tatsache, dass man als Ausländer häufig höhere Vorauszahlungen leisten muss als ein normaler Amerikaner. Doch eines nach dem anderen.

Wie finde ich einen Job?

Zunächst, wie findet man richtige Firmen und (viel schwieriger) wie macht man auf sich aufmerksam? Ich habe ca. 30 Firmen im Raum Seattle, WA per E-Mail angeschrieben und keine einzige Antwort bekommen. Soweit noch normal. Als dann nach der zweiten und dritten E-Mail-Aktion sich noch immer keiner meldete, bis auf drei Absagen, änderte ich meine Strategie und rief die Firmen einer nach der anderen an. Dies hatte einen wesentlich besseren Erfolg, denn wie ich später selber merken sollte, hebt man sich nur so aus der Masse der E-Mails jeden Tag hervor und bezeugt sein wirklich ernsthaftes Interesse an einem Praktikum. Viele sind einfach zu beschäftigt, um sich um jede E-Mail zu kümmern und darauf zu reagieren. Die Kunst besteht darin, den richtigen Ansprechpartner persönlich an das Telefon zu bekommen und mit den ersten vier Sätzen seine Neugierde zu wecken. Wenn das nicht klappt, gibt es eine freundliche Ablehnung und die besten Wünsche für die weitere Suche. Letztendlich hatte ich bei einer Firma vier Bewerbungstelefonate und bekam nach langem Hin und Her eine Zusage.

In der Zwischenzeit hatte ich über Freunde Kontakt zu einer Company in Palo Alto, CA aufgenommen, und diese Verhandlungen verliefen wesentlich entspannter, weil ich mich mit einer guten Empfehlung dort melden konnte. Gerade diese persönlichen Kontakte und Empfehlungen sind es, die zum Erfolg führen. Ich gab der Firma in Seattle, WA eine Absage.

Warum die großen Geldsorgen am Anfang?

In der Regel benötigt man eine Zimmer, ein Auto und muss die ersten 14 Tage seine Auslagen vorstrecken. Das heißt, das ein Zimmer mit 650 $/m. + util. + drei Monate Kaution anfallen. Um ein Zimmer zu finden, muss man ca. zwei bis drei Wochen einkalkulieren und viel Geduld mitbringen. Man ist Ausländer und das spürt man immer wieder. Hinzu kommen weiterhin Hotelkosten und Mietwagen für drei bis vier Wochen. Einen Wagen unter 3.000 $ zu kaufen ist nach meiner Erfahrung herausgeworfenes Geld, denn es gibt keinen TÜV und es wird viel Schrott verkauft. Dann muss der Wagen versichert werden, was wiederum sofort bezahlt werden muss und für zwölf Monate zwischen 700 $–1.300 $ kosten kann. Kommt ganz auf den Wohnsitz und die Jahre unfallfreien Fahrens (wenn diese überhaupt anerkannt werden) an. Summa-sumarum – ich bin mit 7.000 $ für den Anfang ganz gut klar gekommen.

Der Job?

Durch die lange Vertragsdauer war es eher kein Praktikum, sondern ein richtiger Job. Das hat auch am Anfang häufiger für Verwirrung gesorgt, denn ein Praktikum geht in den Staaten meist nur über drei Monate.

Die Arbeit war sehr abwechslungsreich und hat sehr viel Laune gemacht! Sicher muss man sich am Anfang stärker einbringen, aber wenn die Kollegen einmal gesehen haben, was man alles kann, dann gibt es kein Halten mehr und man wird mit Arbeit überhäuft.

Die Bezahlung war gut bis sehr gut und es war kein Problem in Silicon Valley, das zu den teuersten Gegenden der USA gehört, zu leben.

Generell beurteile ich meine Zeit in Kalifornien als besonders wertvoll und kann es nur jedem sehr empfehlen, sich auf dieses Abenteuer einzulassen.

3.
Nico Rander,
FH Furtwangen,
FB Wirtschaftsinformatik
Auslandssemester in Southeastern
Louisiana University, Hammond, Louisiana

Der Wunsch, ein Semester in den Vereinigten Staaten zu studieren, wurde während einer Englischvorlesung geweckt. Dort hat uns die Dozentin von Erfahrungen anderer Student/innen/en berichtet.

Vorbereitung

Zugegebenermaßen ist im Vorfeld so einiges zu erledigen. So muss die Finanzierung geklärt sein, ein Englischtest (TOEFL) bestanden und das Visum beantragt werden. Erst dann wird der Antrag an die amerikanische Universität bearbeitet.

Ich habe damit ca. neun Monate vor Abreise begonnen und das hat gereicht.

Ein enger Kontakt zum Ansprechpartner der Partnerhochschule und den Professoren in Furtwangen erspart dabei so manche Umwege. Wichtig ist auch, dass man eine mögliche Anerkennung von Fächern bereits im Vorfeld klärt.

Start

Nachdem das alles geklärt ist, geht es dann los. Man ist in etwa einen Tag lang fast nur in Flugzeugen oder Wartehallen. Am Zielort angekommen, wird dann alles sehr angenehm professionell. In meinem Falle wurde ich von einer Betreuungsperson der Hochschule am Flughafen New Orleans empfangen, die mich dann (ca. 23 Uhr) zum Campus gebracht hat. Dort wurde ich im Wohnheim wiederum von den Wohnheimbetreuern (dazu ausgebildete Studenten) willkommen geheißen, welche bereits mein Zimmer vorbereitet hatten.

Während der nächsten Tage wurde dann sehr schnell klar, dass man ohne Auto doch sehr ortsgebunden ist. Glücklicherweise ergab es sich in meinem Fall, dass zwei Tage nach meiner Ankunft noch sieben Studenten aus dem Fachbereich Internationale Betriebswirtschaft von der Fachhochschule Furtwangen am Campus eintrafen. Diese waren zugegebenermaßen etwas besser organisiert, denn einer von ihnen hatte das halbe Jahr zuvor ein Studiensemester in der Praxis in Kalifornien absolviert und sich bereits dort ein Auto gekauft, welches wir uns in Zukunft teilen wollten. Unsere Mobilität war somit gesichert.

Es hat sich ebenfalls auf jeden Fall bewährt, eine Woche vor Semesterbeginn anzureisen. Diese Zeit benötigt man, um sich einzuleben und vor allem, um das bevorstehende Semester zu organisieren. So muss man seinen persönlichen Stundenplan festlegen, den Studentenausweis beantragen, den Mealplan und vieles andere mehr organisieren. Man ist eigentlich nur unterwegs. Eine weitere Sache, an die man sich gewöhnen muss, ist das Klima. Bei Studienbeginn im August ist die Umstellung doch enorm. Ich bin beispielsweise am 15. August in Nürnberg um 8 Uhr bei ca. 15° gestartet und kam um 23 Uhr Ortszeit in New Orleans bei ca. 30° C an. Es sei aber gesagt, dass man sich glücklicherweise innerhalb weniger Tage an das Schlafen bei laufender Klimaanlage gewöhnt.

Nützliches

An dieser Stelle seien noch ein paar Tipps aufgeführt, was man auf keinen Fall vergessen sollte: Wenn möglich sollte man in Besitz des neuen „Kartenführerscheins" sein. Diese Karte ist als Ausweis wesentlich leichter akzeptiert als z. B. unser Personalausweis. Zum Autofahren oder Autokaufen wird jedoch dann zusätzlich auch der Internationale Führerschein benötigt.

Eine Kreditkarte erleichtert das Leben in vielen Situationen erheblich. Allerdings sollte bereits in Deutschland das Limit der Karte überprüft werden.

Viele Geldautomaten akzeptieren auch schon die EC-Karte. Eine kurze E-Mail an das eigene Institut hat mir hier weitergeholfen: Es wurde mir erklärt, dass (in meinem Falle) alle Automaten mit dem Maestro-Zeichen unterstützt werden.

Studium

Nun zum eigentlichen Studium.

Ich habe bei der Auswahl der Fächer auf einen interessanten Mix geachtet, der auch in etwa den Fächern des 7. Semesters an der Fachhochschule Furtwangen entsprochen hat.

Dies erleichtert die Anerkennung in Deutschland. Weiter war für mich wichtig, dass die Fächer so gelegt waren, dass genügend Zeit für Ausflüge in das Umland blieb.

So hatte ich letztendlich folgende Fächer belegt:

- 1 x Computer Science
- 1 x Accounting
- 1 x Marketing
- 1 x Management
- 1 x Business Communication

Nach einer kleinen Eingewöhnungsphase war der Unterricht kein Problem. Die Professoren sprechen verständlich und die Bücher sind dies auch. Auch waren ab und zu die Betreuer (studentische Tutoren) im Wohnheim sehr hilfsbereit.

Man erkennt sehr schnell, dass die Ausbildung in Deutschland sehr gut ist und somit der Stoff ohne weiteres bewältigt werden kann.

Wie auch schon an der Fachhochschule Furtwangen wird sehr gerne in Teams gearbeitet, was interessant ist und die Integration erleichtert. Die Studenten an der SELU waren generell sehr hilfsbereit: Das Studium in den USA hat also auch viel Spaß gemacht.

Σ Was ich abschließend nur jedem empfehlen kann:
Sofern es finanziell kein Problem darstellt, sollte man nicht sofort nach Semesterende die Heimreise antreten. Ich war noch zwei weitere Monate in den Staaten und habe diese Zeit dort sehr genossen.
Man sollte sich auch ruhig manches (mehr) zutrauen. Die möglicherweise am Anfang auftretenden Sprachprobleme verlieren sich sehr schnell.
Und: Auf jeden Fall den Kontakt zu den Mitstudenten suchen. Es gibt viele gute Partys, die man auf keinen Fall verpassen sollte.

Σ Als Resümee bleibt:
Ich habe das Semester sehr genossen und habe viel dazugelernt. Diese Zeit hat nicht nur meine Englischkenntnisse verbessert, sondern mein Weltbild verändert und mich vor allem viel weltoffener gemacht. Ich möchte diese Zeit auf keinen Fall missen. Sie kommt mir auch sehr in meinem jetzigen Job zugute: Ich arbeite bei einem großen, internationalen Software-Konzern: Die Kollegen sind aus aller Herren Länder, die Kommunikation erfolgt ausschließlich in Englisch.

3.5 Diplomarbeit

3.5.1 Zielsetzung der Diplomarbeit

Die Diplomarbeit (DA) ist eine Prüfungsarbeit, die das Studium an der Fachhochschule abschließt. Sie soll die Fähigkeit des Diplomanden belegen, dass dieser in der Lage ist, innerhalb einer vorgegebenen Zeit ein Problem aus dem Fachgebiet selbstständig und mit wissenschaftlichen Methoden zu bearbeiten. Die allgemein anerkannten Konventionen für die Anfertigung wissenschaftlicher Arbeiten sind zu beachten.

3.5.2 Rahmenbedingungen

Für die Durchführung und Bewertung der Diplomarbeit gelten die allgemeinen Rahmenbedingungen der Prüfungsordnung des Fachbereichs beziehungsweise der Fachhochschule.

3.5.3 Diplomarbeitszuordnung und -vergabe

Die Diplomarbeitsthemen werden von Professoren des Fachbereichs vorgeschlagen. Auch Diplomkandidat/innen/en können den Professor/innen/en Themen vorschlagen. Der Prüfungsausschuss beschließt über die Annahme der Diplomarbeitsthemen sowie ggf. die Zuordnung der Kandidat/innen/en zu den Themen. Für jede Arbeit wird ein Erstbetreuer benannt, der die Arbeit betreut und bewertet, und der in der Regel dem Fachbereich angehört. Auf Antrag kann der Prüfungsausschuss einen hauptamtlichen Professor eines anderen Fachbereiches zum Erstbetreuer berufen. Als Zweitkorrektor, der die Arbeit ebenfalls bewertet, wird in der Regel ein weiteres Mitglied des Fachbereichs benannt. Eine Ausnahme muss im Prüfungsausschuss mehrheitlich beschlossen werden. Zweitkorrektoren können auch Betreuer aus der Industrie sein, allerdings müssen diese dann mindestens den gleichen Abschlussgrad besitzen.

Die Diplomarbeit kann (zu zweit) als Doppelarbeit erbracht werden, wenn der als Prüfungsleistung zu bewertende Beitrag der einzelnen Kandidaten aus der abgegebenen Arbeit eindeutig zuzuordnen ist. Dies geschieht durch Benennung des Verfassers von Abschnitten oder Kapiteln der Arbeit im Inhaltsverzeichnis. Eine farbige Kennzeichnung ist erwünscht.

3.5.4 Anmeldung, Dauer und Termine

Die Bearbeitungsdauer der Diplomarbeit beträgt vier bis sechs Monate. Bearbeitungsbeginn der Diplomarbeit ist beispielsweise an der Fachhochschule Furtwangen im Fachbereich Digitale Medien jeweils der 1.3. und 1.9. eines Jahres. Bearbeitet und beantragt werden können nur die vom Prüfungsausschuss genehmigten und den Kandidaten zugeordneten Diplomarbeitsthemen. Die Bearbeitungsdauer der Diplomarbeit kann in begründeten Fällen einmal um maximal zwei Monate verlängert werden.

3.5.5 Abgabe der Diplomarbeit

Die Diplomarbeit ist in zwei Exemplaren fristgerecht am Dekanat des Fachbereichs oder einer anderen vom Dekanat des Fachbereichs benannten Stelle abzuliefern. Der späteste reguläre Abgabetermin an der Fachhochschule Furtwangen ist der 30.6. (Bearbeitung im Sommersemester) bzw. 31.12. (Bearbeitung im Wintersemester). Bei genehmigtem Verlängerungsantrag verschiebt sich der Abgabetermin entsprechend.

3.5.6 Form und Umfang der Diplomarbeit

Die Diplomarbeit darf auf Deutsch und auf Englisch verfasst werden. Aufbau und Stil der Arbeit haben sich an Konventionen wissenschaftlicher Publikationen zu orientieren. Die Schriftart muss gut lesbar sein, die Schriftgröße darf nicht kleiner als zwölf Punkt sein. Die Arbeit ist in gebundener Form und zweiseitig bedruckt abzuliefern. Ebenfalls Bestandteil der Diplomarbeit sind im Rahmen der Arbeit erstellte Hard- und Software, Medien sowie Dokumentationen, die ggf. als Kopie einzureichen sind. Der Diplomarbeit ist eine eidesstattliche Erklärung beizufügen.

3.5.7 Präsentation

Die Ergebnisse der Diplomarbeit sind von dem Kandidaten in einer öffentlichen Präsentation vorzustellen. Pro Jahr werden vom Dekanat des Fachbereichs zwei Präsentationstermine bestimmt. Die Teilnahme an dem vom Dekanat des Fachbereichs für die Kandidaten festgelegten Präsentationstermin ist Pflicht.

3.5.8 Beispiele für Diplomarbeitsthemen

● **im Bereich Medieninformatik/ Online.medien**
  - Haptische Interfaces in virtuellen Welten
  - Webbasiertes Projektmanagement für Internet-Agenturen
  - FHF-World, Konzeption und prototypische Realisierung eines virtuellen Campus
  - Mobile Objects in distributed agent systems

- Workflowmanagement in einem Verlag
- Knowledge Community for Web Workers
- Literatur im Internet

● **im Bereich Wirtschaftsinformatik**
- XML-Industriestandards
- Mass Customization-Konzeption und Implementierung eines skalierbaren und sicheren Transaktionssystems
- Effizientes Projektmanagement
- eCorporate-Communication – Einsatz neuer Medien bei der internen Unternehmenskommunikation
- SAP Automotive Prototypprojekt

● **im Bereich Technische Informatik**
- Embedded Linux im Automobilbereich
- Entwurf und Realisierung eines Mikroprozessor gesteuerten Messsystems für chemische Gassensoren in Verkehrsmitteln

- Implementierung einer Bluetooth-Schnittstelle zur Kopplung eines PDAs an ein Fahrerinformationssystems
- Change- und Release-Management in verteilten Systemen
- Entwicklung eines applikationsspezifischen Logic-Analysers

● **im Bereich Allgemeine Informatik**
- Speicherprogrammierbare Steuerungen (SPS) unter Windows in Visual C++
- Distributed Computing on Embedded Systems
- Validierung von OCL-Constraints in UML-Modellen
- Mehrbenutzerinteraktionen und -navigation im 3D-Raum mit nur einer Kameraansicht
- Interoperability of COM, CORBA and J2EE
- Design und Entwicklung einer verteilten Teamworkumgebung in Java.

Kornelia Spohn M. A., Kommunikationsmanager (ebs)

Tätigkeitsschwerpunkte:
- Lektorat,
- Text,
- politische PR,
- Ideenmanagement.

Während des Studiums gesprächsweise erstmals auf Gehirnforschung gestoßen (Intelligenz als Ergebnis des „double twice brain"). Seit 1991 Anwenderin vernetzten Denkens.

Der mittelalterliche Lehrplan unterschied die sieben freien Künste: Grammatik, Rhetorik und Dialektik in der ersten Ausbildungsstufe, dem so genannten Trivium; die zweite Stufe, das so genannte Quadrivium, umfasste Arithmetik, Geometrie, Musik und Astronomie. Neben Latein waren diese Fächer Bestandteil der Lehre an Dom- und Klosterschulen zu einer Zeit, als Bildung ein exklusives Gut war, zu dem nur wenige Zutritt hatten. Wissensgrundlagen waren großenteils schriftlich überliefertes Wissen der Antike, christliches Gedankengut und Überlieferungen der europäischen Kulturen aus der Zeit vor dem römischen Imperium.

Die Logik des Aristoteles wurde prägend für das abendländische Denken, dessen Bildungssprache die Lateinische wurde.

Der Erfahrungssatz „Wissen ist Macht" lässt sich vor diesem zeitgeschichtlichen Hintergrund nachvollziehen. Anknüpfend daran – und der Logik folgend – ist Bildung Macht, nämlich die Macht, bewusstseinsbildend zu sein.

Die Einteilung in Kategorien und die Zuordnung von Wertigkeiten zu den einzelnen Kategorien sind Folge dieses Denkmusters. Ein Paradebeispiel ist das Zweiteilen in Kernkompetenzen einerseits und so genannte „soft skills" andererseits; die „weichen Fähigkeiten", auch als soziale Kompetenzen bezeichnet, werden demzufolge häufig als weniger wichtig bewertet. Der Status hat sich deutlich verbessert, weil die Einsicht gewachsen ist, dass es das „Schwarzbrot" allein nicht bringt und dass zumindest ein Grundwissen über soziale Fähigkeiten erworben werden muss. Die Tendenz ist eindeutig: Ohne soziale Kompetenzen, die bereits während der Ausbildung erworben bzw. trainiert werden, geht es kaum. Es ist ein anderes Lernen, eines ohne Noten, bei dem es nur Gewinner geben kann.

4.1 Körpersprache – nonverbale Sprache

Alles ist Kommunikation, es gibt keine Nicht-Kommunikation. Dies ist die verbreitete These über kommunikatives Verhalten und Handeln. Ein sich Anschweigen, kein Wort miteinander reden bedeutet demnach genau das Gegenteil: Es ist ein Schreien bzw. sich Anschreien. Hier sprengt es den Rahmen, darauf weiter eingehen zu wollen. Entscheidend ist, dass in diesem Ansatz verbales und nonverbales Verhalten zusammenkommen.

Unsere Wahrnehmung ist oft – allzu oft – nur auf das gesprochene Wort gerichtet. Besonders wenn wir Faktenwissen lernen, beschränkt sich unsere bewusste Wahrnehmung auf das gesprochene (in Verbindung mit dem geschriebenen) Wort. Wir sind sozusagen darauf trainiert, die (verbale) Sachebene wahrzunehmen.

Die eigene Sprache des Körpers, auch Seelensprache genannt, bleibt dabei außen vor, weil das Verhaltenslernen – auch soziales Lernen genannt – vielfach zu kurz kommt. Tatsächlich lässt die Körpersprache einiges erkennen:

- die Mimik
- die Gestik
- die Körperhaltung
- die Art zu gehen
- die Stimme
- der Blick

offenbaren dem „sehenden Auge" die Gemütsverfassung eines Menschen. Sogar Krankheitsbilder lassen sich erkennen, z. B. an der Körperhaltung. Die Gestik beispielsweise umfasst auch die unwillkürlichen Bewegungen der Füße und die Fußstellung, z. B. ungeduldiges Wippen mit den Füßen. Zur Körperhaltung gehört natürlich der aufrechte Gang, aber auch die Sitzhaltung; ob eine Haltung offen oder geschlossen ist, z. B. bei übereinander geschlagenen Beinen der Teilnehmer einer Diskussionsrunde, sagt etwas aus über Zu- und Abneigung bzw. Offenheit oder Reserviertheit gegenüber dem anderen.

Abb. 4.1:
Acht Beispiele nonverbaler Sprache

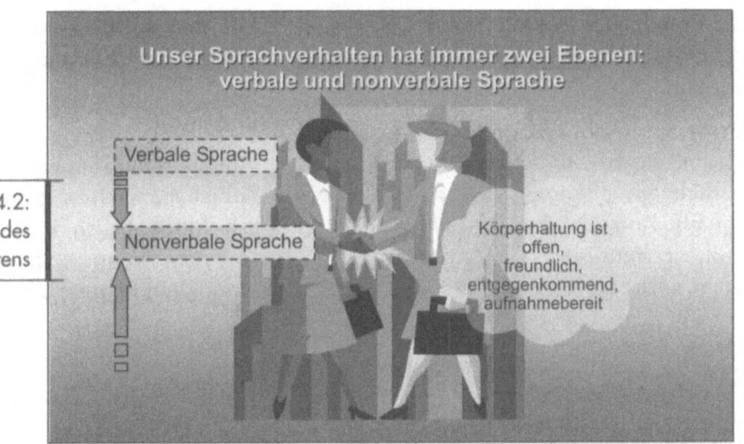

Abb. 4.2:
Die zwei Ebenen des Sprachverhaltens

Aus diesem umfangreichen Thema werden im Folgenden zwei wesentliche Aspekte herausgehoben:

- zum einen das deckungsgleiche so genannte kongruente Sprachverhalten und davon abweichend das nicht deckungsgleiche
- zum anderen die so genannten Minimalgesten.

Verbales Sprachverhalten und nonverbales Sprachverhalten sind die beiden Ebenen der Kommunikation.

Beide Ebenen sind deckungsgleich, wenn verbal Gemeintes durch Körpersprache begleitet und verstärkt wird, z. B. sich für eine Anerkennung, ein Geschenk, einen Glückwunsch bedanken oder jemanden willkommen heißen (siehe Abb. 4.2) und

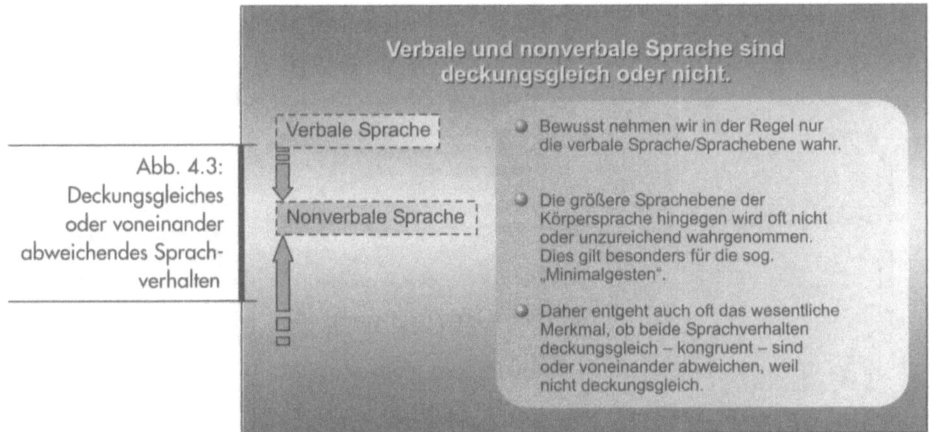

Abb. 4.3:
Deckungsgleiches oder voneinander abweichendes Sprachverhalten

die Freude darüber in einem Lächeln ausdrücken. Hier liegt kongruentes Sprachverhalten vor.

Beide Sprachebenen sind nicht deckungsgleich, wenn – willentlich beeinflusste – verbale Sprache und nonverbale Körpersprache voneinander abweichen. Jemand sagt, er freut sich, tut es aber innerlich nicht wirklich.

Für den aufmerksamen Beobachter, der gelernt hat, Körpersprache wahrzunehmen, offenbart sich das, oftmals spontan und intuitiv.

Diesen Zusammenhang der beiden Sprachebenen bewusst zu erkennen, kann sehr hilfreich sein, z. B. in Bewerbungsgesprächen, wenn Sie Ihren eventuellen späteren Chef kennen lernen.

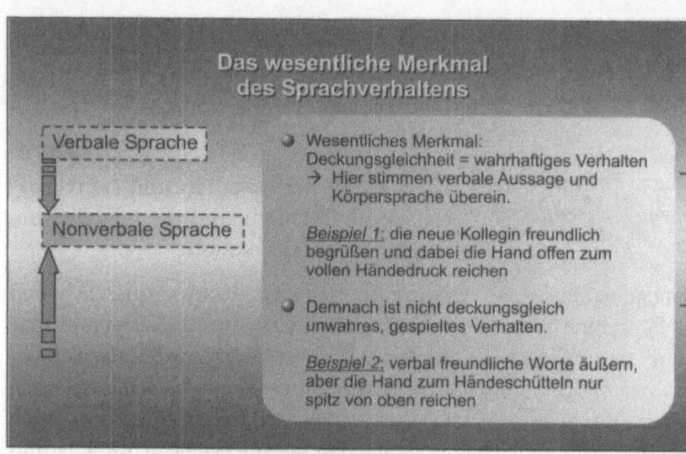

Abb. 4.4:
Das wesentliche Merkmal des Sprachverhaltens

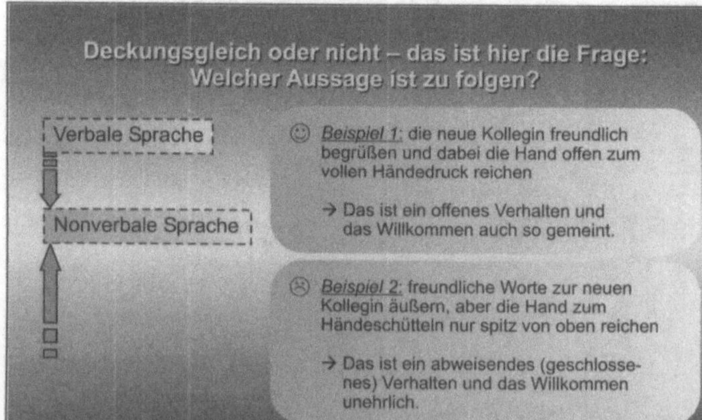

Abb. 4.5:
Welcher Aussage ist zu folgen?

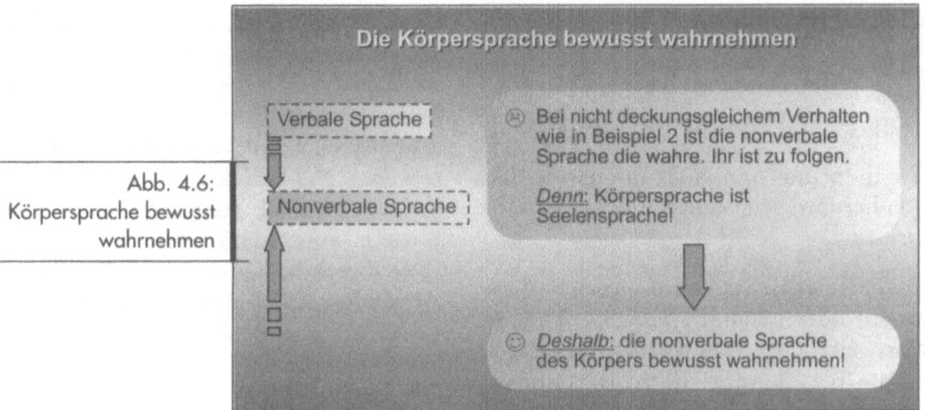

Abb. 4.6:
Körpersprache bewusst wahrnehmen

Unter den so genannten „Minimalgesten" werden jene nonverbalen Gesten verstanden, die Zustimmung, Interessiertheit, Aufgeschlossenheit oder aber Ablehnung, Desinteresse, Verschlossenheit signalisieren.

- Lächeln
- Kopfnicken
- aufmerksames Zuhören
- Blickkontakt
- auch zustimmendes „Hmm"

sind als bestätigende Minimalgesten anzusehen. Wenn Sie vor einer Gruppe stehen und etwas vortragen, bestätigt Sie ein solches Verhalten in Ihrem Vortrag.

Ungemütlich im wahrsten Sinne des Wortes kann es dagegen werden, wenn Sie in oder vor einer Gruppe sprechen, die keine Reaktionen erkennen lässt oder ablehnende Minimalgesten zeigt:

„Poker-Gesicht"
Stirnrunzeln
kein Zuhören
Ignorieren
Schweigen

Schlimmstenfalls liest einer sogar während Ihrer Rede. Dies wirkt irritierend und verunsichernd, weil die bestätigenden kleinen Gesten fehlen.

 **Wenn das passiert, gilt: gelassen bleiben!**

Daher ist es wichtig, dieses Verhaltensmuster zu durchschauen, um davon innerlich unabhängig zu werden.

4.2 Rhetorik

Zwar stammt der Begriff aus dem Griechischen, jedoch war die Kunst, eine Rede wirkungsvoll aufzubauen und vorzutragen, auch außerhalb dieses Kulturraumes eine geachtete Fähigkeit. So steht mündliche Überlieferung immer in Verbindung mit der freien Rede, aus dem Gedächtnis heraus vorzutragen und Wissen weiterzugeben. Dabei kommt es darauf an, den Gedankenfaden, den so genannten roten Faden zu behalten. Es genügen einige Stichpunkte oder Schlüsselbegriffe, entlang derer sich ein beliebiger Vortrag in freier Rede halten lässt. Dieses Prinzip ist im Abschnitt Präsentieren erläutert.

4.2.1 Verbalisieren

Verbalisieren, das heißt die Dinge auf den Punkt bringen.

Genau formulieren, nicht um den heißen Brei herumreden, steht zunächst im Vordergrund.

Jeder kennt das, dass wir nach einem Wort suchen oder bemüht sind, die richtigen Worte zu finden, z. B. wenn uns etwas gefühlsmäßig bewegt. Oftmals kommen psychologische Hemmnisse dazu, sich nicht zu trauen, etwas zu sagen oder zu fragen, sich zu beschweren, jemanden zu kritisieren oder etwas zu verlangen. Es ist eine Lebensweisheit, „dass es da, wo die Angst ist, entlang geht". Trauen Sie sich daher, das zu sagen, was Sie für richtig und angebracht halten. Dies kann auch ein schlichtes „Nein" sein, wenn jemand Ihnen beispielsweise zusätzliche Arbeit übertragen will, die Ihnen zuviel ist.

4.2.2 Argumentieren

Argumentieren heißt, das anführen, was den eigenen Standpunkt stärkt.

Durch Fakten, Zahlen oder Beispiele lässt sich die eigene Meinung stützen. Es sind sozusagen die Beweise bzw. Beweismittel.

Argumentieren liegt immer dicht am Manipulieren, und die Grenzen zwischen überzeugen wollen und überreden bzw. jemanden veranlassen, etwas ohne Überzeugung zu tun, sind fließend. So werden Zahlen und Statistiken gerne als Autoritätsbeweise genommen. Auch der Verweis auf Fachleute („Da können Sie jeden Juristen fragen, dass das so ist …".) ist ein

klassischer Autoritätsbeweis. Tatsächlich jedoch handelt es sich bei Beweisen, die auf Zahlen- oder Personenautorität aufbauen, oftmals um unechte Beweise. Es ist daher hilfreich, solche Argumente zu hinterfragen. Die Dialektik kennt Manipulation als Stilmittel, das heißt Sprache wird bewusst zum Manipulieren eingesetzt: „Der Zweck heiligt die Mittel." Dem zugrunde liegt die Einstellung, die Sprache als Waffe einzusetzen, um der („besseren") Wahrheit zum Sieg zu verhelfen.

4.2.3 Argumente gliedern

Argumentationsaufbau heißt, die Argumente gliedern, denn: Das zuletzt Gesagte bleibt am längsten im Gedächtnis!

In der Reihe der Argumente, die Sie in Ihrem mündlichen Beitrag während einer Veranstaltung oder einer schriftlichen Ausarbeitung machen, sollte das gewichtigste Argument am Schluss folgen bzw. stehen. Grund dafür ist die schwankende Aufnahmefähigkeit. Die Konzentrationsphase dauert bei Erwachsenen ca. 15 Minuten; danach lässt die Aufmerksamkeit nach bzw. wird unterbrochen, um erneut anzusteigen. Zur Gliederung eine Beitrags kennt die Rhetorik verschiedene Gliederungsmodelle, z. B. den rhetorischen Dreisatz oder den Fünfsatz.

Beide Gliederungsmodelle sind nichts anderes als gewohnte Denkmuster, die üblicherweise in Vorträgen wie Berichten, Problemdarstellungen usw. verwendet werden. Es erhöht den Effekt der „Wiedererkennung" beim Publikum, Aufbau und Gliederung einer Rede danach auszurichten. Selbstverständlich sind kreativem Andersmachen keine Grenzen gesetzt.

Rhetorik – Argumentationsaufbau und Gliederung

- Gliederung nach dem **rhetorischen Dreisatz**:

  Es ist meine Einschätzung, dass

  1. (**erstes Argument**) aufgrund der Kurzfristigkeit und
  2. (**zweites Argument**) wegen der wirtschaftlichen Bedeutung
  3. (**Schlussfolgerung**) der Auftrag vorgezogen werden sollte.

  ➢ Zur Verstärkung eines Argumentes bzw. der Argumentation kann **zusätzlich** ein Beleg/Beispiel angeführt werden.

Abb. 4.7:
Rhetorischer Dreisatz

Rhetorik – Argumentationsaufbau und Gliederung

- Gliederung nach dem **rhetorischen Fünfsatz**:

  1. (**Thema, Anlass**) Aus aktuellem Anlass ...
  2. (**Problem**) Wegen der wirtschaftlichen Lage ...
  3. (**erster Beweis – zweiter Beweis**) ... warum es wichtig ist, dass ... warum es daher vertretbar ist, dass ...
  4. (**Zusammenfassung**) Zusammenfassend ist daher zu sagen, ...
  5. (**Folgerung/Aufforderung**) Daher müssen/dürfen wir ...

  ➢ Zur Verstärkung eines Argumentes bzw. der Argumentation kann **zusätzlich** ein Beleg/Beispiel angeführt werden. („Es hat sich bekanntlich in der Vergangenheit gezeigt, dass ...")

Abb. 4.8:
Rhetorischer Fünfsatz

4.2.4 Gesprächsrhetorik

Gespräche durch Fragen und Zuhören führen.

Die Gesprächsrhetorik kennzeichnet sich durch aktive Gesprächsführung über Fragen und aufmerksames Zuhören als auch durch ein vorher festgelegtes Gesprächsziel. Gesprächsführung ist in verschiedenen Gesprächsarten wie dem Bewerbungsgespräch (siehe dazu Kapitel 5), dem Beurteilungsgespräch, Mitarbeitergespräch, bei Beschwerden, Kritik usw. maßgeblich für den Erfolg eines Gesprächs. Sie führen in einem Gespräch durch die so genannten W-Fragen

- Wer
- Wann
- Warum, wieso, weshalb
- Womit, wodurch usw.,

auch als offene Fragen bezeichnet, und durch geschlossene Fragen

- Haben Sie ...
- Möchten Sie ...
- Sind Sie ... usw.,

die nur Ja-/Nein-Antworten zulassen. Beide Fragetypen werden kombiniert eingesetzt.

Bei aktiver Gesprächsführung sind Sie zugleich Zuhörer, da das Zuhören es ermöglicht, mit nachfassenden Fragen gezielt auf jemanden einzugehen. „Wer viel redet, erfährt wenig" gilt im übertragenen Sinne auch fürs Zuhören. Wer nicht wirklich zuhört und unaufmerksam ist, erfährt wenig und muss unter Umständen nachfragen. Je nach Gesprächsart und Gesprächsziel kann es einen ungünstigen Eindruck hinterlassen. Daher, falls Sie gedanklich abdriften, greifen Sie bewusst den Faden an der Stelle wieder auf, wo Sie zuletzt aufmerksam dabei waren. Am besten ist es, Sie begründen kurz, warum Ihre Gedanken bei dem zuvor Genannten geblieben sind, warum es Sie nachdenklich gemacht hat.

Falls Sie in einem Gespräch das Gefühl haben, dass Sie ausgefragt werden, sprich dass Ihr Gegenüber fortlaufend Fragen stellt und von Ihnen Informationen hören möchte, verbalisieren Sie das, wie oben geschildert. Denn ein Gespräch ist in der Regel, von bestimmten Formen wie Verhör oder Prüfungsgespräch abgesehen, ein Teampart, bei dem die Gegenseitigkeit und Ausgewogenheit von Fragen und Antworten zwischen den Gesprächspartnern wichtig ist für die Gesprächszufriedenheit.

4.2.5 Umgang mit Feedback und Kritik

Feedback und Kritik sind Information.

Vom Fernsehen und Hörfunk sind die Zuschauerredaktionen bekannt, die Zu-

schriften des Publikums beantworten. Je nach Sendung werden zusätzlich Zuschauertelefone eingerichtet bzw. Hörer werden in die Sendung hineingestellt und können sich an einer Radiorunde beteiligen. Nach der jeweiligen Sendung, z. B. einer aktuellen Magazinsendung, gibt es den so genannten Verriss. Dabei geht es um die Bewertung der Sendung, wie war's, was war gut, was könnte/muss besser/anders gemacht werden. Es handelt sich dabei um Informationen, die ausgetauscht werden mit dem Ziel, die Leistung/das Produkt zu verbessern.

Feedback und Kritik sind letztlich also Information, und zwar

über die Person, die auf etwas reagiert und wie sie kritisiert (Emotionalinformation), als auch
Sachinformation bezüglich der Person und/oder Sache, die kritisiert wird.

Kritik ist konstruktiv, wenn sie sach- und fallbezogen ist. Pauschale Argumente in Verbindung mit beispielsweise „immer", „typisch" usw. kennzeichnen dagegen unfaire Kritik. Es ist wichtig, sich diesen sachbezogenen Informationsaspekt vor Augen zu halten, sowohl bei Kritik, die Sie üben, als auch im Falle, dass Sie bzw. Ihr Tun (z. B. Vortrag) kritisiert werden. Denn mit dieser inneren Einstellung erreichen Sie es, gelassen zu bleiben, auch wenn Kritik emotional vorgetragen wird und persönlich gemeint sein sollte.

Idealerweise respektiert Feedback oder Kritik immer die Person des anderen und deren sachliche/fachliche Kompetenz. Daher hat professionell vorgetragene Kritik grundsätzlich ein und denselben Ausgangspunkt:

- zuerst das anführen, was gelungen ist;
- danach folgt das, was als kritikwürdig angesehen wird, sachlich begründet und eventuell mit konkretem Änderungsvorschlag.

4.2.6 Moderieren

Moderation ist zielgerichtete Gesprächsführung, z. B. in einem Kreis von Teilnehmern. Die Rolle des Moderators bzw. der Moderatorin ist eine leitende, zugleich zurückhaltende und gemäßigte. Das heißt Körpersprache wie beispielsweise mit den Händen gestikulieren wird nur sparsam eingesetzt.

Wichtiges Hilfsmittel der Moderation sind Stichwortkonzepte – die kleinen Karten in der Hand des Fernsehmoderators – für Begrüßung, Einleitung ins Thema, Eröffnung der Moderationsrunde durch Erteilen des Wortes, Anschlussfragen und Überleitungen sowie Abschluss.

Bei einer Fernsehsendung ist das Ziel der Moderation die erfolgreiche Leitung der Sendung. Der Sendeplatz legt das Ziel bereits fest. Wenn Sie selbst eine Arbeitsgruppe leiten, setzen Sie sich ein Ziel, z. B. innerhalb der zur Verfügung stehenden Zeit die Aufgabe zu bewältigen. Ist Ihre Moderationsaufgabe in „offiziellerem" Rahmen angelegt, das heißt mit Publikum, Technik (Mikrofon) usw., sind die Zuhörer Ihr Publikum. Durch Blickführung und Ansprache beziehen Sie das Publikum ein. Zum Ende der Moderation schließen Sie, indem Sie sich bei den Teilnehmern bedanken und das Abschlusswort an das Publikum richten.

Sollten Sie vor einer Kamera moderieren, ist die Kamera Ihr Publikum. Das heißt Sie schauen in die Kamera und behalten diese Blickführung bei, auch wenn um Sie herum unvorhergesehene Aktivität oder Bewegung entstehen sollte. Falls Sie üben möchten, bieten unter anderem Fernsehpraxiskurse, z. B. über die Bildungsarbeit von Stiftungen, Möglichkeiten dazu.

4.2.7 Präsentieren

Präsentationen sind aus dem Geschäfts- und Berufsleben nicht mehr wegzudenken. Besonders Agenturen und Unternehmensberatungen arbeiten mit Graphikprogrammen; aber auch andere Unternehmen setzen Präsentationen ein. Der Präsentationsvortrag beim Kunden gehört zum Standard. Dabei ist es nicht entscheidend, ob die Präsentation als Folienvortrag mit Overhead-Projektor gehalten wird oder ob sie online überspielt wird und rechnergestützt per Mausklick abläuft (wobei letzteres natürlich mehr technische Möglichkeiten bietet, z. B. mit Animationen unterlegte Vorträge anschaulicher zu gestalten).

Auch der Seitenumfang spielt keine maßgebliche Rolle. Von einem mehrseitigen Konzept bis hin zum umfangreichen Schulungsvortrag reicht die Bandbreite. Worauf es ankommt, ist die Gliederung und die ansprechende Gestaltung Ihrer Vortragspräsentation. Mit einer gut vorbereiteten Präsentation überzeugen Sie besser und leichter.

Im Folgenden ist eine Musterpräsentation aufgebaut, bestehend aus neun Charts (Präsentationsseiten). Sie finden darin zusammengefasst die Aufgaben Konzipieren, Umsetzen und Präsentieren, die in der beruflichen und geschäftlichen Praxis in der Regel arbeitsteilig von mehreren Beteiligten bewältigt werden.

Abb. 4.9:
Chart 1 – die Faustregel

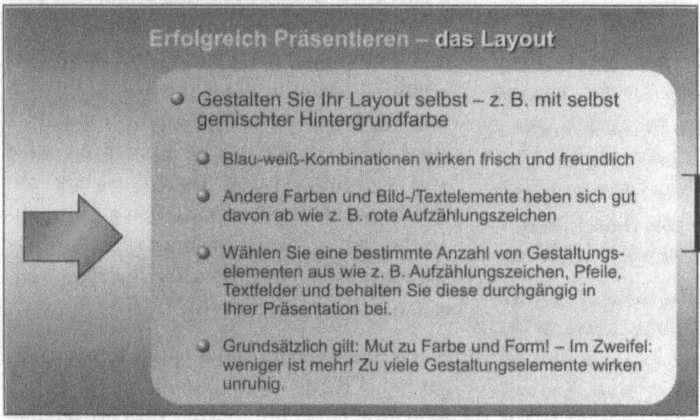

Abb. 4.10:
Chart 2 – das Layout

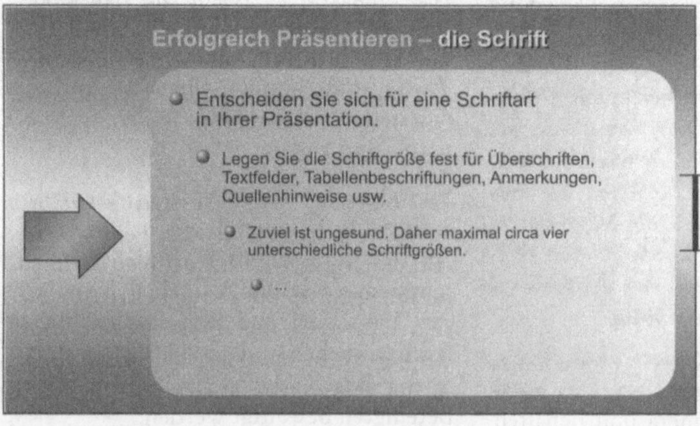

Abb. 4.11:
Chart 3 – die Schrift

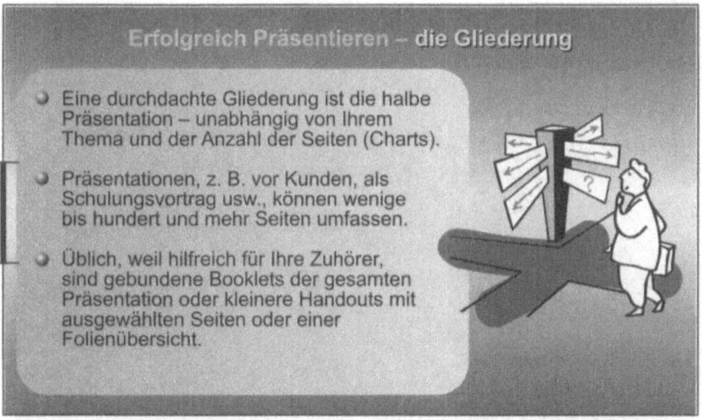

Abb. 4.12:
Chart 4 –
die Gliederung

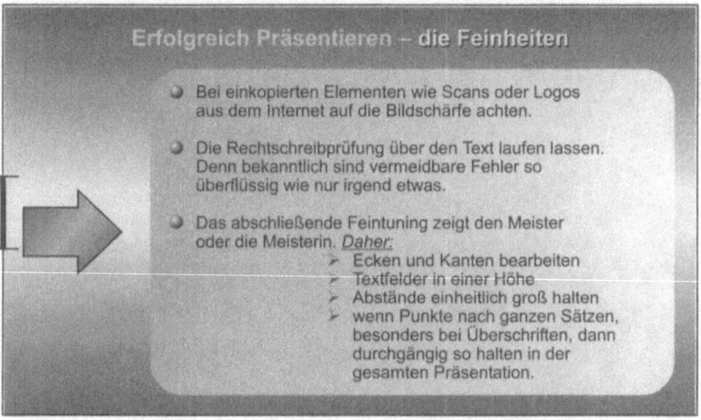

Abb. 4.13:
Chart 5 – die Feinheiten

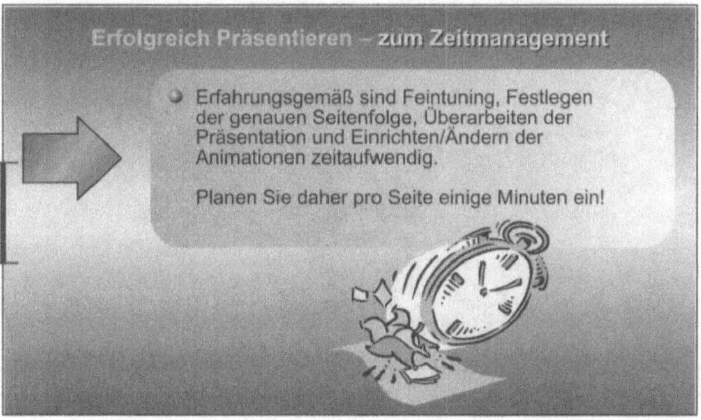

Abb. 4.14:
Chart 6 –
zum Zeitmanagement

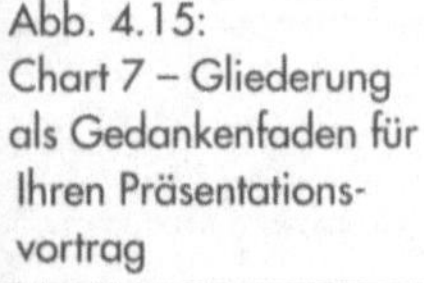

Abb. 4.15:
Chart 7 – Gliederung als Gedankenfaden für Ihren Präsentationsvortrag

Abb. 4.16:
Chart 8 – zum Vortragen ein Tipp

Abb. 4.17:
Chart 9 – Schlussfolie

4.2.8 Wie wird man schlagfertig?

Selbstsicherheit ist erlernbar.

Eine immer wieder gestellte Frage ist die, wie man schlagfertig wird. Es ist hilfreich, sich Sprichwörter zu merken oder Witze und diese zum Besten zu geben. Erfahrungsgemäß liegt es aber weniger daran, dass man nichts sagen könnte, als vielmehr an der Tatsache, dass man sich nicht traut. Oder es fällt einem hinterher erst ein, was man besser hätte sagen sollen.

In einer – vertrauten – Gruppe können Sie lernen, selbstsicher(er) zu werden, indem Sie üben, zu einem selbst gewählten Thema zu sprechen. Mit der Übung und einer gewissen Routine, die vor allem darin besteht, die innere Hemmung und Aufgeregtheit passieren zu lassen, stellt sich sozusagen doppelter Erfolg ein. Denn mit wachsender Selbstsicherheit geht auch Geistesgegenwart einher, reaktionsschnell das Passende zu sagen (oder auch in ein Fettnäpfchen zu treten, doch diese Erfahrung muss jeder selbst machen).

4.3 Lernen in der Gruppe bzw. in einem Team

Gruppen bzw. Teams sind in vielen Organisationen unerlässlich für den Erfolg. Gruppen können unterschiedlicher Größe sein und vom Einzelteam, das heißt ein Spezialist bildet ein Team für sich, integriert in eine Gruppe von anderen Arbeitsteams, bis hin zu umfangreichen Projektteams reichen. Wesentliches Unterscheidungsmerkmal von Gruppen und Teams ist die Arbeitsteilung: eine Gruppe kann hierarchisch aufgebaut sein, mit unterschiedlich verteilten Aufgaben und Zuständigkeiten; in einem Team hat jedes Teammitglied eine seinen Fähigkeiten entsprechende Aufgabe zu erfüllen, mit der es eigenverantwortlich zum Gesamterfolg des Teams beiträgt.

- Während des Studiums ist eine Arbeitsgruppe von zwei bis vier Teilnehmern sinnvoll, z. B. zur Klausurvorbereitung. Durch das gemeinsame Besprechen von Themen lassen sich einzelne Aspekte, die einem allein gar nicht aufgefallen bzw. eingefallen wären, bewusst machen. Die persönliche Sicherheit im Umgang mit einem Thema wächst. Klausuren können viel entspannter angegangen werden.
- Auch zur Prüfungsvorbereitung ist das Lernen mit Studienkollegen hilfreich, weil der Vergleich des Faktenwissens eventuelle vorhandene Lücken und Unsicherheiten aufdeckt.
- Sollten Sie eine schriftliche Ausarbeitung im Team erstellen, ist getreu der Teamdefinition für jedes Teammitglied die Aufgabe bzw. das Thema genau zu vereinbaren. Die fertige Arbeit muss erkennen lassen, wer welchen Teil beigetragen hat.
- Es empfiehlt sich, in einer Gruppe zu beginnen, auf einen Klausurtermin hin gemeinsam zu lernen. Für echte Teamarbeit erfordert es außer der Verbindung in der Sache auch die emotionale Bindung, dass man sich kennt und einander vertraut.
- Funktionierende Teams steigern die Leistung des Einzelnen und den Gesamterfolg. Daher gelten Teams in Unternehmen als ein Schlüssel zum Erfolg. Wie aber funktioniert ein Team wirklich gut? Zusammengefasst gelten dafür folgende Voraussetzungen:

 Klare Zieldefinition: Was ist unser Ziel? Was wollen wir erreichen?

Die Aufgabenverteilung klar vereinbaren, denn: Nur ein motiviertes Team, in dem jeder seine Einzelleistung beiträgt, kann Höchstleistung bringen.

Feste Treffen vereinbaren mit Ort und Zeit (z. B. sich wechselnd bei dem einen oder anderen Teammitglied treffen) bzw. bei jedem Treffen den Anschlusstermin festlegen.

Netzwerke können verschiedener Art sein, z. B. Energieversorgungsnetze, computergestützte Rechnernetze, gesellschaftliche Netzwerke, die nur fallweise aktiviert werden im Rahmen von Hilfsaktionen. Tatsächlich sind Gehirne von Lebewesen ebenfalls als Netzwerke angelegt, und zwar als neuronale (Nerven-) Netze. Das menschliche Gehirn ist durch die Zweiteilung in eine linke und rechte Gehirn-„Hälfte" ein doppelt-zweifaches Netzwerk. Durch dieses Doppel-Zweifach-Prinzip entsteht die Art der Zellkommunikation, die als Intelligenz bezeichnet wird.

Wo etwas so Spannendes ist, wird geforscht, gemessen und gewertet. Intelligenztests zur Messung des so genannten IQ sind dafür ein Beispiel, künstliche Intelligenz, fortlaufend neue, noch leistungsfähigere Rechnergenerationen und Nanotechnologie sind weitere Beispiele. Nach landläufiger Meinung nutzen wir die Ressource Gehirn jedoch nur in einem bescheidenen Umfang von weniger als ca. 15 %.

Was ist bzw. was passiert, wenn wir anfangen, die Nutzung unseres ureigenen Netzwerks Gehirn sowohl quantitativ als auch qualitativ zu steigern? Netzwerke können unterschiedlichster Art sein; sie haben eines gemeinsam: Sie kommunizieren (miteinander). Wie bei der Gesprächsführung oder bei Teams die klare Zielsetzung eine wichtige Voraussetzung für Leistungssteigerung und Erfolg ist, müsste dies auch für die Gehirnarbeit gelten.

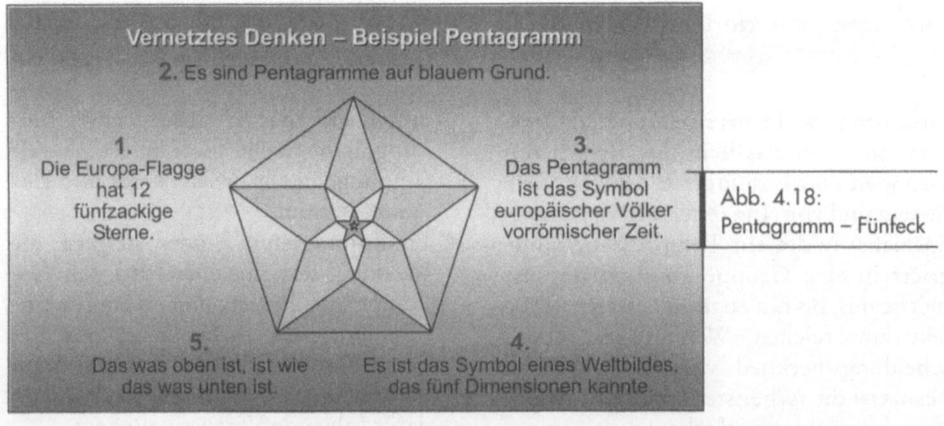

Abb. 4.18: Pentagramm – Fünfeck

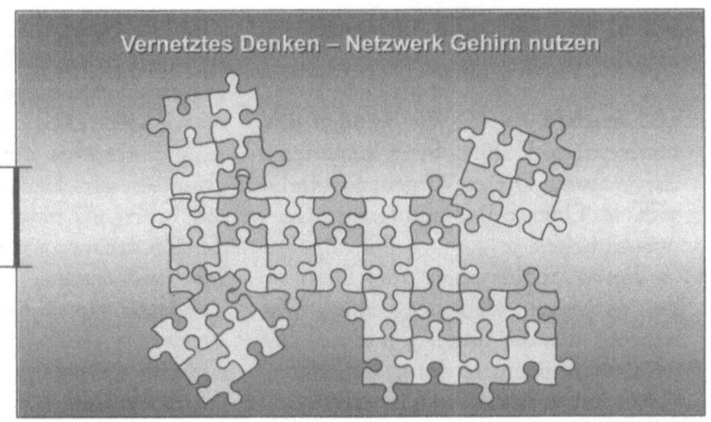

Abb. 4.19:
Puzzlearbeit ist
wie Gehirnarbeit

Durch die Zweiteilung in eine linke und eine rechte Gehirnhälfte – genau genommen sind es zwei verbundene Gehirne – ist doppelt-zweifaches Potenzial für Vernetzung gegeben. Während die linke „Hälfte" Sitz des rationalen analytischen Denkens ist, gilt die rechte „Hälfte" als Sitz schöpferischen Denkens.

Beide Gehirne stehen wie Pole zueinander, zwischen denen kommunikative Spannung besteht. Diese Spannung müsste sich also gezielt erhöhen lassen, sodass die Anzahl der neuronalen Verknüpfungen bzw. Schaltungen zu einem gesteigerten Informationsfluss führen müsste.

Je intensiver wir diese Gehirnspannung zielgerichtet, mit klarer Aufgabenbeschreibung, bei festgelegtem Zeitrahmen einsetzen sprich aktivieren, desto sicherer müsste bis zum Termin eine Lösung vorliegen.

Die Anreize, die unser Gehirn benötigt, sind Informationen. Unser Gehirn wirkt wie ein Informations- bzw. Wahrnehmungsfilter. Vieles nehmen wir nicht bewusst wahr. Dieses Phänomen ist als selektive Wahrnehmung oder subjektive Perzeption bekannt. Beispiel: Tippfehler; im eigenen Geschreibsel sieht man sie nicht, weil man so liest, wie es geschrieben sein soll. Eventuell entdeckt man mit längerem Zeitabstand das eine oder andere.

- Geben wir unserem Gehirn, was es braucht, nämlich Informationen, die wir – mit Blickrichtung Ziel – Aufgabe(n) – Termin – sammeln. In einem Team ist ein so genanntes Brainstorming zum Beginn der Aufgabe sinnvoll: alles sammeln, was jedem einfällt, ohne Beurteilung/Wertung der einzelnen Vorschläge. Für Einzelteams ist es am besten, Informationen ohne festgelegte Methode zu sammeln: willkürlich, spontan und intuitiv, gezielt, so wie es gefällt.
- Prüfen wir alle Informationen, lesen, erweitern, ergänzen die vorhandenen Informationen.
- Schließlich verknüpfen wir Informationen, bringen sie in logische Folgen, stellen wir Lösungsvarianten vor und wiederholen dies, bis wir das Gefühl haben, nichts geht mehr. Durch Zeit-

druck lässt sich die Intensität der Denkarbeit erhöhen.

- Dann unterbrechen wir die Denkarbeit und machen Pause. Wir wenden uns anderem zu. Dafür gibt es keine feste Zeitplanung. Dieses Vorgehen ist individuell. Einzige Bedingung: den Termin einhalten.

- In dieser „Schlussphase" der Denkarbeit aktivieren wir unser Gehirn. Wir nehmen uns die bisherigen Daten erneut vor, konzentrieren uns darauf und überlegen, was uns an Lösungen einfällt. Fällt uns keine Lösung ein, legen wir die Aufgabe erneut beiseite. Bedingung: Wir sind innerhalb des Zeitrahmens. Zeitdruck ist hier weiterer Anreiz für intensivere Vernetzung der Denkarbeit.

- Dieses Vorgehen in der „Schlussphase" wiederholen wir bis zum Termin – bis uns die Lösung, eine Lösung oder Lösungen einfällt/einfallen. Und es kommt garantiert immer ein Ergebnis zustande.

Es kann besonders am Anfang des Arbeitens mit vernetztem Denken sehr, sehr anstrengend sein. Umso wichtiger ist es, sich nach getaner Arbeit zu erholen und zu belohnen. Mit jedem weiteren Mal fällt vernetztes Denken leichter. Zusätzlich motiviert der Erfolg!

Diese Vorgehensschritte des vernetzten Denkens beruhen auf konkreten Erfahrungen aus dem Medienbereich und wurde seither erfolgreich in verschiedenen Aufgaben eingesetzt.

Eine Aufgabenstellung lautete, für einen neuen Fernsehsender ein neues Programmschema mit neuen Sendeformen zu entwickeln. Dies ist eine Herausforderung angesichts der Vielzahl von Programmen verschiedener Programmanbieter. Innerhalb einer Projektplanung war der Zeitrahmen für diesen Projektschritt fest vorgegeben. Leistungsdruck und Zeitdruck waren beträchtlich hoch. Zumindest in Teilen gelang es, ein neuartiges Programmschema aufzubauen. Ein Sendeplatz waren Dokumentationen. Dabei handelt es sich um ein Sendeformat von durchschnittlich ca. 25 Minuten, das von den Produktionskosten her überschaubar ist, das wesentlich leichter und kostengünstiger synchronisiert werden kann als beispielsweise Spielfilme und das sich am internationalen Fernsehprogrammmarkt gut verkaufen lässt. Denn es passt nahezu in jedes Programm unterschiedlicher Sender.

Vernetztes Denken ist eine Schlüsselqualifikation, die für jede Aufgabe einsetzbar ist. Dabei sind wir alle Lernende, unterwegs zu Lichtjahre entfernten Zielen. Wir können sie mit unserem Netzwerk Gehirn mit Leichtigkeit erreichen. Raum und Zeit spielen dabei keine (wesentliche) Rolle mehr, sobald wir diese Schlüsselqualifikation soweit beherrschen, dass ihre Anwendung uns keine Mühe mehr macht.

Uta Elisabeth Klein

Jahrgang 1964, hat an der Deutschen Hochschule für Verwaltungswissenschaften in Speyer Personalwesen mit den Schwerpunkten Öffentliches Dienstrecht und Sozialpsychologie studiert.
Sie ist Tarifreferentin bei der Flughafen Frankfurt Main AG und publiziert personalwirtschaftliche Fachartikel.

5.1 Sozialversicherung – wie muss sich der Student bei unterschiedlichen Erwerbssituationen versichern?

5.1.1 Studenten ohne Beschäftigung

Hochschulstudenten sind sozialversicherungsfrei. Sie gelten aber als „pflichtversichert" und unterliegen der gesetzlichen Kranken- und Pflegeversicherung aufgrund ihres Studentenstatus. Diese studentische Pflichtversicherung gilt bis zum Abschluss des 14. Fachsemesters, längstens jedoch bis zum 30. Lebensjahr. Derzeit (WS 2001) liegen die Beitragssätze für die Krankenversicherung bei 44,21 €, für die Pflegeversicherung bei 7,91 €. Das BAföG-Amt entscheidet über die Höhe eines Zuschusses zur Sozialversicherung in Abhängigkeit vom Einkommen der Eltern. Der Pflichtbeitrag ist aber in jedem Fall zunächst von dem Studenten an seine Krankenversicherung zu zahlen. Er wird anschließend vom BAföG-Amt erstattet.

Bis zur Vollendung des 25. Lebensjahres besteht für Studenten auch die Möglichkeit, familienversichert zu bleiben. Sie dürfen aber nicht familienversichert sein, wenn ein privat versicherter Elternteil ein Gesamteinkommen von mehr als 3.336,18 € (Stand 10/01) hat, und dieses höher als das des Elternteils ist, bei dem sie versichert werden möchten.

Wird das Studium durch die Erfüllung einer gesetzlichen Pflicht (z. B. Wehr- oder Zivildienst) unterbrochen, kann die Familienversicherung für den entsprechenden

Zeitraum auch über das 25. Lebensjahr hinaus bestehen.

Der Studierende zahlt keine Rentenversicherungsbeiträge. In der gesetzlichen Rentenversicherung werden Studienzeiten als Anrechnungszeiten berücksichtigt. Ein erfolgreicher Abschluss des Studiums ist dafür nicht erforderlich. Allerdings wird das Studium nur bis zu einer Höchstdauer von drei Jahren anerkannt.

In der Arbeitslosenversicherung sind Studenten ebenfalls versicherungsfrei.

5.1.2 325-€-Jobs und kurzfristige Beschäftigung

In Deutschland stieg der Anteil der Studenten an Hochschulen und Schüler unter den Erwerbstätigen von 1995 bis 1999 auf 6,8 %. Nicht allein aus monetären Erwägungen finanzieren Studierende ihr Studium mittlerweile ganz oder teilweise selbst. Qualifizierte Nebenjobs erhöhen natürlich auch ihre Chancen, nach dem Studienabschluss einen adäquaten Arbeitsplatz zu bekommen. Arbeitstätigkeit während der Hochschulausbildung ist für viele Personalchefs ein Hinweis auf erhöhte Leistungsfähigkeit, Initiative und Ausdauer.

Eine geringfügige Beschäftigung liegt dann vor, wenn der Studierende bis zu 15 Stunden wöchentlich arbeitet und sein Einkommen 325 € nicht übersteigt. Bei schwankender Stundenzahl wird die durchschnittliche Arbeitszeit errechnet, welche aus dem prognostizierten Bedarf der folgenden drei Monate ermittelt wird. Liegen die genannten Bedingungen vor,

besteht Sozialversicherungsfreiheit in der Kranken-, Pflege- und Rentenversicherung, und der Student bleibt pflichtversichert. Es müssen jedoch beide Voraussetzungen erfüllt sein. Dann führt der Arbeitgeber 32,22 € (10 %) an die Krankenkasse des Studenten ab. In die Rentenversicherung zahlt der Arbeitgeber 38,66 € (12 %) für den Studenten ein. Der Studierende kann diesen Beitrag auf 19,5 % aufstocken, um höhere Ansprüche auf spätere Leistungen aus der gesetzlichen Rentenversicherung zu erwerben. Die Arbeitslosenversicherung entfällt ebenfalls.

Übt der Student mehrere geringfügige Beschäftigungen aus und überschreitet er dabei die 325-€-Grenze, behält er zwar seinen Studentenstatus, das heißt in der Kranken-, Pflege- und Arbeitslosenversicherung besteht weiterhin Versicherungsfreiheit (sofern er unter 20 Stunden wöchentlich bleibt, siehe unter 5.1.3), er wird aber rentenversicherungspflichtig.

Grund für die dann anfallende Rentenversicherungspflicht ist, dass seit dem 01.10.1996 die Anrechnungszeiten auf die spätere Rente für Studenten auf drei Jahre gekürzt wurden. Es kann deshalb sinnvoll sein, für Beschäftigungen während der Studienzeit bereits Altersversorgungsbeiträge zu entrichten.

Eine kurzfristige Beschäftigung liegt vor, wenn innerhalb eines Jahres längstens zwei Monate gearbeitet wird oder die Tätigkeit 50 Arbeitstage nicht überschreitet. Dann gelten ebenfalls die Bedingungen wie für geringfügig beschäftigte Studenten.

5.1.3 Teilzeitjobs während des Studiums

Die Beschäftigung von Studenten ist nur solange sozialversicherungsfrei, wie sie dem Zweck und der Dauer des Studiums untergeordnet ist, also das Studium im Vordergrund steht. Es wird angenommen, dass eine wöchentliche Arbeitszeit von mehr als 20 Stunden nicht mehr geeignet ist, den Erfordernissen eines Studiums nachzukommen. Mit einem Arbeitsverhältnis, das mehr Zeit in Anspruch nimmt, verliert der Studierende seinen Status und wird zum Arbeitnehmer, weil seine Tätigkeit dann vorwiegend Erwerbszwecken dient. Das bedeutet, dass er die Hälfte des Sozialversicherungsbeitrags seines Bruttoverdienstes abführen muss. Er zahlt dann Renten-, Kranken-, Pflege- und Arbeitslosenversicherung, jeweils zur Hälfte.

Bei einer Erwerbstätigkeit, die der Student nur in den Semesterferien ausübt, behält er seinen Status. Er wird allerdings auch rentenversicherungspflichtig, wenn er mehr als geringfügig (325-€-Job) beschäftigt ist.

5.1.4 Praktika – vor, nach und während des Studiums

Hinsichtlich der Sozialversicherungspflicht ist zu unterscheiden, ob es sich bei dem Praktikum um ein von der jeweiligen Studienordnung vorgeschriebenes Praktikum handelt oder nicht, und ob es vergütet wird. Ist das Praktikum in der Studienordnung vorgeschrieben und wird kein Entgelt gezahlt, bleibt der Student pflichtversichert.

Einen Rechtsanspruch auf Vergütung hat der Studierende ohnehin nicht, denn im Vordergrund soll nicht der Erwerbszweck, sondern die Vermittlung von relevanten Kenntnissen und Fertigkeiten im Rahmen des Studiums stehen. Viele Unternehmen zahlen trotzdem ein Arbeitsentgelt, das meistens etwas geringer als eine „vollwertige" Bezahlung ausfällt. Diese Vergütung kann darauf hindeuten, dass es sich um ein Praktikum im Rahmen eines Arbeitsverhältnisses (dann steht der Erwerbszweck im Vordergrund) handelt. In diesen Fällen gelten die Vorschriften für geringfügig/kurzfristig Beschäftigte bzw. Teilzeitjobs und der Student erhält einen Arbeitsvertrag, der manchmal auch „Praktikantenvertrag" genannt wird. Ein erfolgreich absolviertes Praktikum ist nicht selten der Einstieg in ein späteres, festes Arbeitsverhältnis.

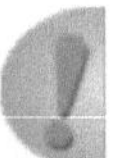

Was beim Abschluss eines Arbeitsvertrages zu beachten ist, erfahren Sie unter Punkt 5.3.1.

Wenn das Praktikum vor oder nach der Studienzeit liegt, gelten Praktikanten als beschäftigte Arbeitnehmer im Rahmen einer Berufsausbildung. Das Praktikum dient dann in jedem Fall Erwerbszwecken (unabhängig davon, ob es in der jeweiligen Prüfungsordnung vorgeschrieben ist oder nicht). Danach hat der Praktikant Anspruch auf Vergütung. Ferner hat er Urlaubsanspruch, und er bekommt Entgeltfortzahlung im Krankheitsfall.

5.2 Was ist steuerrechtlich zu beachten?

Soweit der Studierende nicht mehr als geringfügig beschäftigt ist (325 €-Grenze) bzw. über keine weiteren Einkünfte (z. B. Selbständigkeit) mehr verfügt, ist das Arbeitsentgelt steuerfrei. Der Arbeitgeber darf das Arbeitsentgelt aber nur steuerfrei auszahlen, wenn ihm eine Freistellungsbescheinigung des zuständigen Finanzamtes vorliegt.

Der Student muss diesem Antrag eine schriftliche Bescheinigung beifügen, aus der hervorgeht, dass er neben der geringfügigen Beschäftigung keine weiteren Einkünfte mehr hat. Liegt dem Arbeitgeber keine Freistellungsbescheinigung vor, muss er das Arbeitsentgelt pauschal mit einem Steuersatz von 20 % erheben. Einkünfte, die über die Geringfügigkeit hinausgehen, müssen mit Lohnsteuerkarte versteuert werden.

Leistungen aus dem Bundesausbildungsförderungsgesetz (BAföG) sind steuerfrei.

5.3 Was ist Arbeitsrecht?

Das deutsche Arbeitsrecht basiert auf unterschiedlichen Vorschriften, die hierarchisch aufeinander aufbauen. An der Spitze steht das Grundgesetz, gefolgt von den Arbeitsgesetzen (z. B. Betriebsverfassungsgesetz, Kündigungsschutzgesetz), Tarifverträgen, Betriebsvereinbarungen und schließlich dem Arbeitsvertrag. Der Staat kann aber nur eine allgemeine gesetzliche Grundlage schaffen. Die vielfältigen arbeitsrechtlichen Streitfälle werden anhand von Einzelfallentscheidungen über die Rechtsprechung geregelt. Diese richterlichen Urteile sind Orientierungshilfen für den Umgang mit Gesetzen, sie erzeugen aber keine Rechtsbindung.

5.3.1 Was wird im Arbeitsvertrag vereinbart?

Der Arbeitsvertrag ist ein privatrechtlicher Vertrag zwischen einem Arbeitnehmer und einem Arbeitgeber. Der Arbeitnehmer ist immer eine Person, die sich zu persönlicher Arbeitsleistung bei einem oder mehreren Arbeitgebern verpflichtet und dafür ein vereinbartes Arbeitsentgelt als Gegenleistung erhält.

Der Arbeitsvertrag unterliegt keiner bestimmten Form, er könnte also auch mündlich geschlossen werden. In Deutschland sind Arbeitgeber allerdings verpflichtet, spätestens einen Monat nach Arbeitsbeginn die wesentlichen Bedingungen des Vertragsverhältnisses schriftlich niederzulegen. Mit der Aushändigung eines Arbeitsvertrages kommen sie dieser Verpflichtung bereits zu Beginn des Arbeitsverhältnisses nach.

Bei Rechtsstreitigkeiten hat der Arbeitnehmer über den Inhalt des Arbeitsverhältnisses die Beweislast zu führen. Deshalb ist ein schriftlicher Vertrag notwendig, damit man in Zweifelsfällen eine bessere Beweisgrundlage hat. Der Arbeitsvertrag wird in zweifacher Ausfertigung erstellt und von Arbeitnehmer und Arbeitgeber unterzeichnet. Bevor man einen Vertrag unterschreibt, sollte man ihn in Ruhe durchlesen und bei Unklarheiten keine Bedenken haben, bei seinem Arbeitgeber nachzufragen. Der Arbeitsvertrag enthält einen Mindestkatalog von folgenden Punkten (siehe Tabelle 1):

> 1. Namen der Vertragsparteien
> 2. Zeitpunkt des Beginns des Arbeits-
>   verhältnisses
> 3. Dauer des Arbeitsverhältnisses
> 4. Arbeitsort
> 5. Tätigkeit
> 6. Höhe der Vergütung
> 7. Arbeitszeit
> 8. Dauer des Erholungsurlaubes
> 9. Kündigungsfristen

Tabelle 1: Bestandteile des Arbeitsvertrags

Bei einer Auslandstätigkeit, die länger als einen Monat andauert, erweitert sich dieser Mindestkatalog wie folgt:

1. Währung, in der das Arbeitsentgelt ausgezahlt wird
2. Bedingungen für die Rückkehr des Arbeitnehmers.

Die Punkte 6 bis 9 können durch einen Hinweis auf einschlägige Tarifverträge oder Betriebsvereinbarungen auch entfallen, wenn sie dort bereits geregelt sind. Verlängerte Kündigungsfristen (die gesetzlichen Kündigungsfristen für Arbeitnehmer sind derzeit vier Wochen zum Monatsende oder zum 15. eines Monats) sind zulässig. Sie dürfen aber für den Arbeitnehmer nicht länger sein als für den Arbeitgeber.

Punkt 5 sollte im Interesse des Arbeitnehmers möglichst klar konkretisiert werden. Er grenzt nämlich das Weisungsrecht des Arbeitgebers ein. Dieses gibt ihm die Möglichkeit, das Aufgabengebiet des Arbeitsnehmers einseitig zu ändern bzw. auszugestalten. Wenn die Arbeitsleistung im Vertrag nicht auf eine exakt bestimmte Tätigkeit definiert ist, kann dem Arbeit-

nehmer kraft des Weisungsrechts jede Tätigkeit übertragen werden, die seiner Bezahlung entspricht, solange sie nicht unterwertig ist, das heißt inhaltlich und finanziell schlechter ausfällt.

Auch für die Festlegung des Arbeitsortes gilt, dass das Weisungsrecht besonders weitgehend ist, wenn der Arbeitsort nicht vertraglich bestimmt wurde. Der Arbeitgeber wäre dann berechtigt, den Arbeitsort je nach Bedarf und ohne Absprache mit dem Mitarbeiter neu festzulegen.

5.3.2 Welche weiteren Regelungen sind denkbar?

In den Arbeitsvertrag können auch noch Regelungen über Nebentätigkeiten, Dienstwagen, Arbeitnehmererfindungen, betriebliche Altersversorgung und Vertragsstrafen aufgenommen werden.

Mit der Vereinbarung einer Vertragsstrafe (Klausel im Arbeitsvertrag) will sich der Arbeitgeber gegen einen Vertragsbruch seitens des Arbeitnehmers schützen. Wenn die Vertragsstrafe nicht gegen höherrangiges Recht verstößt, also z. B. gegen eine Betriebsvereinbarung oder Tarifverträge, ist es zulässig, sie in einem Arbeitsvertrag aufzunehmen. Vertragsstrafen werden häufig für den Fall vereinbart, dass der Arbeitnehmer seine Arbeit nicht antritt, weil er ein besseres Angebot wahrnehmen möchte, sich aber vertraglich bereits verpflichtet hat. Der Arbeitgeber könnte vor dem Hintergrund der vereinbarten Vertragsstrafe auch auf Erfüllung der Arbeitspflicht klagen, bevor er den Schadensersatz (in Höhe der Vertragsstrafe) in Anspruch nimmt. Das wird er aber zweckmäßigerweise eher nicht tun, weil er kein Interesse an einem un-

115

motivierten Mitarbeiter hat. Außerdem könnte dieser nach Arbeitsantritt ohnehin fristgerecht künden. Deshalb wird er eher die vereinbarte Vertragsstrafe verlangen, deren Höhe ungefähr einem Bruttomonatsentgelt entspricht. Wenn keine Vertragsstrafe im Vertrag festgelegt ist, kann der Arbeitgeber von diesem Instrument auch keinen Gebrauch machen.

5.3.3 Das Arbeitszeugnis – ein wichtiges Dokument für die berufliche Entwicklung

Jeder Arbeitnehmer kann nach Beendigung des Arbeitsverhältnisses von seinem Arbeitgeber ein Arbeitszeugnis verlangen. Teilzeitbeschäftigte, Praktikanten und arbeitnehmerähnliche Personen, wie z. B. 325-€-Kräfte, sind ebenfalls anspruchsberechtigt. Es ist für Studenten in jedem Fall empfehlenswert, eine temporäre oder sogar dauerhafte Beschäftigung – egal welcher Art – durch ein Arbeitszeugnis nachzuweisen. Selbst wenn es sich nur um sehr kurze Beschäftigungen handelt, bei einer späteren Bewerbung sind es gerade diese Nachweise, die den einzelnen aus der Masse herausheben. Schul- und Hochschulzeugnisse dokumentieren „nur" akademische Leistungen, welche – auch wenn diese gut oder sogar sehr gut sind – auf sehr viele Absolventen zutreffen. Es wird zwar angenommen, dass beruflich erfolgsorientierte Menschen in Leistungs- und Prüfungssituationen besser abschneiden als andere, das sagt aber noch nichts darüber aus, ob diese normativen Leistungen auf den jeweiligen Arbeitskontext übertragbar sind.

Zu unterscheiden ist das „einfache" vom „qualifizierten" Zeugnis. Das einfache Zeugnis beschreibt

- Art und
- Dauer der Tätigkeit.

Es ist daher nicht geeignet, qualifizierte Aussagen über die geleistete Arbeit zu treffen.

Deshalb sollte man unbedingt um ein qualifiziertes Zeugnis bitten. Dieses ist auch im späteren Arbeitsleben, insbesondere bei höherwertigen Tätigkeiten, üblich. Es enthält nämlich neben den oben genannten Angaben auch Informationen über das Führungsverhalten des Mitarbeiters.

Das qualifizierte Zeugnis beschreibt

- Arbeitsleistung und
- Führung (Sozialverhalten).

Gerade das Sozialverhalten ist in zunehmendem Maße ein wichtiges Einstellungskriterium für Unternehmen. Manche Arbeitgeber reagieren empfindlich, weil solch ein aufwendiges Zeugnis zeitraubend sein kann und sie schon genug mit dem Ausstellen von Zeugnissen für „feste" Mitarbeiter zu tun haben. Trotzdem gilt es hier, hartnäckig zu bleiben und das qualifizierte Zeugnis zu verlangen, weil es schließlich dem beruflichen Fortkommen dient.

Das Arbeitszeugnis ist auf Geschäftspapier zu erstellen. Mängel wie Flecken, Durchstreichungen, Tippfehler oder Ähnliches müssen nicht hingenommen werden. Diese Makel werfen nicht nur ein schlechtes Licht auf den Zeugnisaussteller, sie machen auch deutlich, welchen Stellenwert man selbst seinem Zeugnis beimisst. Des Weiteren sind Knicke zu vermeiden. Vielmehr sind ordentlich verpackte, mit der Post zugegangene oder persönlich ausgehändigte Zeugnisse angemessen. Folgender Inhalt ist erforderlich (siehe Tabelle 2):

- Vor- und Familienname
- Geburtsdatum
- Beginn und Dauer der Beschäftigung
- Art der Beschäftigung (Tätigkeitsbeschreibung)
- Sozialverhalten (Führung)
- In der Beschäftigungszeit absolvierte Fortbildungen (optional)
- Ausstellungsdatum
- Eigenhändige Unterschrift des Zeugnisausstellers

Tabelle 2: Bestandteile des Arbeitszeugnisses

Ein erworbener akademischer Grad ist korrekt zu verwenden. Die Abkürzung „FH" z. B. darf bei Diplom-Ingenieuren, die an Fachhochschulen studiert haben, nicht hinzugefügt werden bzw. es ist nicht mehr üblich, diese Abkürzung zu verwenden.

5.3.4 Was unterscheidet gute von schlechten Arbeitszeugnissen?

Sowohl für die fachlichen als auch für die sozialen Leistungen (Führung) eines Mitarbeiters wird eine abgestufte Formulierungspraxis angewandt, die im Prinzip die Notenskala von Schul- oder Hochschulzeugnissen abbildet (siehe Tabelle 3), aber verklausuliert ist. Für die fachliche Leistung gilt als abschließende Beurteilung folgende Skalierung:

Note	Formulierung
Sehr gut	... erledigt seine Aufgaben stets zur vollsten Zufriedenheit.
Gut	... erledigt seine Aufgaben stets zur vollen Zufriedenheit.
Befriedigend	... erledigt seine Aufgaben zur vollen Zufriedenheit.
Ausreichend	... erledigt die ihm übertragenen Aufgaben zur Zufriedenheit.
Mangelhaft	... erledigt die ihm übertragenen Aufgaben im großen und ganzen zur Zufriedenheit.
Ungenügend	... hat sich bemüht, die ihm übertragenen Aufgaben zu erledigen.

Tabelle 3: Fachliche Leistung im Arbeitszeugnis

Je schlechter der Mitarbeiter bewertet wird, desto passiver wird seine Rolle im Hinblick auf seine Aufgabenerfüllung formuliert. Die fachliche Leistung kann beispielsweise umfassen: Fachwissen, Eigeninitiative, Belastbarkeit, Problemlösungsfähigkeit, Urteilsvermögen, Zuverlässigkeit.

Es kommt häufig vor, dass der Zeugnisempfänger gebeten wird, die Angaben über seine Tätigkeit selbst zu formulieren, weil der Vorgesetzte über die erforderlichen Detailkenntnisse gar nicht verfügt. Dabei ist es wichtig, darauf zu achten, dass der Zeugnisempfänger seine Tätigkeit möglichst vollständig und genau beschreibt, um dem späteren Leser ein klares Bild über seine Fähigkeiten zu verschaffen. Denn grundsätzlich ist eine Beurteilung umso höher einzuschätzen, je individueller und ausführlicher sie ausfällt. Dies gilt auch für die Beschreibung der Sozialkompetenz.

Das Sozialverhalten eines Mitarbeiters wird in ähnlicher Weise abgestuft bewertet (siehe Tabelle 4) wie sein fachliches Können. Folgende Standardformulierungen sind hier gängig und werden üblicherweise angewandt.

Note	Formulierung
Sehr gut	Sein persönliches Verhalten war stets vorbildlich. Bei Vorgesetzten, Kollegen und Geschäftspartnern war er sehr geschätzt.
Gut	Sein persönliches Verhalten war vorbildlich. Bei Vorgesetzten, Kollegen und Geschäftpartnern war er geschätzt.
Befriedigend	Sein persönliches Verhalten gegenüber Vorgesetzten, Kollegen und Geschäftpartnern war gut.
Ausreichend	Sein persönliches Verhalten gegenüber Vorgesetzten und Kollegen war höflich. Seine Führung gab uns keinen Anlass zu Beanstandungen.
Mangelhaft	Sein persönliches Verhalten war im Wesentlichen einwandfrei.
Ungenügend	Sein persönliches Verhalten war nicht frei von Beanstandungen.

Tabelle 4: Sozialverhalten im Arbeitszeugnis

Fehlen Personengruppen bei der Beurteilung des Führungsverhaltens eines Mitarbeiters, kann das auf Schwierigkeiten mit diesen hindeuten.

Insgesamt lassen sich noch folgende verlässliche Beurteilungskriterien (siehe Tabelle 5) nennen:

Beurteilungskriterien	Beispiel	Bewertung
Doppelte Negative	Auf diesem Gebiet hatte er nicht unwesentliche Erfolge zu verzeichnen.	Mäßiger Erfolg
Tadel/ Beanstandung/Klage	Sein Verhalten gegenüber Vorgesetzten gab keinen Anlass zu Beanstandungen.	Nur ausreichendes Sozialverhalten
Hervorhebung von Unwichtigem und Selbstverständlichkeiten	Herr X (Programmierer) verfügt über umfangreiches Spezialwissen.	Herabqualifizierung
Widersprüche und Gegensätze	Frau X war eine zurückhaltende Kollegin. Sie überschätzte ihre Führungsfähigkeiten nie.	Schlechtleistung

Tabelle 5: Negative Aussagen im Arbeitszeugnis

Fehlzeiten aufgrund von **Krankheit** dürfen nicht im Zeugnis erscheinen, weil es sich dabei nicht um Dauerzustände, sondern um einmal auftretende Vorfälle handelt. Wichtig ist, dass die **Angaben in sich stimmig** sind, dabei muss man nicht akribisch an bestimmten Floskeln festhalten, zumal Zeugnisse, die individuellen Formulierungsvorlieben der Aussteller unterliegen, nicht vollkommen objektiv sein können. Verschiedene Beurteiler werden immer zu unterschiedlichen Ergebnissen kommen. Erst im späteren Vorstellungsgespräch wird festgestellt, inwieweit die schriftlichen Unterlagen in Einklang mit der Person des Bewerbers stehen.

Die **Schlussformulierung** im Arbeitszeugnis gewinnt zunehmend an Bedeutung. Sie enthält eine so genannte „Dankens-Bedauerns-Klausel", die im Idealfall beispielsweise folgendermaßen lautet: „Wir bedauern seine Entscheidung, unser Unternehmen zu verlassen, danken ihm für die geleistete Arbeit und wünschen ihm für seinen beruflichen und privaten Lebensweg weiterhin viel Erfolg".

Es gibt Unternehmen, die solch eine Schlussformulierung zur Bekräftigung der vorangegangenen Beurteilung bewusst einsetzen, andere halten dies nicht unbedingt für notwendig. Von Personalfachleuten wird aber angenommen, dass das Fehlen einer positiven Schlussformulierung zu einem ansonsten sehr guten Zeugnis in Widerspruch steht und damit eine Abwertung darstellt. Deshalb ist es ratsam, um eine angemessene Schlussformulierung zu bitten. Eine gesetzliche Verpflichtung seitens des Arbeitgebers, das Arbeitszeugnis mit einer Formulierung abzuschließen, in der er dem Arbeitnehmer für die gute Zusammenarbeit dankt und ihm für die Zukunft alles Gute wünscht, gibt es allerdings nicht.

5.4 Die Bewerbung – welche Möglichkeiten, sich zu bewerben, gibt es?

Viele qualifizierte Bewerber bekommen eine Absage, weil sich ihre Fähigkeiten aus den Bewerbungsunterlagen nicht herauslesen lassen. Bei der Erstellung einer Bewerbung sind sowohl Form und Inhalt maßgebend, um die erste Hürde zu nehmen, nämlich zu einem persönlichen Gespräch eingeladen zu werden.

Die Jobsuche findet weiterhin hauptsächlich über einschlägige Tageszeitungen und Fachzeitschriften statt und über das Internet. Folgende Jobbörsen für Absolventen sind interessant:

Jobbörsen für Hochschulabsolventen

- www.berufsstart.de/da/auswahl.htm
- www.wirtschaftswoche.de
- www.absolventen.de
- www.jungkarriere.com

Jobbörsen für Absolventen mit Schwerpunkt Informationstechnologie

- www.dv-job.de
- www.gulp.de
- www.computerjobs.de
- www.solutions-gmbh.de/hr
- www.projekts.de
- www.computerwoche.de/jobsundkarriere
- www.sitebysite.de/de/jobs/jobboerse.shtml
- www.newjob.de
- www.akademie.online.de
- www.computerzeitung.de
- www.edv-branche.de
- www.pcenter.de

Trotz Internet-Zeitalter verbergen sich hinter glänzenden Online-Fassaden zumeist noch herkömmliche Personalauswahlprozesse. Bewerbungen per E-Mail sind immer noch eine Seltenheit. Eine Studie bei 780 europäischen Unternehmen hat ergeben, dass etwa 70 % der deutschen Unternehmen keine Bewerbung per E-Mail bekommen. 26 % der Personalverantwortlichen halten Bewerber, die sich auf diesem Weg bewerben, für unterdurchschnittlich. Nur 3 % halten sie für ausgesprochen gut.

Es ist aber anzunehmen, dass Online-Bewerbungen immer häufiger werden. Für eine Bewerbung über das Netz gelten inhaltlich dieselben Bedingungen wie für eine Bewerbung in Papierform (siehe unten). Die Unterlagen werden direkt an den zuständigen Ansprechpartner gesandt. Es ist aber nicht ratsam, eine Online-Bewerbung zu schicken, wenn nur eine Postadresse angegeben ist. Selbst wenn eine Stelle im Internet ausgeschrieben ist, bedeutet das noch nicht, dass auch eine Online-Bewerbung erwartet wird. Wenn sowohl Post- als auch E-Mail-Adresse angeben sind, empfiehlt sich die Bewerbung über das Netz. Manche Unternehmen stellen Formulare für die Bewerbung auf ihrer Homepage zur Verfügung. Diese sollten dann auch genutzt werden.

Gerade für Berufsanfänger finden zunehmend Bewerbermessen statt, auf denen die Absolventen Kontakte knüpfen können, um sich anschließend schriftlich zu bewerben. Hier eine kleine Auswahl einschlägiger Messen:

Bewerbermessen

- Deutscher Absolventenkongress, Köln (Mai/November)
- Jobcon, Frankfurt/Main (Mai/November)
- Meet@fh-frankfurt (Mai/November)
- Konaktiva, Darmstadt (Mai, November)
- Karrieretage, Frankfurt/Main (August)

Es ist durchaus üblich, dass zwei bis drei Wochen verstreichen, ehe Sie eine Antwort auf Ihre Bewerbung erhalten. Bei einer Absage fragen Sie ruhig nach dem Grund, das kann Ihnen für weitere Bewerbungen nur nützlich sein.

5.4.1 Die Bewerbungsmappe – wie sollte sie aussehen?

Die Bewerbungsmappe enthält folgende Unterlagen (die älteren Dokumente zu unterst). Die Dokumente (siehe Tabelle 6) müssen aktuell sein:

- Abiturzeugnis bzw. Zeugnis der Fachhochschulreife (bei Berufsanfängern)
- Diplomzeugnis
- Berufsausbildungszeugnisse
- Arbeitszeugnisse (falls vorhanden)
- Fortbildungen
- Lebenslauf (mit Lichtbild)
- Anschreiben

Tabelle 6: Dokumente für die Bewerbungsmappe

Die Gestaltung der Mappe sollte passend für das Unternehmen sein, bei dem man sich bewerben will. Im Zweifel hat eine solide, saubere (auf keinen Fall mehrfach benutzte und abgegriffene), funktionale Aufmachung mehr Chancen als eine bunte und unübersichtliche Mappe, die umständlich zu lesen und zu handhaben ist. Schnellhefter sind nicht mehr üblich, vielmehr sollten Sie sich eine Klemmschiene kaufen. Keine Schreibfehler zu machen, ist wichtig. Sie könnten als nachlässiges und oberflächliches Arbeiten ausgelegt werden. Wenn man sich für eine bestimmte Gestaltungsweise entschieden hat, ist es – ähnlich wie bei einer Diplomarbeit – zweckmäßig, diese auch beizubehalten. Das dient der Übersichtlichkeit und macht einen aufgeräumten Eindruck.

5.4.1.1 Zeugnisse, die beizulegen sind

Von den Originaldokumenten werden Kopien gezogen, die sauber und leserlich sind. Der Lebenslauf und das Anschreiben werden im Original beigelegt.

5.4.1.2 Das Lichtbild – weder schrill noch farblos

Ein Automatenlichtbild in Freizeitbekleidung beizulegen bringt ziemlich viele Minuspunkte. Es ist auch nicht empfehlenswert, ein schlecht gescanntes oder gar kopiertes in die Mappe aufzunehmen, schon gar nicht bei Bewerbungen für qualifizierte Tätigkeiten. Farbige Fotos sind mittlerweile Standard. Sie wählen besser eine Aufnahme, auf der Sie lachend und aufgeschlossen wirken, als ein Foto, das dem Personalverantwortlichen einen griesgrämigen, humorlosen Eindruck vermittelt könnte. Mit seriöser Kleidung, eher ein wenig konservativ, aber nicht verstaubt, kann man nichts falsch machen.

5.4.1.3 Der Lebenslauf – eine übersichtliche Darstellung der Berufsbiographie

Der tabellarische Lebenslauf wird im Original beigelegt und mit Datum und Unterschrift versehen. Er wird rechts oben mit dem Lichtbild beklebt. Bitte nicht mit Büroklammern anheften. Das Bild geht dadurch leicht verloren und muss beim Durchgehen der Unterlagen ständig neu „justiert" werden.

Die Informationen im Lebenslauf werden in der Regel nach Abschlüssen aufsteigend sortiert. Wichtig ist, dass sie übersichtlich gestaltet sind, sodass der Leser nicht lange nach den gewünschten Informationen suchen muss. Der Lebenslauf soll keine wahllose Aneinanderreihung von Fakten beinhalten, sondern nur solche, die für den Empfänger (respektive die Stelle) von Belang sind.

Das heißt, Praktika und länger zurückliegende Jobs sind nur dann wichtig, wenn sie einen Anknüpfungspunkt zur angestrebten Stelle darstellen. Soziale Fähigkeiten werden oft an Hobbys „aufgehängt", nach denen später im Vorstellungsgespräch gefragt wird. Deshalb ist es nicht überflüssig, seine Freizeitbeschäftigungen (am Schluss) anzuführen. Der Beruf der Eltern, Geschwister oder gar des Ehepartners erscheint heute nicht mehr im Lebenslauf.

Ein Auslandsaufenthalt ist hinreichend für den Nachweis von einschlägigen Fremdsprachenkenntnissen, er wiegt mehr als eine Zertifizierung.

Referenzen, Professoren, Dozenten etc. sollten erst im Vorstellungsgespräch genannt werden und dort auch nur auf Nachfrage. Sie wirken im Lebenslauf eher protzig. Wenn man sich allerdings um eine wissenschaftliche Stelle bewirbt, kann bzw. sollte man sogar im Lebenslauf Angaben über Bezugspersonen machen.

Lücken im Lebenslauf werden insbesondere dann negativ ausgelegt, wenn sie nicht kreativ genutzt werden. Sie zu kaschieren ist in jedem Fall nicht empfehlenswert. Es ist besser, sie aufzuzeigen und mit stellenrelevanten Tätigkeiten zu füllen. Denkbar ist hier z. B. eine Weltreise, die als Auslandsaufenthalt verpackt wird, oder Praktikantenzeugnisse, die für einen etwas längeren Zeitraum ausgestellt werden. Aber auch Aufbaustudiengänge, Seminare jeglicher Art oder freie Tätigkeiten gehören in diesen Zusammenhang.

Hier ein Beispiel für den Aufbau eines tabellarischen Lebenslaufs (mit zeitlichen Angaben in chronologischer Reihenfolge, siehe Tabelle 7).

5.4.1.4 Das Anschreiben – keine Wiederholung des Lebenslaufs

Das Anschreiben hat eine zentrale Rolle innerhalb der schriftlichen Bewerbung. Es stellt in keinem Fall eine Wiederholung

---

Lebenslauf

Name:
Geb.-Datum:
Geburtsort:
Familienstand:

Schule/Fachhochschule/Universität/Aufbaustudiengänge

von – bis   Grundschule

weiterführende Schulen/Berufsschulen

Hochschulen/Aufbaustudiengänge

Beruflicher Werdegang

von – bis   Berufsausbildungs(stätten)

Berufstätigkeit/Jobs/Praktika/Forschungsprojekte/

Doktorandenstellen/Lehraufträge/Auslandsaufenthalte

Weiterbildung/Sonstige Kenntnisse

Sprachen/vertiefendes Wissen/soziale Fertigkeiten

Veröffentlichungen

Hobbys

Ort, Datum, Unterschrift

Tabelle 7: Tabellarischer Lebenslauf – Beispiel)

des Lebenslaufes dar. Das Anschreiben des Bewerbers ist folgendermaßen aufgebaut:

Aufbau Bewerbungsschreiben

Einleitung: Motiv für die Bewerbung

Hauptteil: Studienschwerpunkte
Stellenrelevante Tätigkeiten

Schluss: Berufliche Interessen
Gehaltsvorstellung
Verfügbarkeit/
Kündigungsfrist
Bitte um ein
Vorstellungsgespräch
Hinweis auf Erreichbarkeit

Im Betreff des Schreibens sollte ein deutlicher Bezug zur Anzeige (Zeitung/Internet, Datum, Position) hergestellt sein. Es muss auf den ersten Blick deutlich werden, für welche Stelle man sich beworben hat. Wenn in der Anzeige der Name der verantwortlichen Bezugsperson angegeben ist, klingt es höflich und es ist von Vorteil, diesen in der Anrede aufzunehmen. Titel sollten nur dann verwendet werden, wenn man sich wirklich sicher ist.

Es ist nicht klug, eine in der Anzeige formulierte Bitte um die Angabe seiner Gehaltsvorstellung zu ignorieren. Für Berufsanfänger gilt das ebenfalls. Berufserfahrene Bewerber geben hier häufig ihr derzeitiges Gehalt an. Damit kann der Arbeitgeber dann operieren.

In der eigenen Adresse darf die Erreichbarkeit nicht fehlen. Hier wird in der Regel Telefonnummer (Mobiltelefon) und Internetadresse angeben. Telefonnummern, unter denen man während der üblichen Bürozeiten nicht erreichbar ist, kann man sich sparen.

Das wichtigste für den Erfolg seiner Bewerbung ist ein jeweils individuell abgestimmtes Anschreiben auf das in der Anzeige formulierte Anforderungsprofil der Stelle. Es nützt nichts, vorformulierte Schreiben en masse zu versenden und sich anschließend zu wundern, weshalb man nie zu einem Gespräch eingeladen wird. Die in der Stellenanzeige geforderten Fähigkeiten müssen analysiert und im Anschreiben möglichst aufgegriffen bzw. anhand des eigenen Werdegangs belegt werden. Dabei braucht man sich nicht von den oftmals überzogenen Formulierungen in der Stellenanzeige abschrecken zu lassen. Ein Spitzenbewerber deckt im Idealfall maximal 80 % der gewünschten Anforderungen ab.

Das Anschreiben sollte nicht unter Zeitdruck entstehen. Besser ist es, eine Nacht darüber zu schlafen, um sich der Sache noch ein zweites Mal zu widmen. Eine Untersuchung zur Bewerberauslese bei Unternehmen hat ergeben, dass Personalchefs dem Stil und der Sprache der Bewerbungsunterlagen bis zu 40 % an Bedeutung beimessen. Hierbei sind kurze prägnante Sätze zu verwenden, während Schachtelsätze eher vermieden werden sollten. Floskeln wie „teamorientiert", „dynamisch", „belastbar", „innovativ" sind in diesem Zusammenhang schon völlig abgedroschen und einfallslos, denn wer würde diese Qualitäten nicht für sich reklamieren. Überflüssig sind auch Belehrungen, wie „Sie suchen, brauchen, wünschen etc.". Schlimmstenfalls kann dies eine anmaßende Wirkung haben.

Fähigkeiten, die man nicht hat, sollte man auch nicht anführen, sondern ehrlich bleiben, denn man muss damit rechnen, dass

123

man in einem Vorstellungsgespräch nach allem, was man dokumentiert hat, befragt wird. Ein Anschreiben könnte folgendermaßen aussehen (siehe Tabelle 8):

5.4.2 Bewerbertrainings – was gut ist, muss nicht teuer sein

Bewerbertrainings sprießen wie Pilze aus dem Boden, sowohl für Anfänger als auch für berufserfahrene Interessenten, die eine neue Stelle suchen und sich lange Zeit

---

Name Bewerber
Anschrift

Namen Unternehmen
Anschrift

Ihre Stellenanzeige vom ... in ...
– Wirtschaftingenieur –
Kennziffer ...

Sehr geehrte Frau Dr. ...,

Sie suchen einen qualifizierten Mitarbeiter für ... Ich suche eine Aufgabe mit Perspektive, bei der ich meine im Studium und bereits durch erste Praxiserfahrung erworbenen Kenntnisse wirksam einsetzen kann.

Ich habe Wirtschaftsinformatik mit den Schwerpunkten ... studiert. In meiner Diplomarbeit befasste ich mich mit ... Während meines Studiums arbeitete ich bei der Fa. ... als ... Zu meinem Aufgabengebiet gehörte dort ... und ich war zuständig für ... Aufgrund meines studienbegleitenden Praktikums bei der Fa. ... konnte ich erste Einblicke in die Bereiche der ... gewinnen. Mein Auslandssemester in der Zeit von ... bis ... ermöglichte mir die Arbeit mit ..., was ich als interessante Bereicherung meiner fachspezifischen Kenntnisse erlebt habe.

Aufgrund meiner bisherigen Tätigkeiten bin ich es gewohnt, kollegial und interessenausgleichend zu arbeiten und könnte mir in dieser Hinsicht auch vorstellen, mehr Verantwortung zu übernehmen.

Derzeit verdiene ich ... Euro (bei berufserfahrenen Bewerbern) und könnte zum ... in ein (neues) Arbeitsverhältnis eintreten. Über ein gemeinsames Gespräch mit Ihnen würde ich mich freuen.

Mit freundlichem Gruß
Name/Unterschrift

Anlagen

Tabelle 8: Muster Anschreiben

nicht mehr beworben haben. Sie sind sinnvoll, um die Gesprächsituation zu üben (siehe Vorstellungsgespräch) und die Angst davor zu verlieren. Für die Entscheidung, ein solches Training zu besuchen, ist es weniger wichtig, dass das Seminar einen möglichst modernen Namen hat und teuer ist. Entscheidend ist eher, ob der jeweilige Dozent praktische Erfahrungen im Personalbereich gesammelt hat und nicht nur über theoretisches Wissen verfügt und dieses in schöne Worte kleidet. Dabei kann ein unspektakulärer VHS- Kurs mehr bringen als ein „Fit for job- weekend" in einer Jugendstilvilla für ca. € 1.000,–.

Informationen über Bewerbertrainings erhalten Sie beim Arbeitsamt, bei Kammern und Verbänden.

5.4.3 Das Vorstellungsgespräch – seine Rolle im Auswahlverfahren

Das Vorstellungsgespräch ist nach wie vor das zentrale eignungsdiagnostische Verfahren zur Selektion und Bewertung von Bewerbern. Es dient der Komplettierung der in der schriftlichen Bewerbung erhaltenen Informationen über die fachliche Qualifikation. Vor allem aber möchte der Personalverantwortliche im Gespräch möglichst viele Informationen über die persönliche Qualifikation des Bewerbers erhalten. Von einem Bewerber, der eine Gesprächseinladung erhalten hat, wird angenommen, dass er den fachlichen Teil beherrscht bzw. Defizite leicht beheben kann. Der spezifische Beitrag, den das Gespräch leistet, bezieht sich in erster Linie auf die Einschätzung der sozialen Anpassung und der Leistungs- und Auf-

stiegsmotivation des Bewerbers. Ein fachlich ausgezeichneter Bewerber wird den Zuschlag nur bekommen, wenn seine Grundeinstellung und seine Persönlichkeit in das Arbeitsumfeld des Unternehmens hineinpassen.

Jedes Gespräch verläuft anders. Deshalb wird an dieser Stelle auch davon abgesehen, einen Katalog der „Zehn typischen Fragen" aufstellen. Dadurch fixiert man sich nur und nimmt sich die Chance, in einen Dialog einzutreten und auch mal auf Kleinigkeiten und nonverbale Reaktionen zu achten, die vielleicht wichtig für eine gute Antwort sein könnten.

5.4.3.1 Wie verläuft das Gespräch?

Der Gesprächsverlauf gliedert sich im Idealfall wie folgt:

Aufbau Gespräch

Einleitung: Small-Talk, Kaffee
Alle Gesprächteilnehmer stellen sich vor.
Das Unternehmen wird vorgestellt.
Die Stelle und ihre hierarchische Einbettung wird beschrieben.

Hauptteil: Biographiebezogene Fragen (Lebenslaufanalyse)
Fachfragen zur vakanten Stelle

Schluss: Fragen seitens des Bewerbers (zusätzliche materielle Leistungen des Unternehmens, gehaltliche Entwicklung, Arbeitsplatz, Arbeitszeit etc.)

Die ersten Minuten und der in dieser Zeit gewonnene Eindruck haben nachhaltige Wirkung auf den gesamten Entscheidungsprozess. Obwohl man weiß, dass sich die Begründung des ersten Eindrucks zu 60 % als falsch herausstellt, fällt das Ergebnis oft als Sympathie oder Antipathie aus. Deshalb sind Ausstrahlung und Körpersprache entscheidende Auswahlkriterien:

Korrekte Kleidung ist wichtig. Sie sollte der Position und Branche angemessen sein, aber man muss sich in der Kleidung auch wohlfühlen. Es ist selbstverständlich, dass man pünktlich zu dem Gespräch erscheint. Eine namentliche Ansprache der Gesprächspartner drückt Wertschätzung aus. Allerdings müssen die Namen korrekt verwendet werden oder gar nicht.

5.4.3.2 Gesprächsinhalte – was will man vom Bewerber wissen?

Im Gespräch ist es wichtig, Ruhe zu bewahren, und höflich, aber bestimmt zu bleiben. Selbstbewusstes Auftreten darf nicht Arroganz, Überheblichkeit und Besserwisserei zum Ausdruck bringen. Wem es gelingt, trotz seiner Nervosität, dem Befrager konzentriert zuzuhören, anstatt schon mit der Formulierung seiner nächsten Antwort beschäftigt zu sein, bringt es mit Sicherheit weiter. Es kommt hier weniger darauf an, stilistisch perfekte Sätze zu von sich zu geben, als eine Antwort zu finden, die den Erwartungen des Gegenübers entspricht. Lügen und Übertreibungen werden von einem versierten Interviewer durch geschickte Fragetechnik aufgedeckt.

Man sollte sich ein wenig mit dem Unternehmen beschäftigt haben und damit rechnen, dass die Frage gestellt wird, weshalb man sich auf diese Stelle beworben und warum man das jeweilige Studienfach

gewählt hat. Vor allem aber sollte man sich auf eigene, besondere Fähigkeiten besinnen, die wichtig für die begehrte Stelle sein könnten. Hier folgt eine kleine Auswahl dessen, was den Befrager interessieren könnte:

- Selbstsicherheit (Was hat der Bewerber bislang geleistet, worauf ist er stolz?)
- Zielstrebigkeit (Wie lange hat der Bewerber studiert, wie sehen seine beruflichen Ziele aus?)
- Grundhaltung – Optimismus/Pessimismus (Wie geht der Bewerber mit Misserfolgen um?)
- Temperament (Wie reagiert der Bewerber auf Konflikte?)
- Bedürfnis nach Sicherheit (Wie mobil ist der Bewerber, wie risikofreudig?)
- Eigenständigkeit (Wie viel Eigeninitiative kann der Bewerber entwickeln, welches Maß an unabhängigem Arbeiten benötigt er?)
- Bedürfnis nach Kontakten (Wie gestaltet der Bewerber seine Freizeit?)
- Bedürfnis nach Selbstdurchsetzung (Wie stark ist sein Geltungsbedürfnis?)

5.5 Informelle und formelle Regeln im Betrieb

Formale Regeln im Betrieb werden z. B. in Arbeitsverträgen und in Organigrammen, welche die hierarchischen Positionsgefüge aufzeigen, abgebildet. Neben diesen „offiziellen" Vorschriften existieren ungeschriebene Gesetze und Kommunikationsnetze, welche die formellen Normen ergänzen oder sogar ersetzen. Eine wichtige Regel ist beispielsweise, eine bestimmte Leistungshöhe nicht zu unter-

oder zu überschreiten. Für den Berufsanfänger kann es hilfreich sein, folgende Hinweise zu beachten:

Passen Sie sich der „Kleiderordnung" in ihrer Umgebung an. Damit können Sie sich leichter in ihre jeweilige Arbeitsgruppe integrieren. Es ist sinnvoll, sich zunächst einmal auf die Arbeitszeiten ihres Mentors einzustellen, denn Sie sind auf dessen Einarbeitung und Hilfe angewiesen. In der Einarbeitungsphase und auch später ist es besser zu fragen, als Unwissenheit zu vertuschen. Halten Sie vereinbarte Termine pünktlich ein. Es ist unhöflich und lässt auf eine geringe Wertschätzung schließen, wenn Sie häufig durch Unpünktlichkeit glänzen. Sie stehen im Berufsleben unter erheblich mehr Zeit- und Ergebnisdruck als im Studium. Versuchen Sie deshalb, Ihren Arbeitsalltag effizient zu strukturieren.

Der Studentinnenanteil an bundesdeutschen Hochschulen in der Informatik liegt bei 14 %. Deshalb ist es nicht verwunderlich, dass gerade einmal 16 % aller Datenverarbeitungsfachleute mit Hochschulabschluss weiblich sind. Informationstechnische Berufe sind Männerdomänen, weil die entsprechenden Studiengänge von Männern dominiert werden.

Die Broschüre „Informatik und Ingenieurwissenschaften – Studien und Hochschulangebote für Frauen" enthält Studiengänge der Informatik- und Ingenieurwissenschaften, die speziell Frauen ansprechen und gewinnen wollen. Die Broschüre stellt die Studiengänge kurz vor und informiert über die damit verbundenen Möglichkeiten. Frauenspezifische Studiengänge sind dort an folgenden Hochschulen angesiedelt:

- **Fachhochschule Bielefeld: www.fh-bielefeld.de/fb2/fb2home. html**
- **Hochschule Bremen: www.hs-bremen.de**
- **Fachhochschule Hannover: www.fh-hannover.de**
- **Fachhochschule Kiel. www.fh-kiel.de**
- **Fachhochschule Stralsund: www.fh-stralsund.de**
- **Fachhochschule Wilhelmshaven: www.fh-wilhelmshaven.de**

Des Weiteren findet man in der Broschüre Angebote von Sommerhochschulen und Schnupperstudien, die einen Überblick darüber verschaffen sollen, was in einem Informatik- oder Ingenieurwissenschaftlichen Studium erwartet wird. Die nächste Broschüre erscheint voraussichtlich im Frühjahr 2002.

Kontaktadresse:

Kompetenzzentrum Frauen in Informationsgesellschaft und Technologie
Wilhelm-Bertelsmann-Straße 10
33602 Bielefeld
info@kompetenzz.de
www.kompetenzz.de

Weitere Informationen zu Studiengängen und Ausbildungen im Bereich Informatik, IT und Ingenieurwesen finden sich unter folgenden Homepages:

- www.werde-informatikerin.de
- www.be.ing.de
- www.idee-it.de
- www.girls-d21.de
- www.frauen-technik-impulse.de

Das Sommerstudium „Informatica Feminale" der Universität Bremen und der Fachhochschule Furtwangen richtet sich an zukünftige Informatikstudentinnen, die einen Überblick über das Feld der Informatik bekommen möchten bzw. an Dozentinnen und Berufspraktikerinnen, die sich an der Fachdiskussion beteiligen wollen, um neue Impulse zu gewinnen.

Die Veranstaltungen sind am Studiengang Informatik der jeweiligen Hochschulen angesiedelt. Ein Teil der Lehre des Sommerstudiums wird im Rahmen des allgemeinen Lehrangebots anerkannt. Neben den üblichen Lehrveranstaltungen bietet das Programm Ringvorlesungen und Podiumsdiskussionen zum Thema Frauen in der Informationstechnologie und Job- und Informationsbörsen mit renommierten Softwareunternehmen.

Kontaktadressen:

HH Bremen
Veronika Oechtering
if@informatica-feminale.de
www.informatica-feminale.de

FH Furtwangen
Prof. Dr. Gabriele Winker
winker@fh-furtwangen.de
www.netzwerk-fit.de/informatica

Weiterführende Literatur:

Klein, Uta Elisabeth:
Die Frage nach der Schwangerschaft im Einstellungsgespräch, Personal 3/2000, S. 156–157
Welchen Stellenwert hat die Beschreibung sozialer Kompetenzen im Arbeitszeugnis und in Personalauswahlverfahren?, Frankfurter Allgemeine Zeitung/Beruf und Chance, 19.08. 2000
Sozialkompetenz in Arbeitszeugnissen; Personal 5/2001, S. 278–280

Omar Moudden M.A.

Studium der Germanistik von 1994–1998 an der Philipps-Universität Marburg.
Seit 1999 Doktorand an der Philipps-Universität Marburg im Fachbereich „Neuere deutsche Literatur".
Seit Juni 2001 Praktikant im Lektorat „Vieweg IT" der GWV Fachverlage, ein Unternehmen der Fachverlagsgruppe BertelsmannSpringer.

Mithilfe der folgenden Tabelle können Sie sich einen Überblick über das IT-Angebot an den Fachhochschulen in Deutschland verschaffen.

Diese allgemeine Übersicht ist nur als Orientierungshilfe gedacht – ausführlichere Informationen zu den einzelnen Studiengängen finden Sie im Internet unter den angegebenen Webadressen.

In der ersten Spalte der tabellarischen Übersicht finden Sie: = Adresse,   = Telefonnummer und ⌨ = Internetadresse der Fachhochschulen, die ein IT-Studium anbieten. Diese sind nach Bundesländern sortiert.

Spalte zwei enthält die **SG** = Gesamtzahl der Studierenden, die **ES** = Einschreibezahlen des letzten Wintersemesters (2001/2002) und die **P** = Anzahl der Professoren (IT). Diese Zahlen sollen Ihnen nur einen Eindruck von der Größe des Studiengangs vermitteln, ihre Aussagekraft ist daher begrenzt. Von der Zahl der Professoren und deren Verhältnis zur Studentenzahl sollte man nicht auf die Qualität der Lehre schließen. Aufgeführt sind hier lediglich die berufenen Fachhochschulprofessoren; Privatdozenten, Lehrbeauftragte und Assistenten gestalten aber auch das Veranstaltungsangebot mit und sind daher weitere wichtige Ansprechpartner bei Studienfragen.

Die folgenden Spalten enthalten die an der entsprechenden FH angebotenen Studiengänge und Abschlusse, gefolgt vom Hinweis, ob das Studium nur zum **WS** = Wintersemester bzw. **SS** = Sommersemester begonnen werden kann; eine leere Spalte heißt dann Beginn im Sommer- und Wintersemester.

Die folgenden Spalten beinhalten jeweils den Hinweis auf die Abschlussart und ob Extra-Studiengebühren erhoben werden.

In der letzten Spalte finden Sie Anmerkungen über Schwerpunkte im/in

S = Studium
L = Lehre und
F = Forschung.

Abkürzungen	
B	Bachelor of Science
BWL	Betriebswirtschaftslehre
D	Diplom FH
evtl.	eventuell
ES	Anzahl der Studierenden im ersten Semester
F	Schwerpunkte in Forschung
GS	Grundstudium
HS	Hauptstudium
i. d. R.	in der Regel
INF.	Informatik
i. Auf.	im Aufbau
i. Vorb.	in Vorbereitung
k	keine
L	Schwerpunkte in Lehre
M	Master of Science
MATH.	Mathematik
MI	Medieninformatik
P	Anzahl Professoren (IT)
S	Schwerpunkte im Studium
SS	Studium kann nur zum Sommersemester aufgenommen werden
Sem.	Semester
SG	Anzahl der Studierenden Gesamt
VWL	Volkswirtschaftslehre
WS	Studium kann nur zum Wintersemester aufgenommen werden
WI	Wirtschaftsinformatik
Z	Zertifikat
z. B.	zum Beispiel

Fachhochschule	Studierende: Gesamt, davon Erstsemester	Studiengang	Abschluss	Beginn	Studiengebühr	Hinweise und Anmerkungen
Baden-Württemberg						
Fachhochschule Aalen; Hochschule für Technik und Wirtschaft Beethovenstr. 1 73430 Aalen 07361/5760 www.fbf.fh-aalen.de	**SG** 400 **ES** 60	Informatik	D		k	**S:** Studienschwerpunkte: WI, MI, Softwaretechnik. Starke Betonung des Projektmanagements mit Übungen. Kooperationen mit ausländischen Hochschulen und Firmen sind geplant. Studiengang ist derzeit im 3. Semester
	SG 181 **ES** 59	Elektronik/ Technische Informatik	D		k	**S:** Starker Praxisbezug, z. B. durch begleitende Laborpraktika **L:** Es kann zw. den folgenden 3 Studienschwerp. gewählt werden: Industrieelektronik; Techn. Informatik; Medien- und Kommunikationstechnik **F:** Medientechnik (Audio- u. Videotechnik); Kommunikationstech. (Rechnernetze, Internet-Technologien, funkbasierte Datenübertragung, Netzwerksicherheit); Embedded Systems/Mikrorechnertech. (ASIC/FPGA-Entwick., Programmierung, Echtzeit-Betriebssysteme, Steuer- u. Regelungstechnik, elekt. Antriebe u. Leistungselektronik)
Fachhochschule Albstadt-Sigmaringen; Hochschule für Technik und Wirtschaft Jakobstr. 6 72458 Albstadt 07431/5790 www.fh-albsig.de	**SG** 170 **ES** 63 **P** 5	Wirtschaftsinformatik	D	WS	k	**S:** Auslandsexkursionen, Kontakte zu Partnerhochsch. sowie Industriekont. im Ausland. Job-Börsen, Vorträge u. Praktika von Industrievertre. **L:** Software-Entwicklung, Entwicklung betrieblicher Anwendungssys., Einbindung von SAP über das Hochschulkompetenzcenter SAP, Entwicklung von Multimedia- und E-Business-Anwendungen. Training von Schlüsselqualifikationen (Rhetorik, Präsentation, Moderation, Teamarbeit usw.) **F:** Studienprojekte und Projektarbeiten in Absprache mit der Industrie
	ES ca. 60 **P** 5	Kommunikations- und Softwaretechnik (Technische Informatik)	D		k	**S & L:** Konsequent praxisorientiert, 2 Praxissem.; Kommunikationstechnik (Internet-Technologie, Datenschutz, Netzwerkmanagement, Kommunikationssysteme, Rechner-Netze, Medientechnik); Softwaretechnik (Mutimedia, verteilte Systeme, Benutzeroberflächen, Virtuelle Modellierung); Projektarbeit; Diplomarbeit
Fachhochschule Esslingen; Hochschule für Technik Kanalstr. 33 73728 Esslingen 0711/39749 www.fht-esslingen.de	**ES** 50	Softwaretechnik	D		k	**S & L:** 3. und 6. Sem. sind Praxissemester und werden in der Industrie abgeleistet. Der Studiengang Softwaretechnik bietet ein fundiertes technisches Allgemeinwissen mit den erforderlichen Zusatzkenntnissen in Betriebswirtschaft und Organisation, sodass eine Offenheit für alle Branchen besteht. Der Studiengang Techn. Informatik vermittelt im GS: Fremdsprachen, Statistik, Akustik, Umwelttechnik; im HS: Künstliche Intelligenz, Multimedia, Datenbanken, Bildverarbeitung, Kfz-Elektronik, CAD und Technologie der Mikroelektronik, Operations Research; Diplomarbeit
	ES 52	Technische Informatik	D		k	
	P 24					

Fachhochschule	Studierende: Gesamt, davon Erstsemester	Studiengang	Abschluss	Beginn	Studiengebühr	Hinweise und Anmerkungen
Baden-Württemberg (Fortsetzung)						
Fachhochschule Furtwangen; Hochschule für Technik und Wirtschaft Robert-Gerwig-Platz 1 78120 Furtwangen 07723/9200 www.fh-furtwangen.de	**SG** 500 **ES** 80	Allgemeine Informatik	D		k	**S:** 2 praktische Studiensemester; Projekte in Zusammenarbeit mit der Industrie; Auslandssemester möglich/erwünscht; Netzwerktechnik, Künstliche Intelligenz; Diplomarbeit oft in der Industrie **L:** Software-Engineering, Security, Netzwerke, Künstliche Intelligenz **F:** Netzwerk-Security, Software-Qualitätsmanagement
	P 13	Computer Networking	D		k	
	SG 280 **ES** 35 **P** 11	Computer Engineering	D		k	**S:** Wahl- und Vertiefungsmöglichkeiten in den Bereichen der technischen Informatik; Projektorientiertes Studium; 2 Praxissemester **L:** Programmiersprachen, Objektorientierte Programmierung, Software Engineering, Internet, Betriebssysteme, Netzwerke, Mikrocomputer, Embedded Systems, Realzeitsysteme **F:** Heterogene Rechnernetze, Programmierbare Bausteine, Verteilte Systeme, Mobile Computing, Funknetze
	SG 300 **ES** 70	Medieninformatik und on-line.medien	D		k	**S:** Technik, Wirtschaft und Gestaltung; Projektstudium; Wahlpflichtveranstaltungen; Auslandssemester (7. Semester); International ausgerichteter Masterstudiengang Computer Science in Media; Extra Studiengebühr Masterstudiengang: Keine, wenn der Abschluss des Studiums nicht länger als 1 Jahr zurückliegt, sonst: € 2.000,– pro Semester **L:** Mathematisch-physikalische Grundlagen; Betriebswirtschaftslehre/Marketing/Medienwirtschaft; Grundlagen der Gestaltung/Computeranimation/Videoproduktion/Audioproduktion; Softwareengineering/Graphische Datenverarbeitung/Online-Programmierung: Online-Anwendungen, Multimediale Lehr- und Lernumgebungen; Laborausstattung: Informatiklabore, Serverfarm, Projektlabor, Video-/Audiostudio **F:** Mobile Interaktive Anwendungen; E-Business; Multimediale Lehr- und Lernumgebungen; Graphische Datenverarbeitung; Online-Anwendungen; Technologiefolgen-Abschätzung
	SG 15 **ES** 15 **P** 18	Computer Science in Media	M	WS	k	

Fachhochschule	Studierende: Gesamt, davon Erstsemester	Studiengang	Abschluss	Beginn	Studiengebühr	Hinweise und Anmerkungen
		Baden-Württemberg (Fortsetzung)				
	SG 400 **ES** 50	Wirtschaftsinformatik	D		k	**S:** International besetzt. Der Anteil ausländischer Studierender im SS 2001 beträgt 12 %, die aus 20 Nationen stammen. Ziel ist es, diesen Anteil bei 15 % zu stabilisieren. Studiengang bietet einen umfassenden Einblick in die gegenseitigen Wechselwirkungen von Betriebswirtschaft u. Informatik, schult das interdisziplinäre Denken und berücksichtigt in großem Umfang die Bedeutung der Sozialkompetenz im künftigen Berufsleben. **L:** Zentrale Studieninhalte sind Grundlagen und spezielle Funktionsbereiche der Betriebswirtschaft, das breite Feld der Informations- und Kommunikationstechniken, der Erwerb von Methoden- und Sozialkompetenz sowie Projektarbeiten. Im HS können die Studierenden zw. Business Networking (Netze, Client/Server-Systeme, Internet u. Anwendungsarchitekturen, Geschäftsprozesse, Programmkonstruktion, Software Engineering, Datenbanken, Formale Methoden, Künstliche Intelligenz, Projektmanagement, Teamarbeit, Selbstmanagement, Kreativitätstechniken, Moderation, Führungstechniken, Projekte und Workshops) und Business Consulting (Controlling, Logistik, Marketing und Vertrieb, Organisation, Moderation, Führungstechnik, Psychologie, Kreativitätstechniken, Gruppendynamik, Informationsdesign, Systemarchitekturen, Datenbanken, Netze, Standardsoftware, Projektmanagement, Analyse- und Dokumentationstechnik, Beratungs- und Schulungsmethodik, eBusiness) wählen.
	SG 90 **ES** 25	Master of Business Consulting	M	WS	evtl.	**S:** Bereitet gezielt auf den Beruf des Beraters/der Beraterin (Consultinggeschäft) für Unternehmensorganisation und den Einsatz entsprechender Standard-Softwaresysteme vor; richtet sich ausschließlich an ausländische Studierende; Lehrsprache ist Englisch. **L:** Fundierte Ausbildung in Betriebswirtschaft, Rechnungswesen, Logistik und Unternehmensorganisation sowie in der Nutzung und Anwendung moderner Informationstechnologien. Thematische Schwerpunkte sind: Beratungstechnik, Projektmanagement, Teamarbeit, Führungsseminare, Präsentation, Moderation, Geschäftsprozesse, Softwareentwicklung, Kommunikations- und Netzdesign, Standardsoftware-Systeme, Data Warehouse, Controlling, Rechnungswesen, Logistik, e-Business, Projektstudien.

Fachhochschule	Studierende: Gesamt, davon Erstsemester	Studiengang	Abschluss	Beginn	Studiengebühr	Hinweise und Anmerkungen
	Baden-Württemberg (Fortsetzung)					
	SG geplant 180 **ES** 40	Bachelor Wirtschafts-Netze (Start SS 2002)	B		k	**S:** Speziell auf Frauen ausgerichtet. Der Zielgruppe gehören nicht nur Frauen an, die unmittelbar nach dem Erwerb der Zugangsberechtigung für das Bachelorstudium in Frage kommen, sondern auch Frauen, die bereits früher diese Qualifikation erworben und in der Informatik gearbeitet haben und aus familiären Gründen aussetzen mussten. Die Erfahrung bestätigt, dass es nach 5–8 Jahren ohne Berufstätigkeit im IT-Umfeld kaum möglich ist, ohne intensive und umfangreiche Aus- und Weiterbildung die frühere berufliche Tätigkeit wieder aufzunehmen. **L:** Kompaktes WI-Studium mit verstärkter Betrachtung der fortschreitenden Vernetzung innerhalb von Unternehmen und zw. Unternehmen der verschiedensten Branchen. Modernste Informations- und Kommunikationstechniken, virtuelle Unternehmen und Internet werden zu Kernthemen. Thematische Schwerpunkte sind: Internet, vernetzte Strukturen, vernetztes Denken, VWL und BWL, Geschäftsprozesse, virtuelle Unternehmen, Programmkonstruktion, System-Architekturen, verteilte Systeme, Datenbanken, Business Warehouse, Soziale Interaktion, Selbstmanagement, Kreativitätstechniken, Change Management, Präsentation, Moderation, Technische und betriebswirtschaftliche Grundlagen des eBusiness, Applikationen und Technologien des eBusiness, Modelle und Organisation des eBusiness, Projekte und Projektmanagement im eBusiness. **Alle WI-Studiengänge:** **F:** Steinbeiszentren: Gründung und Leitung von Steinbeiszentren und anderen Unternehmen als Voraussetzung für den Praxisbezug in der Lehre. Aus der Vielzahl der Aufgabenstellungen und Branchen, in denen Steinbeisunternehmen tätig sind, resultieren Synergien für alle Veranstaltungen, die der Fachbereich WI anbietet. Projekte: Insbesondere die Einbindung von Studierenden in Projektstudien und Forschungsprojekte wird gefördert. Die Einbindung erfolgt durch die Verbindung von Projektstudien mit von den Steinbeisunternehmen als Auftragnehmer akquirierten Projekten. Weitere Forschungsaktivitäten erfolgen im Institut für Business Consulting, ein studentisches Beratungsunternehmen, welches dem Fachbereich angegliedert ist und durch die Professoren fachlich unterstützt wird.
	P 17					

Fachhochschule	Studierende: Gesamt, davon Erstsemester	Studiengang	Abschluss	Beginn	Studiengebühr	Hinweise und Anmerkungen
Baden-Württemberg (Fortsetzung)						
Fachhochschule Heidelberg (Staatlich anerkannte FH der SRH-Gruppe) Bonhoefferstr. 1 69123 Heidelberg 06221/882567 ⌨ www.fh-heidelberg.de	**SG** 250 **ES** 100 **P** 9	Informatik	D/M	WS	€ 450	**S:** Kommunikations- und Medientechnik; Automatisierungstechnik **L:** Data Communications; Object Oriented Approaches; Business Informatics; Health Informatics; Multimedia Systems; Data Base Management; E-Business-Solutions (SAP R/3, mySAP.com); BioInformatics **F:** Multilingualität bei der Entwicklung MM-Anwendungen; Datenbanken; Software-Engineering; E-Business; Workflow Management; Fast Algorithms; Parallel Processing; Telelearning und techn. Hilfen für motorisch Behinderte; Anwendungen der Spracherkennung am PC in der Ausbildung, Arbeitswelt und dem häuslichen Bereich
		Gesundheitsinformatik	D	WS	€ 350	
		Wirtschaftsinformatik (Aufbaustudiengang)	D	WS	€ 350 € 380	
		Multimediainformatik (Aufbaustudiengang)	D	WS	€ 410 € 380	
Fachhochschule Heilbronn; Hochschule für Technik und Wirtschaft Max-Planck-Straße 39 07131/504-222 74081 Heilbronn ⌨ www.fh-heilbronn.de	**SG** 360 **ES** 41 **P** 11	Medizinische Informatik	D		k	Zusammen mit Uni-Heidelberg; extra Studiengebühr nur für Langzeit-Studierende (ca. € 512 pro Sem.) **S:** interdisziplinäres Studium; qualifiziert sowohl für Medizinische Informatik als auch für Informatik-Positionen außerhalb der Medizin; aktive internationale Partnerschaften auch mit USA **L:** Auswahl im HS: Informationssysteme des Gesundheitswesens; Management im Gesundheitswesen; Medizinische Biometrie; Signal- und Bildverarbeitung in Diagnostik und Therapie; Wissensbasierte Systeme in der Medizin; Verteilte Systeme in der Medizin **F:** Medizinische Bild- und Signal-Verarbeitung; Computer-unterstützte Lehr- und Lernsysteme in der Medizin
	SG 250 **ES** 46 **P** 7	Software-Engineering	D		k	**S:** Teamorientiertes Arbeiten; Lerntechnik; Projektbezogene Lehrveranstaltungen in Zusammenarbeit mit der Industrie; Doppeldiplom mit französischer Hochschule (zusätzlich 2 Sem.); Multimedia; Technik; E-Commerce **L:** Engineering Methoden; Praktische Softwareentwicklung; E-Commerce, Multimedia, Technik **F:** Lehre durch Fallstudien; Robotik; Peer-to-Peer-Anwendungen; E-Commerce, Geschäftsprozessanalyse; Softwareprozesse mit UML

Fachhochschule	Studierende: Gesamt, davon Erstsemester	Studiengang	Abschluss	Beginn	Studiengebühr	Hinweise und Anmerkungen
Baden-Württemberg (Fortsetzung)						
Fachhochschule Karlsruhe; Hochschule für Technik Moltkestr. 30 76133 Karlsruhe 0721/9251300 🖳 www.fh-karlsruhe.de	**SG** 453 **ES** 89	Informatik	D/B		k	**S:** Sehr stark auf Softwareaspekte ausgerichtet; hoher Praxisbezug u. theoretische Fundierung; Auslandserfahrg., Problemlösungskompetenz; Angewandte Informatik, MI u. Multimedia, Internet- u. Web-Applikationen, Datenbanken u. Informationssysteme, Objektorientierte Softwareentw., Techn. Informatik u. Automatisierg., Betriebl. Informationssysteme u. Betriebswirtschaft
	SG 30 **ES** 13 **P** 12	Informatik u. Multimedia	M		k	**S:** Sehr stark auf Softwareaspekte ausgerichtet; Auslandserfahrg. u. integrierte Auslandssemester; gemeins. Masterprogramm mit Eastern Michigan University (USA); Problemlösungskompetenz; MI u. Multimedia; Internet- u. Web-Applikationen; Elektronische Medien- u. Märkte; Projektmanagement **Beide Studiengänge:** **L:** Studium in kleinen Gruppen; individuelle Betreuung; viele Labors; Projekt- u. Teamarbeit **F:** E-Commerce-Lösungen; Internet; Neuronale Netze; Mustererkennung; Web-Portale
	SG 20 **ES** 16	Kommunikations- u. Inform.tech.	B		k	**S:** Prakt. Ausbildg. an modernen Geräten; seminarist. Unterricht; ein hoher Anteil der Studierenden geht fürs Praxissem. ins Ausland, speziell USA
	SG 300 **ES** 58 **P** 9	Elektro- u. Inform.technik (Nachrichtentechnik)	D		k	**L:** Solide Grundlagenausbildung; klassische Nachrichtentechnik mit deutlichem Software-Schwerpunkt; industrienahe Ausbildung **F:** Matlab, CAD
	SG 150 **ES** 34	Vermessung u. Geoinformatik	D	WS	k	**S:** Kombination einer IT-Ausbildung mit Technologien der Geodatenerfassung u. Weiterverarbeitung. Übungen in Kleingruppen. 2 Praxissem.; Praxissemester u. Diplomarbeit im Ausland mögl. **L & F:** Math.-naturwiss. Grundlagen, Programmentw., CAD, Visualisierung, Geoinform., Satellitengeodäsie, Ingenieur- u. Landesvermessung
	SG 6 **ES** 6 **P** 10	Geomatics	M		k	**S:** International ausgerichteter Studiengang mit je zur Hälfte ausländ. u. inländ. Studierenden. Ein Sem. an einer Partnerhochschule in GB, NL, SF o. USA. **L:** Erfassung, Verarb. u. Präsentation von Geo-Daten (räumlich, thematisch u. chronologisch) **F:** Umweltmonitoring, Geo-Informationssysteme, Satellitennavigation
	SG 400 **ES** 80 **P** 7	Wirtschaftsinformatik	D/B/ M		k	**S:** Doppeldiplomprogramm mit ausländischen Unis; starke Einbindung der regionalen IT-Industrie in die Lehre **L:** Ausbildung stärker an aktuellen IT-Fragen ausgerichtet als andere deutsche Curricula **F:** Didaktik: Effektiver Einsatz der Medien; Virtuelle Hochschule; moderne Softwareentwicklungsmethoden u. -werkzeuge

Fachhochschule	Studierende: Gesamt, davon Erstsemester	Studiengang	Abschluss	Beginn	Studiengebühr	Hinweise und Anmerkungen
Baden-Württemberg (Fortsetzung)						
Fachhochschule Konstanz; Hochschule für Technik, Wirtschaft und Gestaltung Brauneggerstr. 55 78462 Konstanz 07531/2060 ⌨ www.fh-konstanz.de	ES 45	Software-Engineering (seit SS 2000)	D		k	**S:** Vertiefung in E-Business-Anwendungen; zusätzlich wird ein Anwendungsblock aus dem Bereich künstliche Intelligenz, Kommunikationssysteme, betriebliche Systemforschung oder aus einem Nicht-Informatik-Gebiet gewählt
	ES 50	Technische Informatik	D		k	**S (TI und WI):** Förderung der sozialen Kompetenz durch spezielle Lehrveranstaltungen; starke internationale Ausrichtung durch weltweite Hochschul-Kontakte; zahlreiche Labors mit kleinen Übungsgruppen; teamorientierte Projektarbeiten **L:** Vertiefung in Kommunikationssysteme, Softwareentwicklung, Multimedia und Internetanwendungen; Vertiefung in intelligente Automatisierungssysteme mit Bildverarbeitung, ASIC, neuronale Netze und mobile Roboter
	ES 42	Wirtschaftsinformatik	D		k	**L:** Teamorientierte Softwareentw.: UML, C++, Java, Komponenten; Verteilte Systeme; Simulation; Betriebl. Informationssysteme: Optimierung betriebl. Informationsprozesse; ERP-Systeme
	ES 18	Master of Computer Science in Business Information Technology	M		k	**S:** Conversion-Master (für Nicht-Wirtschaftsinformatiker); wahlweise Auslandsaufenthalt an Staffordshire University; praktische Übungen, teamorientierte Projektarbeiten **L:** Softwareentwicklung; Fach- und Methodenwissen zum IT-Projektmanagement und zur Einführung und Anwendung unternehmensweit integrierter Informationssystem
	SG 11 ES 3	Communication Systems Engineering (neu)	M	WS	k	Zulassung zum Master-Studium: Qualifizierter Hochschulabschluss (Diplom, Bachelor oder gleichwertiger Abschluss) in Elektrotechnik oder Informatik sowie Auswahlgespräch **S:** Förderung der Fähigkeit zur Leitung von Projekten durch spezielle Lehrveranstaltungen; Integration einer 8-wöchigen Praxisphase zw. dem 1. und 2. Sem. des dreisemestrigen Studiums; teamorientierte Projektarbeiten; Kooperation mit Partnerhochschule in Frankreich; zahlreiche Labors mit kleinen Übungsgruppen **L:** Rechner- und Telekommunikationsnetze; Mobilfunk und Satellitenkommunikation; Sicherheit in Netzen; Planung und Betrieb von Netzen
	SG 760					**Alle Studiengänge:** **F:** Softcomputing, Internet- und OO-Technologien; IT-Management; Simulation und numerische Verfahren; Netze; Prozessautomatisierung und Robotik; Bildverarbeitung; Rechner- und Telekommunikationsnetze; Mobilfunk und Satellitenkommunikation
	P 23					

Fachhochschule	Studierende: Gesamt, davon Erstsemester	Studiengang	Abschluss	Beginn	Studiengebühr	Hinweise und Anmerkungen
Baden-Württemberg (Fortsetzung)						
AKAD Fachhochschule Lahr/Leipzig Hohbergweg 15–17 77933 Lahr 07821/9149-0 ⌨ www.akad.de		Wirtschaftsinformatik (Fernstudium)	D		€ 327 pro Monat	**S & L:** Vermittelt breites betriebswirtschaftliches Grundlagenwissen mit Spezialisierung in Informatik; Studienfächer: Recht, Kostenrechnung, Programmiersprachen, VWL, Mathematik und Statistik, Softwareentwicklung, Informations- und Kommunikationssysteme, Datenbanken, Web-Business etc.
Fachhochschule Mannheim; Hochschule für Technik und Gestaltung Windeckstr. 110 68163 Mannheim 0621/2926373 ⌨ www.fh-mannheim.de	**SG** 392 **ES** 65	Informatik	D		k	**S:** 2 praktische Studiensemester; 3 Wahlfachblöcke als Vertiefungsrichtung: Technik, Gesundheitswesen, Betriebswirtschaft; ca. 40 % Laboranteil im HS **L:** HS: Integration von projektorientierten Lehrveranstaltungen; Interdisziplinäre Lehrveranstaltungen **F:** Internetanwendungen; Bioinformatik; objektorientierte Systementwicklung; Data Mining
	SG 520 **ES** 40	Technische Informatik	D		k	**S:** Studium (8 Sem.) schließt 2 Praxissemester ein, welche in der Industrie geleistet werden. Dadurch wird frühzeitig Praxisorientierung erreicht. Die FH Mannheim pflegt vielfältige Auslandskontakte zu Partnerhochschulen, welche unsere Studenten zu Auslandsaufenthalten nutzen. Im Gegenzug kommen etwa 30 % unserer Studenten aus dem Ausland. **L:** Kombination von technischen Fächern (Digitaltechnik, Integrierte Schaltungen, Mikrocomputer, Signalprozessoren) mit Informatik (Programmiersprachen, Betriebssysteme, Datenbanken, Rechnerkommunikation, Software Engineering) **F:** Projektbezogene und anwendungsorientierte Forschung auf den Gebieten Mikrocomputer, Signal- und Bildverarbeitung, objektorientierte Programmierung etc.
	P 15					

Fachhochschule	Studierende: Gesamt, davon Erstsemester	Studiengang	Abschluss	Beginn	Studiengebühr	Hinweise und Anmerkungen
Baden-Württemberg (Fortsetzung)						
Fachhochschule Pforzheim; Hochschule für Gestaltung, Technik und Wirtschaft Holzgartenstr. 36 75175 Pforzheim 07231/28-6724 ⌨ www.fh-pforzheim.de	**SG** 300 **ES** 45 **P** 7	Betriebswirtschaft/Wirtschaftsinformatik	D		k	**S:** Wahl der Vertiefungsrichtungen „Multimedia und Kommunikation" oder „Organisation und Informationssysteme" ab dem 5. Sem.; neben 2 Praxissemestern finden im 7. und 8. Sem. weitere Projekte in Zusammenarbeit mit Industriepartnern statt. Möglichkeit der Zusatzqualifikation im Rahmen des Masterstudiengangs „Information Systems" **L:** Wirkungsweise, Komponenten und Einsatz von Rechnernetzen, Betriebssystemen und Datenbanken; Prozedurale und objektorientierte Programmierung, Methoden der Gestaltung von Informationssystemen mit Projektmanagement, Systementwicklung und Geschäftsprozessmanagement; Betriebswirtschaftliche Anwendungen mit integrierten Anwendungssystemen, Groupwaresystemen etc. **F:** E-Commerce, E-Business, E-Learning, content management, content syndication, Enterprise Application Integration, Service Engineering; Anwendungssysteme: ERP (SAP R/3), Datawarehouse (MIS)
Fachhochschule Reutlingen; Hochschule für Technik und Wirtschaft Alteburgstr. 150 72762 Reutlingen 07121/271-460 ⌨ www.fh-reutlingen.de	**SG** 147 **ES** 43	Informationstechnologie und Automation	D/B		k	**S:** Informatik: Embedded Controller, Systems Engineering, Softwaretechnik, Kommunikationsnetze, Datenbanken; Automation: Mess-, Steuerungs-, Regelungstechnik, Dezentrale Automatisierungssysteme, Industrierobotertechnik, Bildverarbeitung, Elektronik: Digitaltechnik, Industrieelektronik, Sensortechnik, Motion Control **L:** Enge Zusammenarbeit mit der Industrie und Partnerhochschulen im In- und Ausland; Studien-, Diplom- und Projektarbeiten in Kooperation mit der Industrie
	SG 15 **ES** 14	Computer Based Engineering (CEM)	M	WS	k	**S:** Interdisziplinäres Studium in deutscher Sprache. Zulassungsvoraussetzung ist ein abgeschlossenes Hochschulstudium im Bereich der Naturwissenschaften oder Ingenieurwissenschaften. Aufgrund der kleinen Semestergröße und der internationalen Studierenden entsteht ein außergewöhnliches Ambiente. **L:** Studium vermittelt Kenntnisse in den Bereichen angewandte Informatik, Automatisierungstechnik, Elektronik, Kommunikationstechnik und Maschinenbau. Durch einen modularen Aufbau des Studiums kann ein gewünschtes Ausbildungsprofil zusammengestellt werden.

Fachhochschule	Studierende: Gesamt, davon Erstsemester	Studiengang	Abschluss	Beginn	Studiengebühr	Hinweise und Anmerkungen
		Baden-Württemberg (Fortsetzung)				
						F: Forschungstätigkeiten können im Rahmen von Projektarbeiten u. im Rahmen der Abschlussarbeit (Thesis) durchgeführt werden. Diese Tätigkeiten finden in den Bereichen Automation, Informatik, Kommunikationstechnik oder Maschinenbau statt, beispielsweise im Bereich der Kommunikationsnetze.
	SG 230 **ES** 36 **P** 18	Kommunikationstechnik und Elektronik	D/B		k	**S:** Praxisnahe Lehre mit seminaristischen Vorlesungen. Auslandssemester in USA an Partnerhochschule mit Anerkennung der dort geleisteten Prüfungen. Interdisziplinäres Studium mit ausgewogenem Verhältnis zw. Informatik (Software) und Elektronik (Hardware) **L:** GS liefert fundierte Kenntnisse in den Bereichen Informatik und Elektronik. Im HS können durch eine große Anzahl von Wahlfächern individuelle Vertiefungsrichtungen gewählt werden, beispielsweise in den Bereichen Softwaretechnik, Kommunikationstechnik, Digital- oder Analogschaltungen. **F:** Forschungstätigkeiten erfolgen unter anderem in den Bereichen ASICs, Solarenergie, Mikrorechner, Kommunikationsnetze.
	SG 340 **ES** ca. 60 **P** 12	Wirtschaftsinformatik	D/B/ M		k	**S & L:** Die Studienpläne integrieren das Wissen aus Informatik u. BWL konsequent unter dem Gesichtspunkt kommerzieller Informationssysteme. Studierende lernen Geschäftsprozesse zu analysieren, Software-Architektur zu entwerfen, Informationssysteme zu konzipieren, zu realisieren u. einzusetzen. **F:** SAP R3; Multimediaanwendungen

Fachhochschule	Studierende: Gesamt, davon Erstsemester	Studiengang	Abschluss	Beginn	Studiengebühr	Hinweise und Anmerkungen
Baden-Württemberg (Fortsetzung)						
Fachhochschule Stuttgart; Hochschule für Technik Schellingstr. 24 70174 Stuttgart 0711/121-2659 www.fht-stuttgart.de/	**SG** 250 **ES** 65 **P** 14	Vermessung und Geoinformatik	D		k	**S:** Geoinformatik; Ingenieurvermessung; Photogrammetrie u. Fernerkundung; Raumordnung und Liegenschaftswesen; 2 Praktische Studiensemester; Partnerhochschulen in Spanien, Mexiko, Singapur, Indien, Australien, Togo, Guinea mit Möglichkeit des Studentenaustausches **L:** Elektronische- und satellitengestützte Messtechnik; Elektronische Datenverarbeitung/Programmiersprachen; Informationssysteme/Datenbanken/Internettechniken; Software-Entwicklung; Visualisierungstechniken etc. **F:** Navigation/GPS-Anwendungen; Geoinformationssysteme; Software-Entwicklung; Digitale Photogrammetrie u. Fernerkundung; Industrielle und kinematische Messtechnik
	SG 70 **ES** 30 **P** 9	Photogrammetry and Geoinformatics (Aufbaustudiengang)	M	WS	k	Internationaler Studiengang (englischsprachig) **S:** Fundamentals; Digital Photogrammetry and Remote Sensing; Geoinformatics; Key Qualifications **L:** Mathematics and Statistics; Programming; Database Systems; Computer Science; Image Processing **F:** 3D-Visualisation; Geo-information Systems
Fachhochschule Stuttgart; Hochschule der Medien Nobelstr. 10 70569 Stuttgart 0711/685-2805 www.hdm-stuttgart.de	**ES** 40 **P** 5	Medieninformatik	D		k	**S:** Studium der angewandten Informatik mit der Betonung der Bereiche, die für Digitale Medien relevant sind (Netzwerke, Internet-Technologien, Multimedia-Programmierung, Dokumenten- und Workflow-Management), Praxissemester **L & F:** Medienapplikationen; Netzwerktechnik; Softwaretechnik; PrePress; Elektronische Medien
Fachhochschule Ulm; Hochschule für Technik Prittwitzstr. 10 89075 Ulm 0731/50-28102 www.fh-ulm.de	**SG** 219 **ES** 44 **P** 8	Medizinische Dokumentation und Informatik	D		k	**S:** An der aktuellen Praxis orientierte, interdisziplinäre Ausbildung in Medizin, Dokumentation u. Informatik; Kommunikationsfähigkeit, Auslandserfahrung **L:** Grundlagen der Humanmedizin, Medizinische Dokumentation, Biometrie, Klinische Studien, Gesundheitsinformatik, Datenbanken u. Informationssysteme **F:** Multimediale Lernsysteme in der Medizin, Begriffssysteme u. Thesaurusentwicklung, Virtuelle Realität

Fachhochschule	Studierende: Gesamt, davon Erstsemester	Studiengang	Abschluss	Beginn	Studiengebühr	Hinweise und Anmerkungen
		Baden-Württemberg (Fortsetzung)				
	SG 246 **ES** 44 **P** 8	Technische Informatik	D		k	Auch internationaler Studiengang mit Doppeldiplom **S:** Praxisnahe, aktuelle u. breite Ausbildung, Fachkompetenz, Teamfähigkeit, Sprachkompetenz, Präsentationsfähigkeit, Auslandserfahrung **L:** Anwendung der Informatik in technisch-orientierten Aufgabenstellungen; Computertechnik, Echtzeitdatenverarbeitung, Kommunikationssysteme **F:** IT-Sicherheit und Verteilte Systeme, Telematik, Fahrzeuginformatik
Fachhochschule Neu-Ulm Steubenstr. 17 89231 Neu-Ulm 0731/9762-104 ▫ www.fh-neu-ulm.de	**SG** 120 **ES** 40 **P** 8 (4 bei FH Neu-Ulm)	Wirtschaftsinformatik	D		k	Gemeinsam mit Neu-Ulm FH, Studiengang noch i. Auf. **S:** Praxisnahe, aktuelle und breite Ausbildung, Fachkompetenz, Teamfähigkeit, Sprachkompetenz, Präsentationsfähigkeit, Auslandserfahrung **L:** Programmierung, Datenbaken, Betriebliche Informationssysteme, E-Commerce, Projekt- und Informationsmanagement **F:** Überregionales Know-how-Zentrum für Betriebliche Informationssysteme i. Auf.
Fachhochschule Weingarten; Hochschule für Technik und Sozialwesen Doggenriedstraße 88250 Weingarten 0751/501-9344 ▫ www.fh-weingarten.de	**SG** 300 **ES** 55	Angewandte Informatik	D		k	**S:** Auslandssemester oder Diplomarbeit an einer Partnerhochschule z. B. der „Ohio University" möglich **L:** Studienrichtungen nach dem Vordiplom: E-Business, Multimedia-Engineering und Informationsnetze
	ES ca. 50 **P** 20	Informations- und Kommunikationstechnik (neu)			k	**S & L:** Der Studiengang Elektrotechnik wurde in Informations- und Kommunikationstechnik umgenannt. Studienrichtungen: Kommunikationstechnik (Handy, Satelliten, Datennetze), Automatisierungstechnik (Prozessautomatisierung, Telemetrie, Software) Mechatronik (Mikroprozessoren, Sensoren, Roboter)
	SG 20 **ES** 20 **P** 15	Wirtschaftsinformatik u. E-Business	D		k	**S:** Ausrichtung der WI auf E-Business **L:** Studienrichtungen nach dem Vordiplom: „E-Business und Vertrieb" und „E-Business und Internet" **Alle Studiengänge:** **F:** Intelligente Systeme (z. B. Expertensysteme in der Medizin, Fahrplanoptimierung), Telematik, Robotik

Fachhochschule	Studierende: Gesamt, davon Erstsemester	Studiengang	Abschluss	Beginn	Studiengebühr	Hinweise und Anmerkungen
Bayern						
Fachhochschule Amberg-Weiden; Hochschule für Technik und Wirtschaft Kaiser-Wilhelm-Ring 23 92224 Amberg 09621/4820 www.fh-amberg-weiden.de	**SG** 150 **ES** 40 **P** 9	Software-System-technik	D	WS	k	**S:** Betonung ingenieurtechnischer IT-Anwendungen; realitätsnahe SW-Projekte im Team; 2 praktische Studiensemester in der Industrie; Möglichkeit zu integrierten Auslandssemestern an verschiedenen europäischen Partnerhochschulen. **L:** Automatisierungstechnik; Digitale Signalverarbeitung; Computergrafik/Bildverarbeitung
Fachhochschule Ansbach; Hochschule für Wirtschaft und Technik Residenzstr. 8 91522 Ansbach 0981/48770 www.fh-ansbach.de	**SG** 105 **ES** 52 **P** 4	Wirtschafts-informatik	D	WS	k	Auch Verbundstudium **S:** SP E-Commerce, Betriebswirtschaftliche Anwendungssysteme, Multimedia; 2 praktische Studiensemester im In- oder Ausland
Fachhochschule Augsburg; Hochschule für Technik, Wirtschaft und Gestaltung Baumgartnerstr. 16 86161 Augsburg 0821/55860 www.fh-augsburg.de	**SG** 377 **ES** 75 **SG** 138 **ES** 72 **ES** 38 **SG** 185 **ES** 39 **P** 18	Informatik Wirtschafts-informatik Wirtschafts-informatik (neu: seit WS 2001) Medien-informatik	D D B D	WS WS WS WS	k k ca. € 500 k	**S:** Vorlesungen und Seminare in Englisch; Anerkennung von Studienleistungen, die im Ausland erbracht werden **L:** Grafische DV und Bildverarbeitung; Rechnernetze; Internetprogrammierung; PPS; E-Commerce; Mikrocontroller; Robotik **F:** AfuE Projekte (WI); Virtuelle Lehrveranstaltungen (Datenkommunikation, Operationsresearch); Robotik Praxissemester: Informatik und WI-Diplom: 2 Praxissemester WI-Bachelor und Medieninformatik: 1 Praxissemester
Fachhochschule Coburg; Hochschule für Technik, Wirtschaft, Sozialwesen und Gestaltung Friedrich-Streib-Str. 2 96450 Coburg 09561/317275 www.fh-coburg.de	**SG** 86 **ES** 44 **P** 16	Informatik	D	WS	k	**S & L:** Echtzeit-Technologien, Software/Hardware Engineering, Datenkommunikation/Systemmodellierung, Webbasierte Systeme/Web-Technologien, Automatisierungstechnik/Prozessdatenverarbeitung; zahlreiche Labore; Praxissemester; Projektarbeit, virtuelle Hochschulen; Diplomarbeit

143

Fachhochschule	Studierende: Gesamt, davon Erstsemester	Studiengang	Abschluss	Beginn	Studiengebühr	Hinweise und Anmerkungen
Bayern (Fortsetzung)						
Fachhochschule Deggendorf (University of Applied Sciences) Edlmairstr. 6+8 94469 Deggendorf 0991/36150 ⌨ www.fh-deggendorf.de	**SG** ca. 80 **ES** 40 **P** 6	Wirtschafts-informatik	D	WS	k	**S & L:** Vereint die Vorzüge der klassischen Studiengänge BWL und Informatik mit speziellen und modernen Schwerpunktfächern wie Anwendungssysteme der Industrie sowie Online-Kommunikation. 2 weitere Spezifika werden überdies für die WI-Studenten von hohem Nutzen sein. Zum einen erhalten sie die Möglichkeit eines „Studiums mit vertiefter Praxis". Damit können bereits während der Studienzeit nähere Kontakte zu Wirtschaftsunternehmen aufgebaut werden. Zum anderen können sie von internationalen Hochschul- und Wirtschaftskontakten profitieren, die an unsrer FH geknüpft wurden.
Fachhochschule Hof Alfons-Goppel-Platz 1 95028 Hof 09281/409300 ⌨ www.fh-hof.de	**SG** 285 **ES** 110 **P** 16	Technische Informatik Wirtschafts-informatik Wirtschafts-ingenieur	D D D	WS WS WS	k k k	**S:** Studium mit vertiefter Praxis, Partnerhochschulen in USA und GB. Neue Laborausstattung **L:** Multimedia-Einsatz, SAP-Installation; Vielzahl neuer Labore für praktische Anwendungen, virtuelle Vorlesungen **F:** Datenbank-basierte Web-Applikationen, Automatisierungstechnik, Rapid-Prototyping, Simulation, Enterprise Resource Planning, Kunststofftechnik, Automobilzulieferindustrie
Fachhochschule Ingolstadt Esplanade 10 85049 Ingolstadt 0841/9348127 ⌨ www.fh-ingolstadt.de	**SG** 76 **ES** 76 **SG** 153 **ES** 61 **P** 13	Informatik (wirtschaftliche u. technische Vertiefung im HS) Elektro- u. Informations-technik	D/B/ M D/B	WS WS	k k	**S:** Starke Praxisorientierung u. internationale Ausrichtung des Studiums. Hoher Anwendungsbezug, Alternative: duale Studiengänge verbinden Studium mit Ausbildung in Handwerk u. Industrie **L:** Technische Studienrichtung (Informatik): Softwareengineering, Automatisierungstechnik, CAE, Datenkommunikation; wirtschaftliche Studienrichtung (Informatik): E-Commerce und E-Business, Anwendungssysteme, Informationsmanagement; Elektro- und Informationstechnik: Autonome Fahrzeuge, Telekommunikation **F:** Orientiert sich an Schwerpunkten in der Lehre
Fachhochschule u. Berufskollegs NTA Prof. Dr. Grübler Seidenstr. 16 88316 Isny 07562/9707-0 ⌨ www.fh-isny.de	**SG** 125 **ES** 30 **P** 5	Angewandte Informatik	D		€ 180 pro Mo-nat	**S:** Modular organisiertes Kern- und Schwerpunktstudium; Anerkennung praktischer Auslandsstudiensemester **L:** Management of Business, Management of Systems, E-Business, Embedded Systems, Modellbildung und Simulation; Computer-Visualisierung **F:** Computernumerik (MATLAB); Computergrafik (VRML)

Fachhochschule	Studierende: Gesamt, davon Erstsemester	Studiengang	Abschluss	Beginn	Studiengebühr	Hinweise und Anmerkungen
Bayern (Fortsetzung)						
Fachhochschule Kempten; Hochschule für Technik und Wirtschaft Immenstädter Str. 69 87435 Kempten 0831/25230 ⌨ www.fh-kempten.de	**SG** 200 **ES** 100 **P** 12	Informatik	D	WS	k	**S:** Praxisnahe Ausbildung im Betrieb: Grundpraktikum (zw. den Semestern des GS), Praktisches Studiensemester (5. Sem.) **L:** 3 Vertiefungsrichtungen (angewandte Informatik, praktische Informatik und WI)
Fachhochschule Landshut Am Lurzenhof 1 84036 Landshut 0871/5060 ⌨ www.fh-landshut.de	**SG** 284 **ES** 74 **P** 9	Informatik	D	WS	k	**S & L:** Vermittlung von fundierten Kenntnissen und Fertigkeiten in den fachspezifischen Grundlagenfächern: Betriebssysteme, maschinennahe Programmierung, Compiler, Anwendungsentwicklung, Datenorganisation und Datenbanken, verteilte Systeme und Datenfernverarbeitung; Bildverarbeitung, grafische Datenverarbeitung, Methoden der künstlichen Intelligenz etc.
Fachhochschule München (Munich University of Applied Sciences) Lothstr. 34 80335 München 089/12650 ⌨ www.fh-muenchen.de	**SG** ca. 1.000 **ES** 240	Informatik	D	WS	k	**S:** Ab dem 4. Sem. 2 Studienrichtungen: Informatik in der Technik/Informatik in der Wirtschaft mit jeweils 2 praktischen Studiensemestern (3. u. 6.) **L & F:** Konventioneller Studiengang. (Medizinische) Bildverarbeitung
	ES 50 **P** 18	Wirtschafts-informatik	B	WS	k	**S:** Studiengang (6 Sem.) wird über 2 Fachbereiche abgewickelt. In absehbarer Zeit Ausbau mit Abschluss Master (3 weitere Sem.) Vielfältige Kontakte zu Partnerhochschulen im Ausland, EU und Übersee, Südamerika und Fernost
	SG 133 **ES** 39	Vermessung und Geoinformatik (VM)	D	WS	k	**S:** Praxissemester und 18-wöchiges Grundpraktikum; VM: Vertiefung in Vermessung, Geoinformatik und Planung/Bodenordnung möglich
	SG 92 **ES** 28 **P** 17	Kartographie und Geomedientechnik (KG)	D	WS	k	**L:** VM: Praktische Geodäsie inklusive Kataster; Bodenordnung und Immobilienmanagement; KG: Visualisierungen in neuen Medien; Medientechnik; VM und KG: Geoinformationssysteme **F:** Kommunale Geoinformationssysteme; Gebäudeinformationssysteme; Einsatz von GPS-Systemen; Freiformflächenerfassung mit Bildkorrelation; Multimediale Produktionen

Fachhochschule	Studierende: Gesamt, davon Erstsemester	Studiengang	Abschluss	Beginn	Studiengebühr	Hinweise und Anmerkungen
Bayern (Fortsetzung)						
Georg-Simon-Ohm-Fachhochschule Nürnberg Keßlerplatz 12 90489 Nürnberg 0911/5880-4374 www.fh-nuernberg.de	SG 700 ES 240 P 19	Informatik Wirtschafts-informatik	D/B/M D/B/M	WS WS	k k	S: Großes Angebot an Vertiefungsfächern aus allen Bereichen der Informatik und WI L: Praxisbezogene Ausbildung in allen relevanten Bereichen der Informatik und WI; Ausbildung an hochaktuellen Systemen (i. d. R. neueste Softwareversionen, zum Teil Mitarbeit in Evaluierungsprogrammen) F: Erkenntnistheorie in der WI; Verteilte Softwaresysteme; Kryptographie; Workflowsysteme
Fachhochschule Regensburg; Hochschule für Technik, Wirtschaft, Sozialwesen Prüfeninger Str. 58 93049 Regensburg 0941/94302 www.fh-regensburg.de	SG 354 ES 38 SG 82 ES 32 P 11 SG 115 ES 55 P 14	Informatik Technische Informatik Wirtschafts-informatik	D D D	WS WS WS	k k k	S: 3 Wahlpflichtfächer zur freien Auswahl. Das Angebot reicht von Neuronalen Netzen bis Multimedia. Ein hoher Praxisbezug wird durch die beiden Praxissemester erreicht, der auch in die Vorlesungen hineinwirkt. L: Informatik: sehr breit angelegtes Studium mit kleinen markanten Schwerpunkten; Technische Informatik: Echtzeitsysteme, Netzwerkmanagement, Computerarchitektur F: Virtuelle Hochschule Bayern, Virtuelles Labor S: IT-Rechtsfragen; IT im Gesundheitswesen L: Multimedia; ERP-Software F: Noch i. Auf.
Fachhochschule Rosenheim; Hochschule für Technik und Wirtschaft Marienberger Str. 26 83024 Rosenheim 08031/8050 www.fh-rosenheim.de	SG 398 ES 109 P 11	Informatik	D	WS	k	S: Regelstudienzeit 8 Sem., davon Praxissemester (3. u. 6.). Es bestehen Kontakte zu ausländischen Hochschulen in Frankreich, England und USA. Das Studium ist praxisorientiert ausgerichtet, es besteht eine enge Kooperation mit in der Region angesiedelten Betrieben. L: 3 Studienrichtungen: „Wirtschaft", „Technik" und „Allgemeine Informatik". In der allgemeinen Informatik besteht ein Fokus auf Software-Engineering. F: Digitale Bildverarbeitung; Sicherheit in Rechensystemen; Objektorientiertes Software-Engineering großer wirtschaftlicher DV-Systeme

Fachhochschule	Studierende: Gesamt, davon Erstsemester	Studiengang	Abschluss	Beginn	Studiengebühr	Hinweise und Anmerkungen
Bayern (Fortsetzung)						
Fachhochschule Weihenstephan Am Hofgarten 4 85354 Freising 08161/71-3339 ⌨ www.fh-weihenstephan.de	SG 84 ES 48 P 4	Bioinformatik	D	WS	k	**S:** Studiengang beinhaltet 2 Praxissemester und betont den Bezug zur Praxis. Studenten lernen, Kenntnisse aus verschiedensten Themen wie künstlicher Intelligenz und Immunologie im Berufsleben anzuwenden. **L:** Legt große Betonung auf die Arbeit in kleineren Gruppen mit offenem, fachorientiertem Dialog. Lernmedien im Internet werden auch eingesetzt. **F:** In Zusammenarbeit mit der Industrie; findet in den Bereichen Prozessautomatisierung, Messtechnik und Evolutionary Computation statt.
Fachhochschule Würzburg-Schweinfurt Münzstraße 12 97070 Würzburg 0931/3511-168 **oder** Ignaz-Schön-Str. 11 97421 Schweinfurt 09721/940-633 ⌨ www.fh-wuerzburg.de	ES 58	Informatik	D	WS	k	**S & L:** IT-Organisation, Datenbanken, Statistik, Informatik im Unternehmen, Echtzeitsysteme, Datenbanken, Softwareengineering; Praxissemester; Diplomarbeit
	ES 88 P 10	Wirtschafts-informatik	D	WS	k	**F:** Zahlreiche Labors: Labor für Daten und Dokumenten-Management; Labor für Datenkommunikation und Sicherheit im Netzen; Labor für E-Commerce; Labor für Automatisierungstechnik; Labor für Electronic Business Integration; Labor für Rechner u. Mikroelektronik-Anwendungen etc.
	SG 113 ES 28 P 8	Vermessung u. Geoinformatik	D	WS	k	**S:** 2 Praxissemester (3. u. 6.), Diplomarbeiten werden fast ausschließlich außerhalb der Hochschule in der freien Wirtschaft oder bei Fachbehörden in Zusammenarbeit mit der Hochschule erstellt. In den Vertiefungsfächern werden mehrere Lehrveranstaltungen außerhalb der Hochschule in der Praxis durchgeführt. **L:** Ingenieurvermessung, Amtliches Vermessungswesen, Geoinformatik, Städtebauliche Planung u. Bodenordnung **F:** „Kommunikativer Bebauungsplan"

Fachhochschule	Studierende: Gesamt, davon Erstsemester	Studiengang	Abschluss	Beginn	Studiengebühr	Hinweise und Anmerkungen
Berlin						
Fachhochschule für Technik u. Wirtschaft Berlin Treskowallee 8 10313 Berlin 030/50190 www.fhtw-berlin.de	SG 346 ES 60 P 9	Angewandte Informatik	D		k	**S:** Multimedia, Facility Management, Praxissemester, Fremdsprache **L:** Multimedia, Facility Management **F:** Internet-Anwendungen, Multimedia-Applikationen, Facility Management
		Betriebliche Umweltinformatik	B/M	WS	k	**S:** Akkreditierter Studiengang, vermittelt Grundlagen in den Bereichen der Betriebswirtschaft, der Ökologie und der Informatik.
	SG 137 ES 44 P 2	Internationale Medieninformatik	D	WS	k	Internationaler Studiengang mit Doppeldiplom **S & L:** Multimedia-Applikationen, Medientechnik, Praxissemester im Ausland, Fremdsprache, Medienwirtschaft, Gestaltung **F:** Kompressionsverfahren, Lernsoftware, Virtuelle Lehre
		Technische Informatik (auch kombiniertes Fern-/Teilzeitstudium)	D		k	**S & L:** Das Studium der Technischen Informatik ist in hohem Maße praxisorientiert. Von Hard- und Software ist nicht nur in Vorlesungen die Rede, sondern sie wird anschließend im Labor genauestens unter die Lupe genommen. **F:** Projekte: Media Labs; Wavelet-basierte Bildkompression
	SG 629 ES 84 P 15	Wirtschaftsinformatik	D/B/M		k	**S:** Einsatz von SAP/R3, anwendungsorientiert: Produktion, Handel, Finanz-Dienstleister, Fremdsprache **L:** Softwareentwicklung, Datenbanken, Bürokommunikation, Informationsmanagement **F:** Anwendungsorientierte Forschung, Praxisprojekte Abschlüsse Bachelor und Master voraussichtlich ab SS 2002

Fachhochschule	Studierende: Gesamt, davon Erstsemester	Studiengang	Abschluss	Beginn	Studiengebühr	Hinweise und Anmerkungen
Berlin (Fortsetzung)						
Technische Fach-hochschule Berlin Luxemburger Str. 10 13353 Berlin 030/45040 ⌨ www.tfh-berlin.de	**SG** 639 **ES** 87	Medieninfor-matik	D		k	**S:** Im Schwerpunkt Medien werden Multimedia-projekte durchgeführt und das Wissen im Bereich Computergrafik und Animation, Autorensysteme und. Drucktechnik vertieft. Der Schwerpunkt Soft-ware bietet neben der Durchführung von Soft-wareprojekten die Fächer Programmierkonzepte und Künstliche Intelligenz an.
	ES 131	Produktions-informatik (Computer Science in Production)	D		k	**S & L:** Studierende erlernen an Computer-Ar-beitsplätzen die Anwendung von Entwicklungs-werkzeugen wie z. B.: Programmiersprachen C++, Visual C++, rechnerunterstütztes Konstruie-ren mit CAD-Software zur 3D-Modellierung, Pro-grammier-Hilfsmittel für nutzerfreundliche Steue-rungen von technischen Anlagen, Software zur Planung und Steuerung von Geschäftsprozessen, Projektmanagement-Software, Werkzeuge zur Systemanalyse und zur methodischen Softwa-reerstellung, Datenbank-Anwendungen sowie Netzwerkadministrations-Tools und Programme zum Entwerfen von Internet-Websites.
	ES 80 **P** 38	Technische Informatik	D		k	**L:** GS: Software-Engineering, Maschinenorien-tierte Programmierung, Rechnerarchitektur, Digi-tale Systeme etc.; HS: Automatisierungstechnik, Echtzeitsysteme und Digitaltechnik

149

Fachhochschule	Studierende: Gesamt, davon Erstsemester	Studiengang	Abschluss	Beginn	Studiengebühr	Hinweise und Anmerkungen
Brandenburg						
Fachhochschule Brandenburg Magdeburger Str. 50 14770 Brandenburg 03381/3550 ⌨ www.fh-brandenburg.de	**ES** 100	Informatik	D	WS	k	**S:** Intelligente Systeme (unter anderem Künstliche Intelligenz, Bildverarbeitung, Eingebettete Systeme, Chipkarten, VHDL); Network Computing (unter anderem Parallele und verteilte Systeme, Netzwerksicherheit, E-Business)
	ES 35 **SG** 450 **P** 15	Medieninformatik	B	WS	k	**S:** Digitale Medien (unter anderem Medientechnik Audio/Video), Video Design, Computeranimation, Mediendidaktik); Hohe Modularität und Wahlmöglichkeiten **Beide Studiengänge:** **F:** Autonome Mobile Systeme, Medienproduktion, Computeranimation, neue Lehr- und Lernformen, Agentensysteme, Multimedia, Sicherheit, Verteilte Systeme, Informationssysteme
	SG 250 **ES** 60 **P** 7	Wirtschaftsinformatik	D	WS	k	**S:** Hauptpraktikum im 4. Sem.; Praxiskontakte zu Anwendern, Unternehmensberatungen, IT-Dienstleistern; Kontakte für Studium und Praktika im europäischen Ausland **L:** Kooperative Systeme in Arbeit und Lernen; Integrierte betriebliche Anwendungssysteme, SAP R/3; eMedia: Business-Anwendungen elektronische Medien **F:** Virtuelle Fachhochschule; Web-Informationssysteme; Helpdesk-Management; Kooperatives Wissensmanagement; Vergleichende Analyse von ERP-Systemen
Fachhochschule Lausitz (University of Applied Sciences) Großenhainer Str. 57 01968 Senftenberg 03573/850 ⌨ www.fh-lausitz.de	**SG** 350 **ES** 80 **P** 8	Informatik	D	WS	k	**S:** Studienrichtungen: WI; Medizinische Informatik; Technische Informatik mit den Schwerpunkten: Medieninformatik, Informationstechnik **L:** Programmiersprachen C, C++, Java; Softwareengineering; Datenbanken; Mediensysteme; Rechnerarchitektur **F:** Multimediale Lernsysteme; Netzbasierte Informationssysteme für Geschäftsprozesse

Fachhochschule	Studierende: Gesamt, davon Erstsemester	Studiengang	Abschluss	Beginn	Studiengebühr	Hinweise und Anmerkungen
Brandenburg (Fortsetzung)						
Technische Fach-hochschule Wildau Bahnhofstr. 1 15745 Wildau 03375/508-101 ⌨ www.tfh-wildau.de	**SG** 230 **ES** 80 **P** 8	Wirtschafts-informatik	D	WS	k	**S:** Informations- u. Kommunikationssysteme; Software Engineering; Schwerpunktprojekte **L & F:** Application Service Providing und basierte Geschäftsprozesse, Entwickeln von Web-Sevices auf 32 EE Basis
	SG 35 **ES** 35 **P** 3	Bioinformatik	B	WS	k	**S:** Duales Studium. Der Student arbeitet ab dem 2. Sem. je 6 Wochen als Praktikant bei einem Biotechnologieunternehmen. Nach dem Bachelor kann man bis zu 2 Semester im Ausland seine Fachkenntnisse vertiefen oder sich auf einen Masterstudiengang vorbereiten. **L:** Beginnt mit einer Vertiefung in Mathematik, Physik, Informatik und Chemie. Anschließend folgen die Fächer Molekularbiologie, Biochemie und Mikrobiologie. Schwerpunkte sind die anwendungsbezogenen Gebiete der Bioinformatik, Biohybridtechnologie, der Mikrosystemtechnik und der Biosensorik. **F:** Forschungsarbeiten werden in Zusammenarbeit mit dem Firmenverbund BioHyTec aus der Region Berlin Brandenburg durchgeführt. Arbeitsgebiete sind: Auswertung von Microarrays, Anwendung Neuronaler Netze zur Systemidentifikation. Untersuchung von Wechselwirkungen von Biomolekülen auf Halbleiteroberflächen. Die FH Wildau unterhält Innovationslabor auf dem Gelände des Biotechnologieparks Luckenwalde.

Fachhochschule	Studierende: Gesamt, davon Erstsemester	Studiengang	Abschluss	Beginn	Studiengebühr	Hinweise und Anmerkungen
Bremen						
Hochschule Bremen Neustadtswall 30 28199 Bremen 0421/59052214 www.hs-bremen.de	**SG** 50 **ES** 15	Europäisches Studium Technische Informatik (ESTI)	D	WS		**S:** 2 Studienrichtungen: Angewandte Informatik u. Automatisierungstechnik; Einjähriges integriertes Auslandsstudium im 3. Jahr eines B-Eng-(Hons) Kurses an der South Bank Univ., London **L:** Zusätzlich zum Fachstudium: Erwerb fundierter englischer Sprachkenntnisse, landeskundlichen Wissens, Auslandserfahrung; Studiengebühren: SBU 1.075 engl. Pfund pro Jahr, HSB 0,–
	SG 60 **ES** 30	Internationaler Studiengang/Frauenstudiengang Informatik	D	WS	k	**S:** 1) Monoedukativer Studiengang nur für Frauen; 2) Anwendungsorientiert mit Schwerpunkt in der Systementwicklung und der Möglichkeit zur Spezialisierung durch Informatik-bezogene und anwendungsbezogene Wahlpflichtfächer; 3) Internationaler Studiengang mit Auslandssem.; 4) Internationaler Studiengang mit Praxissemester (6. Sem.), wahlweise im Ausland oder im Inland **L:** Inhaltliche Schwerpunkte in der Programmierung, dem Software-Engineering u. Projektmanagement in Verbindung mit Handlungs- und erfahrungsorientierten Lehrformen; HS: Spezialisierung auf Informatik-Anwendungen im betriebswirtschaftlichen Umfeld oder in technischen Bereichen oder im Bereich Medien **F:** Studiengang befindet sich i. Auf. Die zu entwickelnden Schwerpunkte in der Forschung werden sich an den Schwerpunkten in der Lehre orientieren, also vorrangig anwendungsorientierte Inhalte vor allem im Bereich der Medien und im betriebswirtschaftlichen Umfeld umfassen.
	SE 30/ **ES** 15	Medieninformatik/Digitale Medien	D/B	WS	k	**S** Programmierung und Programmentwurf (Grundlagen, Grafik, Multimedia etc.), Medientheorie, Mathematik, Gestaltung; Projekt, 12 Wochen Betriebspraktikum; mindestens ein Auslandssemester; übergreifendes Studium an vier Bremer Hochschulen **L:** Entwurf und Implementation von Mediensystemen, Computergrafik in Programmierung u. Anwendung, Medienwirtschaft **F:** Mediensysteme, Computergrafik, elektronische Lernsysteme

Fachhochschule	Studierende: Gesamt, davon Erstsemester	Studiengang	Abschluss	Beginn	Studiengebühr	Hinweise und Anmerkungen
Bremen (Fortsetzung)						
	SG 350 ES 80 P 16	Technische Informatik (Angewandte Informatik, Automatisierungstechnik)				**S:** Studierende können im Europäischen Studiengang Technische Informatik 1 Jahr an der South-Bank-University in London studieren und sowohl den Bachelor-Abschluss in London wie auch das Diplom in Bremen erwerben **L:** Angewandte Informatik: Softwaretechnik, Rechnernetze, Internettechnologie, rechnernahe Hard- und Software; Automatisierungstechnik: Regelungstechnik, Kommunikationsnetze, Robotertechnik, Automatisierungsgeräte **F:** Internettechn., Softwarequalität, Multimedia, Teleteaching/Telelearning, Robotertechnik
Hochschule Bremerhaven An der Karlstadt 8 27568 Bremerhaven 0471/48230 ⌨ www.hs-bremerhaven.de	SG 25 ES 25	Digitale Medien/Medieninformatik u. Mediendesign	B D	WS	k	Zusammen mit Uni Bremen, Hochschule Bremen, Hochschule für Künste in Bremen **S:** Lehre in Kooperation von Informatik-Fachbereichen und der Hochschule für Kunst; Auslandssemester obligatorisch **L:** Medien und Gestaltung; Computergraphik, Virtual Reality; elektronisches Lernen
	SG 400 ES 120 P 9	Informatik/ Wirtschafts-informatik		WS	k	**S:** Schwerpunkte im HS: Informatik, Medieninformatik, WI. Intensiv betreutes Projekt über 2 Sem. **L:** Informatik: Software-Produktion, Netze; Medieninformatik: Medienproduktion, elektronischer Unterricht; WI: Betriebliche Anwendungen der DV **Beide Studiengänge:** **L:** Organisationslehre; Logistik; elektronischer Unterricht

Fachhochschule	Studierende: Gesamt, davon Erstsemester	Studiengang	Abschluss	Beginn	Studiengebühr	Hinweise und Anmerkungen
Hamburg						
Fachhochschule Hamburg Winterhuder Weg 29 22085 Hamburg 040/428630 ⌨ www.fh-hamburg.de	**SG** 500 **ES** 50	Informatik	B	WS	k	**S:** Fachinhalte werden in Vorlesungen systematisch und ausführlich in theoretischen Ableitungen vermittelt und anhand praktischer Beispiele untermauert. Dabei bleibt viel Raum für Diskussionen und die Klärung auftretender Fragen, denn Vorlesungsgruppen mit höchstens 50 – meist aber nur etwa 30 Studierenden – erlauben einen unmittelbaren Austausch zwischen Lehrenden und Lernenden. Begleitende Übungen und Praktika
	SG 500 **ES** 50	Technische Informatik	B	WS	k	**L:** Informatik: Methoden zur Analyse und Konstruktion von IT-Systemen; Programmiersprachen und Programmiermethodik; Algorithmen und Datenstrukturen; Software-Engineering; Datenbanken und Datenbank-Design; Betriebssysteme; Netze; Architektur von Informationssystemen; Intelligente Systeme; Verteilte Systeme; Arbeits- und Führungspsychologie etc.; Technische Informatik: Mess- und Digitaltechnik, Programmiermethodik (objektorientierte und systemnahe Programmierung), Algorithmen und Datenstrukturen, Datenbanken, Betriebssysteme, Rechnerstrukturen, Rechnernetze und Bussysteme, Prozesslenkung etc.
	ES max. 45 **P** 28	Computer Science (ab WS 2004/2005)	M	WS	k	**S:** Eine jährliche Aufnahme von nur 30 Studierenden garantiert eine effiziente, persönliche Arbeitsatmosphäre. Genau wie in den Bachelorstudiengängen gibt es – trotz stärkerer Betonung theoretischer Inhalte – zu allen Vorlesungen Übungen und Praktika. Allerdings wird ein wesentlich höherer Grad an eigenständiger Arbeit und Literaturstudium erwartet. **L:** Theoretische Informatik, Technik und Technologie, Anwendungen, Modellierung, Projekt, Ringvorlesung; Kooperation mit der Wirtschaft

Fachhochschule	Studierende: Gesamt, davon Erstsemester	Studiengang	Abschluss	Beginn	Studiengebühr	Hinweise und Anmerkungen
Hessen						
Fachhochschule Darmstadt (University of Applied Sciences) Haardtring 100 64295 Darmstadt 06151/1602 ⌨ www.fh-darmstadt.de	**ES** 317/ **ES** 30 **ES** 37 **SG** ca. 1500 **P** 39	Informatik Kooperatives Studium Informatik	B/M B	WS	k k	**S:** Bachelor-Studiengang 6 Sem. inkl. Praxisphase und Abschlussarbeit; Master-Studiengang 3 Sem. inkl. Masterthesis von 6 Monaten internationaler Modul; „Advanced Software Engineering"; Kooperatives Studium Informatik: berufsintegrierendes Studium; Dauer 7 Sem. inkl. 2 Sem. Praxisprojekte und Abschlussarbeit **L:** Bachelor: Breite Grundausbildung und Vertiefung durch sehr großes Spektrum an Wahlpflichtfächern; Master: Auswahl unter zehn anwendungsorientierten Modulen und unter zehn theorieorientierten „Kernfächern" **F:** Betriebsinformatik, Multimediasysteme, Sicherheitstechniken, Robotik, Prozessinformatik, Telekommunikations-Anwendungen, IT im Finanzwesen, Computer-Grafik und Bildverarbeitung, Software-Engineering etc.
Private Fernfachhochschule Darmstadt Ostendstraße 3 64319 Pfungstadt 06157/806-404 ⌨ www.privatfh-da.de	**SG** 1100 **ES** 265 **P** 50 Haupt u. nebenberuflich	Informatik/ Informations- und Kommunikations- Management	D		ca. € 261 pro Monat	Staatlich genehmigt; Fernstudium, Beginn jederzeit **S:** Praxisbezug durch berufsbegleitendes Studieren, Leistungssemester statt Zeitsemester, Prüfungen mindestens 1x pro Quartal, individuelle Studien- und Prüfungsplanung **L:** STB1: Informationstechnologie und Mathematik; STB2: Informatik; STB3: Business Management; STB4: Führung/Organisationsentwicklung/Kommunikation
Fachhochschule Frankfurt am Main Nibelungenplatz 1 60318 Frankfurt am Main 069/15330 ⌨ www.fh-frankfurt.de	**SG** 985 **ES** 205 **P** 28	Informatik	D	WS	k	**S:** Starke Ausrichtung auf Software-Engineering; Berufpraktisches Sem. (6.); Zusatzqualifikation Datenschutz; Double Degree Programme mit Hatfield (GB) **L:** Software Engineering und Programmierung unter besonderer Berücksichtigung von Datenbanken und Verstärkten Systemen **F:** Software-Engineering (ASE Tools)
	SG 633 **ES** 120 **P** 8	Ingenieur-Informatik	D		k	**S:** Inhaltlich: Prozessrechnertechnik, hardwarenahe Programmierung; Struktur von DV-Anlagen (VHDL- und VERILOG); Struktur: Bachelor- und Masterstrukturen sind in einem fortgeschrittenen Stadium in Arbeit und werden den Diplomstudiengang ergänzen; gut ausgerüstete Labors mit moderner Software, praxisnah von namhaften Entwicklern zur Verfügung gestellt.

Fachhochschule	Studierende: Gesamt, davon Erstsemester	Studiengang	Abschluss	Beginn	Studiengebühr	Hinweise und Anmerkungen
Hessen (Fortsetzung)						
Hochschule für Bankwirtschaft (HfB) Frankfurt am Main Sonnemannstr. 9–11 60314 Frankfurt am Main, 069/154008-0 ⌨ www.hfb.de	**SG** max. 500 **ES** max. 120	Bankinformatik zum Bachelor of Computer/ Science in Banking & Finance (ab WS 2002/03)	B	WS	ca. € 3.150 pro Sem.	**S:** WI-Studium mit finanzwirtschaftlichem Anwendungsschwerpunkt; Integration der Ausbildung zum Fachinformatiker (IHK) in den ersten 4 Sem.; Obligatorisches Auslandssemester; Pflichtfach Englisch **L:** Bankinformatik: Systemanalyse und -entwicklung; Objektorientierte Programmierung; Internet-Technologien; Informationsmanagement; Bankbetriebliche Anwendungssysteme; Computer Supported Cooperative Work; Entscheidungsunterstützungssysteme; Wirtschaft und Management: Betriebswirtschaftliche Grundlagenkurse, Bankbetriebslehre; Finanzmittelmärkte; Risikomanagement; Corporate Finance; Personalführung **F:** Entscheidungsunterstützungssysteme; Bankbetriebliche Anwendungssysteme
Fachhochschule Fulda Marquardstr. 35 36039 Fulda 0661/96400 ⌨ www.fh-fulda.de	**SG** 800 **ES** 200 **P** 20	Angewandte Informatik (auch Fernstudium)	D	WS	k	**S:** Praxisbezug, Internationale Ausrichtung **L:** Telekommunikation; WI; Medieninformatik **F:** E-Business, E-Learning, Multimediale Systeme
	ES 40 **P** 10	Wirtschaftsingenieurwesen (Elektrotechnik u. Informationstechnik)	D	WS	k	**S:** Studiengang verbindet die Kernfächer der Betriebswirtschaft mit denen der Elektrotechnik und Informationstechnik. Praxissemester; Auslandssemester; Diplomarbeit **L & F:** Digitaltechnik und Mikroprozessortechnik; Labor Nachrichtentechnik und Automatisierungstechnik; CAD und Simulation; Netzwerkanwendungen; BWL; Projektmanagement.

Fachhochschule	Studierende: Gesamt, davon Erstsemester	Studiengang	Abschluss	Beginn	Studiengebühr	Hinweise und Anmerkungen
Hessen (Fortsetzung)						
Fachhochschule Gießen-Friedberg Wilhelm-Leuschner-Str. 13 61169 Friedberg 06031/604-101 Wiesenstr. 14 35390 Gießen 0641/3090 www.fh-giessen.de	**SG** 1071	Technische Informatik	D		k	**S:** Medizinische Informatik, Multimedia, Systemtechnik, WI; Berufspraktisches Semester, Austauschprogramm mit Preston/England; Dundalk/ Irland; Bioinformatik in Kooperation mit dem Fachbereich KMUB
		Informatik (Bachelor u. Master i. Vorb.)	D		k	**L:** Softwaretechnologie, praktische Informatik, hohe Zahl an Praktika in kleinen Gruppen; Projektarbeit mit externen Partnern; Breites Lehrangebot durch großen Fachbereich; Laborausstattung: EDV-Räume, Mikroprozessor-, Medienlabor
	ES 195	Medieninformatik	D	WS	k	**F:** Multimediale Präsentation, Projekte in Kooperation mit Fachverlagen und IT-Firmen; Medizin/ Bio-Informatik, Kooperation mit Uni-Klinik; Eingebettete Systeme, mehrere Kooperationen
	SG 69 **ES** 32	Bioinformatik	D	WS	k	**S:** Der 1. Teil des Studiums ist durch die Informatik und die mathematisch-naturwissenschaftlichen Grundlagen geprägt. Schwerpunkte des 2. Studienabschnittes sind die biochemischen und biologischen Fachgebiete, einschließlich der Mikrobiologie, Molekularbiologie und Gentechnik. Im letzten Teil des Studiums erfolgt schließlich die Verknüpfung dieser Wissensgebiete zu der anwendungsbezogenen Bioinformatik. Die Ausbildung erfolgt problemorientiert und exemplarisch. **L:** Struktur von biologischen Datenbanken, Homologie- und Ähnlichkeitsanalysen, Data-Mining, Mustererkennung, genetische Algorithmen verbunden mit direkter Anwendung durch Übungen an entsprechend ausgerüsteten Rechnern. **F:** Entwicklung von Suchalgorithmen, Programme zur Integration heterologer Datenbestände, grafische Oberflächen.
	SG 70 **ES** 41 **P** 40	Medizininformatik	D	WS	k	**S:** Interdisziplinäres, anwendungsorientiertes Fachgebiet der Informationstechnologie. Nach den mathematisch-naturwissenschaftlichen, informatikbasierten und medizinischen Grundlagen im 1. Studienjahr bietet das 2. und 3. Studienjahr darauf aufbauend ein differenziertes Lehrangebot für die Anwendungsschwerpunkte Klinikinformationssysteme, Medizinisch-technische Geräte und Bildverarbeitungssysteme. **L:** Bildverarbeitung; Medizinisch-technische Geräte; Klinikinformationssysteme; **F:** Mensch-Maschine-Kommunikation; Soft- und Hardware für Sehgeschädigte

Fachhochschule	Studierende: Gesamt, davon Erstsemester	Studiengang	Abschluss	Beginn	Studiengebühr	Hinweise und Anmerkungen
Hessen (Fortsetzung)						
	SG 1100 **ES** 130 **P** 3	Wirtschafts-informatik	D	WS	k	**S:** Praxisorientiert; Durchführung von Case Studies; zum Teil englischsprachige Unterlagen; Einsatz von führenden Systemen und Tools wie SAP R/3 und Oracle **L:** Modellierung von Informationssystemen; Betriebswirtschaftliche Standardsoftware (SAP R/3); Einführung von Standard (Verfahren und Customizing); Programmierung **F:** Fallstudien (im SAP-Umfeld); Internet-Portal-Entwicklung; Sozialkompetenz (Team-Building)
Fachhochschule Wiesbaden (University of Applied Sciences) Kurt-Schumacher-Ring 18 65197 Wiesbaden 0611/949501 ⌨ www.fh-wiesbaden.de	**SG** 855 **ES** 205 **ES** 51 **P** 11	Allgemeine Informatik Medieninfor-matik (ab WS 2001/2002)	D D	WS WS	k k	**S & L:** Ausbildung ist praxisorientiert und soll berufsbereit machen. Berufspraktisches Semester 18 Wochen plus zwei Wochen Vor- und Nachbereitung in Form von Seminaren integriert; im HS werden verstärkt Strategien zur Methodenauswahl, Modellierung und Problemlösung in allen Informatikbereichen gelehrt. **F:** Zahlreiche Labors mit unterschiedlichen fachlichen Ausrichtungen, die systemnahe Themen über Systemprogrammierung, Mikroprozessor- und verteilte Systeme bis hin zu anwendungsorientierten Problemstellungen in CAD/CASE, digitaler Bildverarbeitung, Computer Vision/Robotic, Audiotechnik und Laborautomation abdecken.

Fachhochschule	Studierende: Gesamt, davon Erstsemester	Studiengang	Abschluss	Beginn	Studiengebühr	Hinweise und Anmerkungen
Mecklenburg-Vorpommern						
Fachhochschule Stralsund Zur Schweden-schanze 15 18435 Stralsund 03831/455 🖳 www.fh-stralsund.de	**SG** 301 **ES** 119	Informatik	B/M	WS	k	**S:** Bachelor-Studiengang: Dauer: 7 Sem. inkl. Bachelor-Arbeit und Praxissemester (5. Sem); Speziallabors, z. B. Netzzugangstechnik. Master-Studiengang: Dauer: 3 Sem., inkl. Master-Arbeit; ausgewählte Laborversuche im Schwerpunkt Breitbandtechnik im FH-Institut für Breitbandtechnik am Siemensstandort in Greifswald **L:** Bachelor-Studiengang: Technische Informatik; Kommunikations- und Netzwerktechnik; Software-technik und Multimedia; Breitbandtechnik. Master-Studiengang: Komplexe Systeme; Technische Informatik; Virtuelle Realität; Breitbandtechnik; Wissenverarbeitung
	SG 133 **ES** 60 **P** 12	Medizininfor-matik und Biomedizin-technik	B/M	WS	k	**S:** Bachelor-Studiengang Medizininformatik und Biomedizintechnik: Dauer: 7 Sem. inklusive Bachelor-Arbeit und Praxissemester (5. Sem.); Master-Studiengang Medizininformatik: Dauer 3 Sem. inklusive Master-Arbeit. Ausbildung in Kooperation mit Kliniken in Stralsund und Greifswald. **L:** Bachelor-Studiengang: Geräte und Systeme in der Medizin, Systemtechnik, Medical Imaging, Gesundheitswesen, Medical Computing. Master-Studiengang: Komplexe Systeme, Medizinische Wissenverarbeitung, Chirurgische Navigation/Simulation, Klinische Studien, Telemedizin **Beide Studiengänge:** **F:** Steinbeis-Transferzentrum: Projektierung und Evaluierung von Netzwerken; Bachelor- und Masterstudiengang Informatik: Diverse Kooperationen mit der Industrie, z. B. Siemens AG; Bachelor- und Masterstudiengang Medizininformatik und Biomedizintechnik: Diverse Kooperationen, z. B. Kliniken Stralsund/Greifswald

Fachhochschule	Studierende: Gesamt, davon Erstsemester	Studiengang	Abschluss	Beginn	Studiengebühr	Hinweise und Anmerkungen
Mecklenburg-Vorpommern (Fortsetzung)						
	SG 336 **ES** 71 **P** 8	Wirtschafts-informatik	D	WS	k	**S & L:** 8-semestriger Diplomstudiengang (Übergang zu Bachelor/Master vorgesehen); Schwerpunkte: Softwareentwicklung und Informationsmanagement; Wahlpflichtfächer: Betriebsinformatik (SAP/R3), Medieninformatik inklusive E-Business), Softwareentwicklung, Data-Mining inklusive Business Mapping; Projektstudium über 2 Sem.; Kleine Laborgruppen; Diverse Lehrbuch- und Lehrbriefautoren; Virtuelle Lehrformen **F:** BMBF-Projekt Virtuelle FH (2 Arbeitspakete: Softwareprojektmanagement und virtuelle Gruppenarbeit); Risikoanalyse mit neuronalen Netzen; Visualisierung vernetzter Strukturen; Unternehmensbefragungen im E-Business
Hochschule Wismar; Fachhochschule für Technik, Wirtschaft und Gestaltung Philipp-Müller-Str. (Hauptgebäude), 23952 Wismar, Postfach 1210 03841/753-563 💻 www.hs-wismar.de	**SG** 350 **ES** 90 **P** 12	Wirtschafts-informatik (auch Fernstudium)	D	WS	k	**S:** Praktisches Studiensemester (26 Wochen, davon 20 Wochen Tätigkeiten im Berufsfeld); Diplomarbeit mit öffentlichem Kolloquium; Diplomthemen stammen fast ausnahmslos von Praxispartnern; Auslandssemester an Partnerhochschulen in nord- und westeuropäischen Ländern sind möglich; Möglichkeit des Abschlusses des MBA an der St. Johns Univ. New York; **L:** Vertiefungsrichtungen: Anwendungssysteme/Betriebliche Anwendungen, Wissensbasierte Systeme/Wissensmanagement, Systementwicklung/Multimedia etc. **F:** Informationssysteme in Wirtschaft und Verwaltung, insbesondere: Geschäftsprozessmodellierung und Workflow-Management, Data-Mining, Verteilte Systeme, IT-Sicherheit

Fachhochschule	Studierende: Gesamt, davon Erstsemester	Studiengang	Abschluss	Beginn	Studiengebühr	Hinweise und Anmerkungen
Niedersachsen						
Private Fachhochschule Göttingen Weender Landstr. 3–7 37073 Göttingen 0551/54700-0 www.pfh-goettingen.de	**SG** 30 **ES** 10 **P** 2	Wirtschaftsinformatik	D	WS	€ 500 pro Monat	**S:** Praxisbezug, mehr als 60 Wochen Pflichtpraktika plus Praktikerveranstaltungen und studienbegleitende Praxisprojekte; Internationale Länderschwerpunkte **L:** Informationsmanagement; E-Business; ERP-Systeme (SAP R/3-System in Hause); Entwicklung von Web-Anwendungen **F:** Wissensmanagement und E-Learning; Wirtschaftlichkeit von CRM-Systemen
Fachhochschule Hannover (University of Applied Sciences and Arts Hannover) Ricklinger Stadtweg 120 30459 Hannover 0511/9296133 www.fh-hannover.de	**SG** 211 **ES** 52 **P** 9	Angewandte Informatik	D	WS	k	**S:** Curriculum auf dem Stand der aktuellen IT-Praxis; Praxissemester mit integrierter Diplomarbeit nach dem Fachstudium im 7. und 8. Sem.; ECTS-System **L:** Software-Engineering; Informationssysteme; Betriebssysteme u. Netzwerke; Technik und Wissenschaft; Projekte **F:** Internetbasierende Informationssysteme; IT-Sicherheitswerkzeuge und -Infrastruktur; künstliche Intelligenz; Antriebstechnische Simulationen; Freiformkurven und -flächen
	SG 238 **ES** 53 **P** 6	Ingenieur-Informatik	D		k	**S & L:** Ausbildungsprofil für Ingenieur in der integrierten und computerunterstützten Entwicklung und Fertigung; starke Praxisorientierung **F:** Entwicklung und Applikation intelligenter Mikrosensoren; Sensorik für fahrerlose Transportsysteme
	SG 96 **ES** 34 **P** 13	Technische Informatik im Maschinenbau	D	WS	k	**S & L:** praxisorientierte Ausbildung; im GS werden die Grundlagen des Maschinenbaus und der Informatik gelehrt. In den beiden Studienrichtungen „Automatisierungstechnik" und „Entwicklung und Konstruktion" werden vertiefte Kenntnisse zur Lösung von Problemen des Ingenieurwesens mit computergestützten Methoden vermittelt.
	SG 260 **ES** 28 **P** 8	Wirtschaftsinformatik	D		k	**S:** Im 1. bis 3. Sem. gemeinsames GS mit dem Studiengang BWL. 5. und 8. Sem. sind Praxissemester, wobei letzteres i.d.R. in eine praxisorientierte Diplomarbeit von 3 Monaten übergeht. **L:** Im HS: 3 Schwerpunkte: 1) Organisations-orientierte WI; 2) Absatz-orientierte WI; 3) Produktions-orientierte WI. **F:** Intranetbasierte Anwendungen etc.

Fachhochschule	Studierende: Gesamt, davon Erstsemester	Studiengang	Abschluss	Beginn	Studiengebühr	Hinweise und Anmerkungen
Niedersachsen (Fortsetzung)						
Fachhochschule Hildesheim/Holzminden/Göttingen Hohnsen 1 31134 Hildesheim 05121/881-0 ⌨ www.fh-hildesheim.de	**SG** 33 **ES** 33 **P** 6	Informatik	D	WS	k	Auch Studium im Praxisverbund bzw. berufsbegleitendes Studium **S & L:** Wird mit den Vertiefungsrichtungen Automatisierungstechnik u. Medientechnik angeboten. Bemerkenswert ist der hohe Anteil an Praktika. **F:** Verteilte Automation, Offene Bussysteme, Fuzzy-Control, Optimalfilter-Entwurf in der Audiotechnik, Codierungsverfahren für digitale Audio- und Videosignale
Fachhochschule Nordostniedersachsen Volgershall 1 21339 Lüneburg Postfach 1580 04131/677-552 **oder** Herbert-Meyer-Str. 7 29556 Suderburg 05826/988-0 ⌨ www.fhnon.de/	**SG** 35 **ES** 35	Angewandte Informatik (ab WS 2001/2002)	D		k	**S & L:** GS: Vermittlung der Grundlagen in den Fachgebieten Informatik, Naturwissenschaften, Betriebswirtschaft, Recht sowie den Fachdisziplinen. HS: Software-Engineering und Software-Application; 2 Praxissemester; Diplomarbeit
	SG 31 **ES** 31 **P** 4	Ingenieur-Informatik	D		k	**S:** Ausbildung ist interdisziplinär angelegt. Studium umfasst sowohl ingenieurwissenschaftliche Disziplinen aus den Bereichen Maschinenbau, Elektrotechnik, Automatisierungs- und Produktionstechnik als auch Informatikdisziplinen wie IT-Basiswissen, Rechnernetze und Datenbanken, Technische Informatik, Softwaretechnik und IT-Projektmanagement sowie Prozessdatenverarbeitung. 2 Praxissemester. **L:** IT für die Produktion. Software-Entwurfsmethoden, objektorientierte Programmierung, Digitale Produktionsverfahren, Rechnernetze, Software-Engineering und IT-Management, Datenbanken, moderne Programmiersprachen und E-Commerce, Prozessdatenverarbeitung, Embedded Systems, Mikrocontroller und Mikroprozessoren, Rechnerarchitekturen und Betriebssysteme, Algorithmen und Modellbildung **F:** Digital-Mock-Up, industrielle Kommunikationstechnologien, Rapid Product-Development, Software-Engineering
	SG 239 **ES** 72	Angewandte Automatisierungstechnik	D	WS	k	**S & L:** Interdisziplinär angelegter Studiengang, der die Studieninhalte sowohl in technischen Disziplinen (wie Maschinenbau, Elektrotechnik und Datenverarbeitung) als auch in wirtschaftswissenschaftlichen Disziplinen (wie BWL, Fertigungswirtschaft, Team- und Verhaltenstraining) umfasst. Zwei Praxissemester schaffen den Ausgleich zwischen Theorie und Praxis.

Fachhochschule	Studierende: Gesamt, davon Erstsemester	Studiengang	Abschluss	Beginn	Studiengebühr	Hinweise und Anmerkungen
		Niedersachsen (Fortsetzung)				
	SG 43 **ES** 21 **P** 9	Applied Computing	M	WS		**Studiengebühr:** € 1.000 für das 1. Sem.; 2. Sem. nach Vorschrift der Gasthochschule; 3. Sem. € 500 **S:** 2. Sem. verpflichtend in Wolverhampton (UK) oder Houston (USA). Unterrichtssprache: Deutsch und Englisch **L:** Objektorientierte Modellierung, Künstliche Intelligenz, Projektmanagement, Software-Qualitätssicherung, Algorithmen und Komplexität, Management-Informations-System **F:** Software-Qualitätssicherung, Objektorientierte Systeme
	SG 371 **ES** 36 **P** 10	Wirtschafts-informatik	D	WS	k	**S & L:** E-Business, Marketing, Logistik, Rechnungswesen, öffentliche Verwaltung **F:** WBT, Wissensnetzwerke, Workflow-Optimierung von Standardsoftware
	SG 25 **ES** 19 **P** 2	Multimedia-Informatik	Z		€ 3.000	**S:** Jeder Teilnehmer an der Ausbildung bearbeitet 3 Projekte mit. Die Projekte vermitteln realitätsnah das Zusammenspiel zw. Auftraggeber und Agentur. Bisherige Auftraggeber waren Großbauten, Hamburger Verlage, Beratungsunternehmen und New Economy Startups. **L:** Vermittlung der technischen u. sozialen Kompetenzen eines/r Projektmanager/in von komplexen Multimediaprojekten **F:** 1) Konzeption u. Realisierung von Web-Based-Training (BMBF-Projekt); 2) Konzeption und Realisierung von Wissensnetzwerken (EU-Projekt)
Fachhochschule Oldenburg/Ostfries-land/Wilhelmshaven Constantiaplatz 4 26723 Emden 04921/8070 ⌨ www.fho-emden.de	**SG** 419 **ES** 195 **P** 26	Informatik Medieninfor-matik (neu) Bioinformatik (neu)	D B D		k k k	**S:** Praktische Informatik, Kommunikationsinformatik, Angewandte Informatik/Prozessautomaten. Ein sehr ausgeprägter Praxisbezug. Sehr gutes Lernumfeld durch modernen Campus. **L:** Arbeit in Kleingruppen mit maximaler Betreuung. Jeder kennt jeden. Lernen wo andere Urlaub machen. **F:** Viele Forschungsprojekte und gute Kontakte zu internationalen und regionalen Unternehmen. Von a = Automatisierung über p = Parallelrechner bis z = zope

Fachhochschule	Studierende: Gesamt, davon Erstsemester	Studiengang	Abschluss	Beginn	Studiengebühr	Hinweise und Anmerkungen
Niedersachsen (Fortsetzung)						
oder Friedrich-Paffrath-Str. 101 26389 Wilhelms-haven 04421/985-215 ▢ www.fh-wilhelms-haven.de/oow/	**SG** 336 **ES** 104 **P** 21	Maschinen-bau-Infor-matik	D		k	**S:** Automatisierungstechnik (Mess-, Steuer- und Regelungstechnik, Prozessführung); CAx-Techni-ken (Computerunterstützte Konstruktion, Techni-sche Berechnung, QS, Fertigung); Produktda-ten-Management; Integration technischer Berech-nungen **L:** 1) Konstruktion und Maschinendynamik; 2) Mess- und Regelungstechnik; 3) Elektrische Ma-schinen und Leistungselektronik; 4) Rechnerge-stütztes Konstruieren, 6) Rechnerintegrierte Ferti-gung; 7) Automatisierung **F:** Wird koordiniert im Institut für C-Techniken (ICT)
	SG 603 **ES** 231 **P** 5	Betriebswirt-schaft – Ver-tiefungsrich-tung Wirt-schaftsinfor-matik	D	WS	k	**S:** Programmieren, Systemsoftware, Softwareent-wicklung, Datenbanken; Kommunikationssyste-me, Quantitative Methoden, betriebswirtschaftli-che Anwendungen, Anwendungen der individuel-len DV **L & F:** Besonderes Gewicht wird auf die betriebs-wirtschaftlichen Anwendungen (z. B. Geschäfts-prozessoptimierung mit ARIS, SAP-Seminar, Computer Supported Cooperative Work, Projekt-management) gelegt.
Fachhochschule Os-nabrück (University of Applied Sciences) Albrechtstr. 30 49076 Osnabrück 0541/9690 ▢ www.fh-osnabrueck.de	**SG** 80 **ES** 28 **P** 5	Maschinen-bauinformatik	D	WS	k	**S:** 2 Praxissemester. Studium im Ausland möglich **L:** Anwendung u. Entwicklung von Softwarepake-ten des Maschinenbaus; Simulation **F:** Autonome Roboter; Automatisierungssysteme; Simulation; dynamische Systeme
	SG 40 **ES** 6	Europäisches Elektrotech-nik/Informatik Studium (EES/EIS)	D		k	**S:** GS (Sem. 1–3): Fundierte Informatikausbil-dung mit begleitenden Praktika. HS (Sem. 4–8): 2 praktische Studiensemester. Europäische Stu-diengänge: Studium an einer Partnerhochschule im letzten Studienjahr.
	SG 246 **ES** 42	Medieninfor-matik	D		k	**L:** GS: Objektorientierte Programmierung. HS: Software-Engineering, Kommunikationsnetze, spezielle Veranstaltungen für Medieninformatik.
	SG 163 **ES** 23 **P** 15	Technische Informatik	D		k	**F:** Softwaretechnik, Neuronale Netze, Digitales Audio- und Videostreaming, Internettechnologien, Integration von Fertigungs- und Logistikanwen-dungen.

Fachhochschule	Studierende: Gesamt, davon Erstsemester	Studiengang	Abschluss	Beginn	Studiengebühr	Hinweise und Anmerkungen
Niedersachsen (Fortsetzung)						
Private Fachhochschule für Wirtschaft und Technik Vechta/Diepholz Rombergstr. 40 49377 Vechta 04441/915-0 🖳 www.fhwt.de/ **oder** 🖳 www.bfe.de		Wirtschaftsinformatik (ab SS 2002)	D/B	SS	€ 256 pro Monat	**S:** Dualer Studiengang; interdisziplinäres und praxisnahes Fachgebiet verbindet anwendungsorientierte Teile der Informatik mit betriebswirtschaftlichen Fragestellungen. **L & F:** Im GS: Allgemeine BWL, Organisation, Marketing, Grundlagen der VWL, Grundlagen der Automation etc.; im HS: Kommunikationsnetze, Multimediaanwendungen, Informationssysteme Data-Warehouse, Systemanalyse und DV-Projektmanagement, ERP- und CRM-Systeme, DV-Projekt, Electronic Business Engineering etc.
Fachhochschule Braunschweig/ Wolfenbüttel Salzdahlumer Str. 46–48 38302 Wolfenbüttel 05331/939-0 🖳 www.fh-wolfenbuettel.de	**SG** 189 **ES** 30	Medieninformatik (neu: auch als Online-Studium)	D		k	**S:** Im Studiengang Technische Informatik liegen die Studienschwerpunkte bei der Hardware, im Studiengang Praktische Informatik bei der Software, und im Studiengang Medieninformatik liegt der Schwerpunkt auf dem multimedialen Einsatz von Computersystemen.
	SG 179	Praktische Informatik	D		k	**L & F:** Programm- und Datenstrukturen, Computer Aided Software Engineering (CASE), Datenbank- und Anwendungssysteme, Multimedia;
	SG 123 **P** 8	Technische Informatik	D		k	Rechnerstrukturen und -netze; Softwaretechnik, Multimedia und Informationssysteme
	SG 151	Industrieinformatik (auch Fernstudium)	D		k	**S & L:** 2 Praxissemester (5. und 8. Sem.); Programmierung, Mess- und Sensorentechnik, Mikroprozessor-Hardware, CAD/CAM, Logistik, Produktionsplanung und Steuerung, Steuern und Regeln mit Prozessrechnern und der lokalen Netze;
	SG 29 **P** 6	Verkehrsinformatik	D	WS	k	Produktions- und Fertigungstechnik, Prozesstechnologie
	SG 85 **ES** 25 **P** 2 (i. Auf.)	Wirtschaftsinformatik	D	WS	k	**S:** Praxisbezug: über Projekte mit der Industrie und den Mittelstand, 2 Praxissemester (5. und 8. Sem.), projektorientierte Studien und Diplomarbeiten **L:** Objektorientierte Software-Entwicklung (OO-Modellierung, OO-Entwurf u. -Realisierung); Datenbanken, Geschäftsprozesse-Modellierung; Software-Management, Informations-Management, Wissensmanagement; Internet-Technologie **F:** Internet-Technologie-Anwendungen; Datenbank-Anwendungen; Geschäftsprozesse-Modellierung; Client-/Server-System-Entwicklung; Wissensmanagement

Fachhochschule	Studierende: Gesamt, davon Erstsemester	Studiengang	Abschluss	Beginn	Studiengebühr	Hinweise und Anmerkungen
Nordrhein-Westfalen						
Fachhochschule Aachen Stephanstr. 58–62 52064 Aachen 0241/6009-1601 www.fh-aachen.de	**SG** 260 **ES** 200 **P** 6	Informatik	D	WS	k	**S:** Theoretisch und praxisorientiert mit dem Ziel des direkten praktischen Einsatzes; Praxissemester; mehrere Kooperationen mit Universitäten in Frankreich, USA, GB u. a. **L:** Technisch orientiertes GS, Software Engineering, Objektorientierung; Datenbaken; Netzwerke und Sicherheit; Webtechniken, Wahlpflichtfächer fachübergreifend, d. h. auch technische Fächer wählbar **F:** Telelearning, Security, Management of Facilities (buildings), High Performance Computing
Fachhochschule Bochum; Hochschule für Technik und Wirtschaft Universitätsstr. 150 44801 Bochum 0234/3210000 www.fh-bochum.de	**SG** 575 **ES** 86 **P** 17	Elektrotechnik/Informatik	D	WS	k	**S & L:** Schwerpunkte: Medieninformatik (Multimediatechnik, Grafik und Animation); Technische Informatik (Prozessinformatik, Echtzeitsysteme)
	ES 54 **P** 24	Maschinenbau/Maschinenbauinformatik	D	WS	k	**S & L:** Konstruktionstechnik (Industrieanlagen oder Produktkonstruktion); Fertigungstechnik (Produktion oder Automatisierung); Maschinenbauinformatik (rechnerintegrierte Produktion oder Entwicklung); Praxissemester
	SG 36 **ES** 36 **P** 5	Geoinformatik (neu)	D	WS	k	**S:** Fundiertes, praxisbezogenes vermessungstechnisches und kartographisches Grundwissen, umfangreicher anwendungsbezogener Informatikanteil, Projektarbeiten **L:** Anteil an Übungen und Praktika über 50 %, Arbeiten in kleinen Gruppen; Vermittlung allgemeiner Kompetenzen, ein Praxis- oder Auslandssemester **F:** Fachschalenentwicklung zu komplexen Geoinformationssystemen, Digitale Photogrammetrie und Kartographie etc.
Fachhochschule Bonn-Rhein-Sieg – Sankt Augustin Grantham-Allee 20 53757 Sankt Augustin 02241/865-622 www.fh-bonn-rhein-sieg.de	**SG** 500 **ES** 120/ **ES** 25 **P** 25	Bachelor of Science in Computer Science (BSc in CS)/Master of Science in Computer Science (MSc in CS)	B/M	WS	k	**S:** BSc in CS-GS: Aufbau und Funktionsweise von vernetzten Rechnersystemen, mathematisch-theoretische Grundlagen, Grundlagen der Programmierung und Systementwicklung, Angewandte Informatik, allgemeinwissenschaftliche und fachübergreifende Themen; HS: Entwicklung komplexer Systeme, Informationssicherheit und Recht sowie Wahl eines Schwerpunktes: Biomedizinische Informatik, Medieninformatik, Telekommunikation oder Wirtschaftsinformatik mit Fokussierung auf E-Commerce, Informationssicherheit und Recht

Fachhochschule	Studierende: Gesamt, davon Erstsemester	Studiengang	Abschluss	Beginn	Studiengebühr	Hinweise und Anmerkungen
Nordrhein-Westfalen (Fortsetzung)						
						L: BSc in CS-GS: seminaristischer Unterricht in kleinen Gruppen; HS: Projekte; MSc in CS: Studium erfolgt überwiegend in innovativen Forschungs- und Entwicklungsarbeiten in den Schwerpunkten; Unterstützung und Förderung von Auslandsaufenthalten **F:** Informationssicherheit, Rechtsinformatik, zuverlässige Systeme, Computer Vision, E-Commerce-Architekturen und -Plattformen, Molecular Modelling, Satellitenkommunikation, Anwendungen der Telekommunikation
Fachhochschule Dortmund (University of Applied Sciences) Sonnenstr. 96 44139 Dortmund 0231/91120 ⌨ www.fh-dortmund.de	**SG** 430 **ES** 85	Allgemeine Informatik	D	WS	k	**L:** Moderne Softwaretechnik; Multimedia; Datenbankanwendungen; Systementwicklung; Künstliche Intelligenz **F:** Objektorientierte Softwareentwicklung; Multimedia; Entwicklung betrieblicher Anwendungen
	SG 200 **ES** 52 **P** 8	Technische Informatik	D	WS	k	**L:** Rechnernetze u. verteilte Systeme; Prozessautomatisierung, Simulationstechnik; Softwaretechnik **F:** Objektorientierte Softwareentwicklung; Sicherheit in Rechnernetzen; Anwendungen mit Fuzzy-Logik **Beide Studiengänge:** **S:** Studium mit starken Bezügen zur Praxis. Studieninhalte mit Software-orientiertem Profil; Projekt- u. Diplomarbeit i. d. R. Praxisphasen; Unterstützung bei Auslandssemestern
	SG 161 **ES** 30 **P** 6	Medizinische Informatik	B/M	WS	k	**S:** Studium mit starken Bezügen zur Praxis. Studieninhalte mit Software-orientiertem Profil; 5. Sem. als Praxisphase; Unterstützung bei Auslandssemestern **L:** Softwaretechnik, Systementwicklung; Datenbankgestützte Anwendungen; Medizinisch-Technische Informatik; Gesundheitsinformatik **F:** Gesundheitsinformatik; Medizinisch-Technische Informatik
	SG 420 **ES** 87 **P** 8	Wirtschaftsinformatik	D	WS	k	**S:** Interdisziplinäres Studium mit starken Bezügen zur Praxis. Studieninhalte mit Software-orientiertem Profil. Projekt- und die Diplomarbeit i. d. R. Praxisphasen; Unterstützung bei Auslandssemestern **F:** Objektorientierte Softwareentwicklung; Entwicklung betrieblicher Anwendungen

Fachhochschule	Studierende: Gesamt, davon Erstsemester	Studiengang	Abschluss	Beginn	Studiengebühr	Hinweise und Anmerkungen
Nordrhein-Westfalen (Fortsetzung)						
	SG 180 **ES** 40 **P** 4	Wirtschaftsinformatik (Verbundstudiengang gemeinsam mit Köln FH)	D	WS	kk	**S:** Fernstudiengang mit Präsenzphasen **F:** Entwicklung von modernen Lehrmaterialien **Beide Studiengänge:** **L:** Moderne Softwaretechnik; Betriebliche Standardsoftware; Datenbankanwendungen; Systementwicklung, Projektmanagement; Intra- und Internetanwendungen
Fachhochschule für Oekonomie & Management (FOM) – Essen/Neuss Hammfelddamm 2 41460 Neuss 02131/1305-08 **oder** Rolandstr. 5–9 45128 Essen 0201/81004400 www.fom.de		Wirtschaftsinformatik	D			Berufsbegleitend bzw. Duales Studium/wird an mehreren Standorte angeboten **Studiengebühren** werden je nach Art und Dauer der Ausbildung erhoben. **S & L:** Beschäftigung mit betrieblichen Administrations-, Dispositions-, Planungs- und Informationssystemen; Entwicklung von Programmen für betriebliche DV-Anwendungen; Aufstellung von Kriterien zur Auswahl geeigneter Hard- und Software sowie Verfahren zur Analyse der Wirtschaftlichkeit des DV-Einsatzes.
Fachhochschule Gelsenkirchen Neidenburger Str. 10 45897 Gelsenkirchen 0209/95960 www.fhgelsenkirchen.de	**SG** 550 **ES** 90	Angewandte Informatik	D/B/M	WS	k	**S & L:** Vertiefungsrichtungen des Diplomstudiengangs Angewandte Informatik: Echtzeitsysteme und Robotik, Betriebliche Informationssysteme, Internet u. Mobile Netze; Vertiefungsrichtungen im Masterstudiengang Angewandte Informatik: Informationssysteme und Softwaretechnik, Fertigungs- und Automatisierungstechnik, Kommunikationstechnik und Internet, Allgemeine Informatik **F:** Berührungslose 3D-Messtechnik mit digitaler Bildverarbeitung für Industrie und Medizin; Komponentenbasierte Softwareentwicklung mit Java-Beans; Smart Materials; Betriebliche Informationssysteme
	ES 70	Medieninformatik	D/B/M	WS	k	
		Maschinenbauinformatik	D	WS	k	**S & L:** Kombiniert Maschinenbau mit Informatik; Im GS werden Mathematische, Informationstechnologische u. techn. Grundlagen vermittelt; Im HS: Vertiefung in der Informations- und Produktionstechnik, rechnergestützte Produktion, Industrie-Automatisierung; Praxissem.; Diplomarbeit
	P 21	Wirtschaftsinformatik	D	WS	k	**S & L:** GS: BWL, VWL, Wirtschaftsrecht, Datenbanken u. Betriebssysteme, Softwaretechnik; Schwerpunkte HS: Electronic Business, Kommunikationsmanagement/Groupware; Praxissemester; Diplomarbeit

Fachhochschule	Studierende: Gesamt, davon Erstsemester	Studiengang	Abschluss	Beginn	Studiengebühr	Hinweise und Anmerkungen
Nordrhein-Westfalen (Fortsetzung)						
Märkische Fachhochschule Iserlohn Haldener Str. 182 02331/987-2319 58095 Hagen **oder** ✉ Frauenstuhlweg 31 58644 Iserlohn 02371/566-0 🖥 www.mfh-iserlohn.de	**SG** 70 **ES** 30 **P** 4 INF. u. 7 MATH.	Angewandte Informatik/ Technische Informatik	D	WS	k	**S:** Im Studiengang Angewandte/Technische Informatik wird das erforderliche Know-how durch interdisziplinäres und projektbezogenes Arbeiten in Kleingruppen erworben. **L:** Aufbauend auf im GS vermittelte Basiskompetenzen behandelt die Technische Informatik die Struktur und Funktion von Rechnersystemen und die Anbindung von Rechnersystemen an technische Prozesse. **F:** Industrielle Bildverarbeitung; erhöhte Verfügbarkeit in Embedded Systemen; wissensbasierte Systeme
	SG 50 **ES** 24 **P** 3	Wirtschaftsinformatik	D	WS	k	**S:** Starker Praxisbezug (obligatorisches Praxissemester, Diplomarbeit in der Praxis), Integration technischer Inhalte ins Curriculum, Auslandsexkursionen, hervorragend eingerichtetes SAP-Labor **L:** Datenbanken, Netzwerke, Office, Programmierung (unter anderem Java), Web-Anwendungen, technische Anwendungen, SAP, Supply Chain Management **F:** Datenbanken, Netzwerke, Supply Chain Management

Fachhochschule	Studierende: Gesamt, davon Erstsemester	Studiengang	Abschluss	Beginn	Studiengebühr	Hinweise und Anmerkungen
Nordrhein-Westfalen (Fortsetzung)						
Fachhochschule Köln – Gummersbach (University of Applied Sciences) Claudiusstr. 1 50678 Köln 0221/82751 **oder** Am Sandberg 1 02261/8196-0 51643 Gummersbach ⌨ www.fh-koeln.de	**SG** 400 **ES** 80	Allgemeine Informatik	D	WS	k	**L:** Software Engineering, Projektmanagement, Programmierung; Mensch-Maschine-Interaktion, Datenbanken, Prozess-Informatik, Recht, Mathematik
	SG 200 **ES** 100	Technische Informatik	D	WS	k	
	SG 100 **ES** 70	Medieninformatik	B/M	WS	k	**L:** Multimedia Produktion, Medienrecht, Multimedia-Datenbanken, Internet und E-Commerce **F:** Multimedia-Projekte mit der Industrie
	SG 1100 **ES** 100	Wirtschaftsinformatik	D	WS	k	**L:** Betriebliche Anwendungen; Datenbanken; BWL und Recht; Kommunikations- und Informationssysteme; Informationsmanagement; Programmierung und Software-Engineering **F:** Portale und Marktplätze; E-Commerce; Mensch-Computer-Interaktion; Datenbanken und ERP-Systeme; Software-Engineering; Marketing und IT-Controlling
	SG 250 **ES** 40 **P** 61	Wirtschaftsinformatik (Verbundstudiengang mit FH Dortmund)	D/B/ M	WS	k	**Alle Studiengänge:** **S:** Praxissemester für WI, Berufstätigkeit für WI-Verbundstudiengang; besondere Unterstützung bei Praxissemesterstellen und Diplomarbeiten im Ausland; Diplomarbeiten fast immer in Wirtschafts- und Industrieunternehmen; großer Wahlpflichtbereich mit state of the art-Angeboten wie E-Commerce; großes Angebot an soft skill-Training und Sprachen; Kooperationsprojekte mit ausländischen Hochschulen, insbesondere Frankreich, USA und Russland
Fachhochschule Münster (University of Applied Sciences) Hüfferstr. 27 48149 Münster 0251/830	**ES** 50	Angewandte Informatik	B/M		k	Bachelor-Studiengang startet zum WS 2001/02, das Master-Angebot ab WS 02/03 **S & L:** Grundzüge der Informatik, der Mathematik u. der Elektrotechnik sowie Fremdsprachen; Software-Engineering, Datenbanken, Netzwerkprogrammierung
Abteilung Steinfurt: Stegerwaldstr. 39 48565 Steinfurt 02551/962-0 ⌨ www.fhmuenster.de	**SG** 170 **ES** 40 **P** 17	Maschinenbauinformatik	D	WS	k	**S:** Starker Praxisbezug, fundierte Informatikausbildung, internationale Kooperationen **L:** Computeranwendungen in Maschinenbau, Informatik, Automatisierungstechnik **F:** Stereolithografie, Feldbusanwendungen, FEM

Fachhochschule	Studierende: Gesamt, davon Erstsemester	Studiengang	Abschluss	Beginn	Studiengebühr	Hinweise und Anmerkungen
Nordrhein-Westfalen (Fortsetzung)						
Fachhochschule Niederrhein – Mönchengladbach (University of Applied Sciences) Webschulstr. 31 41065 Mönchengladbach 02161/186-964 **oder** Reinarzstr. 49 47805 Krefeld 02151/822-620 ⌨ www.fh-niederrhein.de	**SG** 350 **ES** 151	Technische Informatik	D	WS	k	**S:** Praxis- oder Auslandssemester; Teamarbeit-Training im Projektfach; Vortragstechniktraining im Seminarfach; Pflichtfach Englisch; große Wahlfreiheit bei der individuellen Studiengestaltung
	SG 145 **P** 10	Bachelor Science in Computer Engineering	B	WS	k	**L:** Schwerpunkte Kommunikationssysteme, Prozessautomatisierung, Softwareentwicklung, schwerpunktfreies Studium **F:** Graphische Programmierung; Fuzzy-Technik; Simulation technischer Systeme; Nanotechnik bei integrierten Schaltkreisen; Rechnernetze
		Master of Computer Science (ab SS 2002)	M		k	**S & L:** Studieninhalte konzentrieren sich auf eine Vertiefung der Informatik-Kernfächer mit einer Erweiterung hin zur wissenschaftlich-technischen Systementwicklung. Dabei bleibt der praxisorientierte Ansatz mit einem hohen Anteil an Praktika und Projektarbeit erhalten. Studiendauer ca. 3–4 Sem.
	SG 200 **ES** 80 **P** 8	Wirtschaftsinformatik	D	WS	k	**S:** GS (3 Sem.) und 1 Praxissemester, HS (3 Sem.) und 1 Prüfungssemester; Praxisorientiertes Studium durch Fallstudien, Übungen in PC-Räumen, Praxissemester auch im Ausland möglich, Projektstudium, d. h. Studierende arbeiten an Forschungs- und Entwicklungsprojekten mit; Auslandssemester **L:** HS: Informations- und Projektmanagement (Projektorganisation, Geschäftsprozessmanagement, Wissensmanagement, Workflow, Virtuelle Organisationen); Betriebliche Anwendungssysteme und Anwendungsentwicklung; Kommunikationssysteme und Online-Dienste **F:** E-Business; E-Human-Resources-Systeme, Personalinformationssysteme, Zutritts- und Sicherheitssysteme; Software-Marktstudien, Software-Evaluierung; Moderne Organisationskonzepte, Akzeptanzstudien etc.

Fachhochschule	Studierende: Gesamt, davon Erstsemester	Studiengang	Abschluss	Beginn	Studiengebühr	Hinweise und Anmerkungen
Nordrhein-Westfalen (Fortsetzung)						
Fachhochschule der Wirtschaft (FHDW) Fürstenallee 3–5 33102 Paderborn		Informatik	D	WS	€ 615 pro M.	**S:** Wechsel von Theorie- und Praxisphasen; kleine Studiengruppen bis maximal 36 Teilnehmer; Kurze Studiendauer (3 J.); duale Studiengänge **L:** Softwareentwicklung; Multimediadesign; Standardsoftware; Controlling, Logistik, Marketing; Projektmanagement; Softwareengineering, Systemtechnologie, Anwendungssysteme (unter anderem E-Commerce, Datenbanken, Workgroup-Computing), Betriebssysteme/Netze und Anwendungs- und Systemarchitekturen; mechatronische Systeme, grafische Datenverarbeitung sowie CAE-Modellbildung und -analyse; Datenbanken, auch multimediale Anwendungen, die den aktuellen Entwicklungen im Internet (z. B. E-Business) Rechnung tragen. **F:** Objektorientierte Softwareentwicklung (UML); Balenced Scorecard (Controlling; Veränderungsprozesse)
Abteilung Bergisch Gladbach Hauptstr. 2 51465 Bergisch Gladbach 02202/9527220	**SG** 20 **ES** 7	Technische Informatik	D	WS	€ 615 pro M.	
Abteilung Gütersloh Schulstr. 10 33330 Gütersloh	**SG** 264 **ES** 74	Wirtschaftsinformatik	D	WS	€ 615 pro M.	
Abteilung Hannover Freundallee 15 30173 Hannover 0511/2848370 ▣ www.fhdw.de	**SG** 20 **ES** 20 **P** 10	Medieninformatik	D	WS	i 615 pro M.	

Fachhochschule	Studierende: Gesamt, davon Erstsemester	Studiengang	Abschluss	Beginn	Studiengebühr	Hinweise und Anmerkungen
Rheinland-Pfalz						
Fachhochschule Bingen (University of Applied Sciences) Berlinstr. 109 55411 Bingen 06721/4090 ⌨ www.fh-bingen.de	**SG** 133 **ES** 49	Angewandte Informatik	D		k	**S & L:** 1) Kommunikation und Medien (Kommunikationstechnik und Internetanwendungen, die Administration von Computernetzen, Multimedia, Elektronische Dokumente u. Visualisierung, Netzwerkadministration, Multimedia, Bildverarbeitung). 2) Softwaretechnik (Objektorientiertes Programmieren, Objektorientierte Systeme); Praxissemester; Diplomarbeit. Für das Fernstudium Allgemeine Informatik werden Studiengebühren erhoben.
		Allgemeine Informatik (Fernstudium)	Z			
		Bioinformatik (neu)	D		k	**S & L:** Automatisierungstechnik,; Biochemie; Biotechnologie; Chemie; Datenbanken; Elektronische Dokumente; Neuronale Netze; Gentechnik; Mikrotechnik etc.
	SG 157 **ES** 35 **P** 16	Ingenieurinformatik	D		k	**S & L:** In diesem Studium werden unter anderem die Fachgebiete Rechnerarchitektur und Betriebssysteme ausführlich dargestellt. Ferner wird in die Konzepte der Verteilten und der Grafischen Datenverarbeitung eingeführt. Vorlesungen und Praktika in der Übertragungstechnik, Digitaltechnik, Mikroprozessortechnik sowie zur Prozessdatenverarbeitung
Fachhochschule Kaiserslautern Morlauterer Str. 31 0631/3724-112 67657 Kaiserslautern **oder** Amerika Str. 1 66482 Zweibrücken 06332/9140 ⌨ www.fh-kl.de/	**SG** 120 **ES** 24 **P** 19	Ingenieurinformatik	D	WS	k	**S & L:** Softwaretechnik (Künstliche Intelligenz und Bildverarbeitung, Software-Engineering, ausgewählte Kapitel der Informatik); Netztechnik (Nachrichtenübertragung, Prozessdatenverarbeitung); Hardwaretechnik (Mechatronische Systeme, Digitale Systeme, Mikroprozessoren); Regelungstechnik; Simulation (Numerik, Simulation dynamischer Systeme)
	ES 84	Angewandte Informatik	D	WS	k	**S & L:** Datenbanken, Rechnernetze u. Telekommunikation, Software-Engineering, Systemtheorie, Rechnergestützte Ingenieursysteme, Projektmanagement etc.
	ES 54 **P** 15	Digitale Medien	D	WS	k	**S & L:** Projekt Digitale Medien, Mensch-Maschine-Kommunikation, Interaktive Multimediasysteme, Medienkonzeption un -produktion, BWL etc.

Fachhochschule	Studierende: Gesamt, davon Erstsemester	Studiengang	Abschluss	Beginn	Studiengebühr	Hinweise und Anmerkungen
Rheinland-Pfalz (Fortsetzung)						
	SG 318 **ES** 100 **P** 5	Wirtschafts-informatik	D	WS	k	**S:** Starke Praxisorientiertheit; Unterricht von Lehrbeauftragten aus der Praxis; Symposien, Vorträge ausgewählter Persönlichkeiten aus der Praxis; Praxissemester (5. Sem.) in einem Unternehmen; Internationale Kooperationspartner: Universität Stellenbosch, Südafrika; University of West Bohemia, Tschechien; FH für Management und Verwaltung Opole, Polen; Technical College of Budapest, Ungarn u. a. **L** Wirtschaftliche Pflichtgebiete: Grundlagen der VWL, BWL; Unternehmensführung; Management und Controlling; Personalwirtschaft und Organisation; Informatik/WI: Betriebliche Anwendungssysteme und Informationssysteme; Softwaretechnik, Software Engineering; Rechnernetze und Telekommunikation; Operations Research **F:** Internet/Intranet, Unternehmensorganisation; Business Process Reengineering; Computerunterstützung kooperativen Arbeitens; Kennzahlen, Kennzahlensysteme, Balanced Scorecard; Modellierungsmethoden; Virtualisierung von Organisationen; Optimierungsverfahren; Hybride Anwendungssysteme; Künstliche Intelligenz etc.
Fachhochschule Ludwigshafen; Hochschule für Wirtschaft Ernst-Boehe-Str. 4 67059 Ludwigshafen 0621/5203-130 www.fh-ludwigshafen.de	**SG** 365 **ES** 45 **P** 4	Logistik/Wirtschaftsinformatik	D		k	**S:** Praxissemester; Diplomarbeiten meist in Betrieben; im HS: mehrere Vorlesungen auf Englisch; starke Förderung Auslandssemester; SAP R/3-Veranstaltungen **L:** Konzeption, Realisierung und Management von IT-Projekten; E-Business; Web-Programmierung; SAP R/3; Business Intelligence; Java **F:** Objektorientierung: Analyse, Design und Programmierung; Requirements Engineering

Fachhochschule	Studierende: Gesamt, davon Erstsemester	Studiengang	Abschluss	Beginn	Studiengebühr	Hinweise und Anmerkungen
	**Rheinland-Pfalz (Fortsetzung)**					
Fachhochschule Trier; Hochschule für Technik, Wirtschaft u. Gestaltung (University of Applied Sciences) Schneidershof 54293 Trier 0651/81030 **oder** Umwelt-Campus Birkenfeld, 55768 Neubrücke 06782/17-1315 www.fh-trier.de	**SG** 450 **ES** 100	Angewandte Informatik	D	WS	k	**S:** Anwendungsfächer: Design, Medizin, Technik und Wirtschaft; Praktische, theoretische, technische und Angewandte Informatik **L:** Rechnernetze, Datenbanken, Produktionsinformatik/CAD; WI, künstliche Intelligenz, Kryptographie, Multimedia, Bildverarbeitung, Software-Engineering **F:** Neuro-Fuzzy-Technologie, Bildverarbeitung, Verteilte Systeme, Benutzeroberflächen, CAP/CAM-Systeme
	SG 150 **ES** 60 **P** 10	Fernstudium Informatik	D/Z		€ 400– 700	**Studiengebühren** werden je nach Lehreinheit erhoben. **S:** Weiterbildung; einmalige Präsenzpraktika **L:** Datenbanksysteme, Rechnernetze, Programmierung, Automatentheorie, Embedded Systems, Softwaretechnik, Informationssicherheit, Benutzerservice
	SG 180 **ES** 60 **P** 5	Wirtschafts-informatik	D	WS	k	**S:** 6 Theorie-, 1 Praxis-, 1 Diplomarbeitssemester; Modular mit den Studiengängen „BWL" und „International Business" verflochten. Beteiligung am Austauschprogramm des Studiengangs „International Business"; Kooperation auch mit Luxemburger Unternehmen. Anwendungen im Bereich Banken, Tourismus u. Produktionsunternehmen **L:** Datenbanksysteme (unter anderem Oracle), Softwareentwicklung (Schwerpunkt Java), Internet-Technologie, ERP-Systeme (SAP), DV-Organisation, IT-Management etc. **F:** IT-Anwendungen für Banken, Tourismusinformationssysteme, E-Marketing, ERP-Systeme und E-Commerce
Fachhochschule Worms Erenburger Str. 19 67549 Worms 06241/509-180 www.fh-worms.de	**SG** 532 **ES** 120 **P** 17	Informatik	D		k	**S:** Wahlpflichtfächer (WPF)1–4; Betriebssysteme; Datenbanken; spezielle Kapitel; Praxissemester; Diplomarbeit **L:** WPF1: Organisatorische Planung u. Steuerung der Produktion; WPF2: Technische Planung und Steuerung der Produktion; WPF3: Grafische Datenverarbeitung; WPF4: Business-Engineering **F:** Infrastrukturmaßnahmen im Labor; Bildverarbeitung/Mustererkennung; Anwendungsorientierte Forschung etc.

Fachhochschule	Studierende: Gesamt, davon Erstsemester	Studiengang	Abschluss	Beginn	Studiengebühr	Hinweise und Anmerkungen
Saarland						
Hochschule für Technik und Wirtschaft des Saarlandes Goebenstr. 40 66117 Saarbrücken 0681/58670 www.htw.uni-sb.de	**SG** 20 **ES** 20	Kommunikationsinformatik	B	WS	k	Kooperativer Studiengang (mit FB E-Technik); Abschlüsse: Bachelor of Computer Science and Communications Systems, Bakkalaureus in Kommunikationsinformatik **S:** GS: Programmierung, Informatik, Mathematik, Physik, Elektrotechnik; HS: Softwaretechnik, Datenbanken, Rechnernetze, Verteilte Systeme, Nachrichtentechnik, Kommunikationstechnik, Internet-Technologien, Mobile Kommunikation; Auslandsaufenthalte möglich in USA, Kanada, Australien, Neuseeland, Frankreich und Luxemburg **L:** Softwaretechnik auf der einen Seite und Nachrichtentechnik u. Kommunikationssysteme auf der anderen Seite sowie Rechnernetze, Sicherheit in Netzen, web-basierte Informationssysteme
	SG 285 **ES** 66 **P** 11	Praktische Informatik	D	WS	k	**S:** GS (2 Sem.): Programmierung, Informatik, Mathematik, Physik; HS (4 Sem.): Softwaretechnik, Datenbanken, Rechnernetze, Verteilte Systeme, Computergraphik, Wahlpflichtvorlesungen; 4. Studienjahr: Praxisjahr und Diplomarbeit in einem Unternehmen oder im Rahmen eines F&E-Projektes; Auslandsaufenthalte möglich (siehe oben!) **L:** Objektorientierte Softwareentwicklung, insbesondere objektorientierte Analyse und Design; Programmierung mit Java; Vertiefungen in verteilte Systeme und Web-Applikationen (E-Commerce, E-Learning) sowie Visualisierung (Geographische Informationssysteme) **Beide Studiengänge:** **F:** Umweltinformatik, verteilte Informationssysteme, Geographische Informationssysteme, Electronic Commerce, Web-basierte Lehr- und Lernsysteme, Logistik, Intelligent Networks, UMTS-Anwendungen

Fachhochschule	Studierende: Gesamt, davon Erstsemester	Studiengang	Abschluss	Beginn	Studiengebühr	Hinweise und Anmerkungen
Sachsen						
Hochschule für Technik u. Wirtschaft Dresden (FH) Friedrich-List-Platz 1 01069 Dresden 0351/4623101 ⌨ www.htw-dresden.de	SG 172 ES 55 P 6	Informatik	D	WS	k	**S:** siehe: ⌨ www.informatik.htw-dresden.de/studiengaenge/kurzinfoAI.html **L:** siehe: ⌨ www.informatik.htw-dresden.de/studiengaenge/kurzinfoAI.html **F:** siehe: ⌨ www.informatik.htw-dresden.de/fb_forschung.html
	SG 172 ES 41 P 5	Medieninformatik	D	WS	k	**S:** siehe: ⌨ www.informatik.htw-dresden.de/studiengaenge/kurzinfoMI.html **L:** siehe: ⌨ www.informatik.htw-dresden.de/studiengaenge/kurzinfoMI.html **F:** siehe: ⌨ www.informatik.htw-dresden.de/fb_forschung.html
	SG 282 ES 73 P 5	Wirtschaftsinformatik	D	WS	k	**S:** siehe:⌨ www.informatik.htw-dresden.de/studiengaenge/kurzinfoWI.html **L:** siehe: ⌨ www.informatik.htw-dresden.de/studiengaenge/kurzinfoMI.html **F:** siehe: ⌨ www.informatik.htw-dresden.de/fb_forschung.html
Deutsche Telekom AG; Fachhochschule Leipzig Gustav-Freytag-Str. 43–45 04277 Leipzig 0341/3062-270 ⌨ www.fh-telekom-leipzig.de/	SG 164 ES 78 P 25	Telekommunikationsinformatik	D	WS	k	**S:** Hohe Praxisrelevanz (studienbegleitende Projekte, praktische Übungen in modern ausgestatteten Laboratorien u. ein berufspraktisches Sem.). Die FH unterstützt durch ihr Lehrangebot das Ziel, Absolventen heranzubilden, die für einen internationalen Einsatz vorbereitet sind (zahlreiche internationale Kooperationsabkommen mit ausländischen Hochschulen; umfassende Fremdsprachenausbildung) **L:** GS: Mathematik, Physik, Elektrotechnik, Informatikgrundlagen, Programmieren C++, Datenbanken, Hardwarearchitektur, Rechnernetze, Betriebssysteme. HS: Übertragungstechnik, Verteilte Systeme, Mobilfunk, Schmalband- u. Breitbandnetze, Digitale Medien, Software-Engineering u. a. **F:** Entwicklungszentren Deutsche

Fachhochschule	Studierende: Gesamt, davon Erstsemester	Studiengang	Abschluss	Beginn	Studiengebühr	Hinweise und Anmerkungen
Sachsen (Fortsetzung)						
Hochschule für Technik, Wirtschaft und Kultur Leipzig Eichendorffstr. 2 (Postanschrift: 04251 Leipzig Postfach 300066) 04277 Leipzig 0341/307-6508 ⌨ www.htwk-leipzig.de	**SG** 340 **ES** 89 **SG** 42 **ES** 42 **P** 13	Informatik Medieninformatik	D/B/ M B	WS WS	k k	**S:** GS: Informatik-Grundlagenfächer, Mathematik; HS: 2 Studienrichtungen Praktische Informatik, Technische Informatik; Informatik-Bachelor-HS: 2 Studienprofile softwareorientiertes Profil, hardwareorientiertes Profil; Medieninformatik-Bachelor: Informatik-Grundlagenfächer, Mathematik, medienspezifische Fächer; Informatik-Master: Spezial-Lehrveranstaltungen, Projekt **L:** Praxissemester; 5. u. 6. Sem. können in England absolviert werden. Mehr Informationen über die Lehrprogramme: ⌨ www.imn.htwk-leipzig.de **F:** Einzelne Forschungsprojekte
Hochschule Mittweida (University of Applied Sciences) Technikumplatz 17 09648 Mittweida 03727/580 ⌨ www.htwm.de	**SG** 160 **ES** 60 **SG** 110 **ES** 40 **P** 10	Informatik Wirtschaftsinformatik	D D	WS WS	k k	**S:** Konzipierung, Projektierung, Entwicklung, Einsatzvorbereitung und Wartung von komplexen Softwaresystemen, Administration von Rechnernetzen, Management von Datenbanken, Expertensysteme, Echtzeitsysteme **S:** Datenbanken, Informations- und Expertensysteme, unternehmensweite Fertigungswirtschaft, DV-Management **Beide Studiengänge:** **L:** Breit angelegtes GS mit Vermittlung mathemat.- naturwiss., ingenieurtechn. und betriebswirtschaftl. Grundkenntnissen; HS mit vertiefter Ausbildung in Programmiersprachen, Datenbanken, Rechnernetzen, Mikrorechentechnologie u. a.
Hochschule Zittau/ Görlitz Theodor-Körner-Allee 16 02763 Zittau 03583/61-0 ⌨ www.htw-zittau.de	**SG** ca. 200 **ES** 39 **P** 11	Informatik	D	WS	k	**S & L:** 3 Studienrichtungen: Allgemeine Informatik (Software-Engineering, Datenbanken, Rechnerarchitekturen Systemsimulation etc.); Technische Informatik (Elektronik, Elektronische Messtechnik, Datenkommunikation etc.); WI (unter anderem Datenbankanwendungen, Unternehmensplanung, Produktionsplanung und Steuerung)
Westsächsische Hochschule Zwickau Dr.-Friedrichs-Ring 2 A 08056 Zwickau 0375/536-1185 ⌨ www.fh-zwickau.de	**SG** ca. 260 **ES** 76 **P** 9	Informatik	D	WS	k	**S & L:** Im GS: Betriebssysteme; Betriebswirtschaft für Informatiker; Logik; Algorithmierung u. Programmierung; Physikalisch-technische Grundlagen; Informationstechnik etc. Im HS: Ingenieurinformatik; WI; Systeminformatik; Medizininformatik; Systemprogrammierung; Software-Engineering; Datenbanksysteme; Computergrafik; Wissensbasierte Systeme etc.

Fachhochschule	Studierende: Gesamt, davon Erstsemester	Studiengang	Abschluss	Beginn	Studiengebühr	Hinweise und Anmerkungen
Sachsen-Anhalt						
Hochschule Anhalt; Hochschule für angewandte Wissenschaften (Köthen) Bernburger Str. 55 06366 Köthen 03496/670 ⌨ www.hs-anhalt.de	**SG** 350 **ES** 150	Informatik	D	WS	k	**S:** Studieneinrichtungen im HS: Ingenieurinformatik, Medieninformatik, WI; 20 Wochen Praxissemester **L & F:** 30 % „Nebenfach", 30 % studienrichtungsspezifische Informatikfächer, 40 % Informatikfächer; Datenbankanwendungen (z. B. Digitales Bildarchiv), Datensicherheit (Digitale Wasserzeichen), virtuelle Studienangebote („Informatik im Netz")
	SG 60 **ES** 30 **P** 12	Information Management	D	WS	k	**S:** Informationsquellen und -dienste, Informationsaufbearbeitung, Visualisierung, Multimediale Informationen; Kooperation mit US-Universitäten, Lehrveranstaltungen teilweise in Englisch. **F:** Intranetbasierte Informationssysteme
Hochschule Harz; Hochschule für angewandte Wissenschaften – Wernigerode Friedrichstr. 57–59 38855 Wernigerode 03943/659-0 ⌨ www.hs-harz.de	**SG** 60 **ES** 30 **P** 12	Öffentliches Medienmanagement/ Verwaltungsinformatik	D	WS	k	**S:** Multidisziplinäres GS mit den Fachgruppen: Informatik, Medienmanagement, öffentliche Anwendungssysteme, Recht, Ökonomie, Sozialwissenschaften, Methoden, Sprachen; Interdisziplinäres HS mit einem hohen Praxisanteil **L:** Integrative Ausrichtung der Lehre durch Verbindung und Verzahnung unterschiedlichster Fachgruppen und Fächerkombinationen. **F:** E-Government, Geographische, kommunale und räumliche Informationssysteme, Digitalisierung öffentlicher Dienstleistungen, IT-Sicherheitskonzepte
	SG 86 **ES** 30	Ingenieur-Informatik	D	WS	k	**S & L:** OOP, Software-Engineering, Betriebssysteme, Grafische Benutzeroberflächen, Datenbanksysteme; Rechnerkommunikation, Automatisierungstechnik, Fertigungstechnik, Qualitätssicherung; Vertiefungsrichtungen: Praktische Informatik und Technische Informatik
	SG 54 **ES** 18 **P** 14	Kommunikationsinformatik	D	WS	k	**L:** 2 Studienrichtungen: Distributed Computing und Informationsmanagement (Kommunikationsnetze, Rechnernetze, Codierungstheorie, Data Mining, Datenmanagement etc.)

Fachhochschule	Studierende: Gesamt, davon Erstsemester	Studiengang	Abschluss	Beginn	Studiengebühr	Hinweise und Anmerkungen
		Sachsen-Anhalt (Fortsetzung)				
	SG 128 **ES** 30 **P** 5	Medieninformatik	D	WS	k	**S:** 2 Informatik-Professoren (Internettechnologien, 3-D-Grafik); 3 Gestaltungs-Professoren (Grafik-Design, Screen-/Interface-Design, interaktives Video); Studieninhalte: 40 % Informatik, 40 % Gestaltungsanteile. Schwerpunkte: interaktives 3D-Computergrafik, interaktives Bewegtbild, Online/Offline-Medien, 2 Praxissemester **L:** Grundlagen der Informatik und der Gestaltung, Medientechnik/-wirtschaft, Quantitative und formale Methoden, Sprachen, Schlüsselkompetenzen; HS: Informatik-Spezialgebiete u. Multimediaentwicklung, Medieneinsatz, Vertiefung Medientechnik/Gestaltung, Projektarbeit **F:** Angewandte Forschung in den Bereichen 3D/Internettechnologien/Datenbankanwendungen
	SG 118 **ES** 27 **P** 3	Wirtschaftsinformatik	D	WS	k	**S:** Im HS: Zusammenarbeit mit regionalen u. überregionalen Firmen in den Vertiefungsrichtungen. Mehrere Partnerhochschulen im Ausland (auch USA) **L & F:** Im GS: Studiengangsspezifische Veranstaltungen der WI, BWL, VWL, Rechnungswesen, Recht und Steuern, Wirtschaftsmathematik/Statistik, Fremdsprachen und Schlüsselkompetenzen; im HS: Vertiefung in zentralen Bereichen der Anwendungsentwicklung, ERP-Einführung/Anwendung; Reengineering, ASP, ERP, J2EE-Anwendung, E-Business
Fachhochschule Merseburg (University of Applied Sciences) Geusaer Str. 06217 Merseburg 03461/460 ⌨ www.fh-merseburg.de	**ES** ca. 100 **P** 5	Informatik	D	WS	k	**S & L:** Künstliche Intelligenz und multimediale Systeme, Prozessdatenverarbeitung, Umweltinformatik/Datenbanken, Rechnernetze/Telekommunikation; 20 Wochen Praxissemester im 5. Sem.; Spezialisierungsrichtungen wie Künstliche Intelligenz/Multimediale Systeme, Rechnernetze/ Telekommunikation etc. **F:** Zahlreiche Labors: Multimedia Labor, Labor für künstliche Intelligenz, Prozessdatenverarbeitungslabor etc.

Schleswig-Holstein

Fachhochschule	Studierende: Gesamt, davon Erstsemester	Studiengang	Abschluss	Beginn	Studiengebühr	Hinweise und Anmerkungen
Nordakademie Hochschule der Wirtschaft (Elmshorn) Köllner Chaussee 11 25337 Elmshorn 04121/40900 💻 www.nordakademie.de	**ES** 90	Wirtschafts-informatik (dualer Studiengang)	D	WS	€ 1.960 pro Sem	**S & L:** GS: Rechnernetze, Hardwaretechnik, Systemtechnik, Betriebswirtschaftliche Anwendungen, Allgemeine BWL, Marketing etc; HS: Softwareproduktion, Unternehmensführung, Allgemeine VWL, Technologiemanagement, Multimedia, Wirtschaftsrecht etc., Projektarbeit, Diplomarbeit **Studiengebühren** werden von Betrieben/Firmen erbracht, die an dem Ausbildungsmodell der Nordakademie beteiligt sind.
Fachhochschule Flensburg Kanzleistr. 91–93 24943 Flensburg 0461/80501 💻 www.fh-flensburg.de	**SG** 411 **ES** 80 **P** 8	Informatik (Studienrichtung: Medieninformatik/ Technische Informatik)	D	WS	k	**S:** Studium dauert 8 Sem., davon 2 Praxissem. **L & F:** Datenbanken, Compilerbau-Techniken; Kryptographie; Web-Programmierung (z. B. HTML, CSS, JavaScript, XML/XSL, CGI, ASP, PHP, WML/WAP, SMIL, A/V-Streaming); zahlreiche Labore: PC-, Unix-, PDV-, Elektronik-, Logistikdesignlabor etc.
	SG 400 **ES** 60–90 **P** 7	Wirtschafts-informatik	D/B/M	WS	k	**S:** Starker Praxisbezug durch integrierte Projekte; Diplom mit Spezialisierung in IT und BWL; Bachelor generalistischer u. breiter angelegt; Master mit integriertem Auslandsstudium **L & F:** SAP; E-Commerce; objektorientierte Systeme; Netzwerke Informationsmanagement
Fachhochschule Kiel (University of Applied Sciences) Sokratesplatz 1 24149 Kiel 0431/2100 💻 www.fh-kiel.de	**SG** 165 **ES** 51	Internet Science and Technology	B/M	WS	k	**S & L:** Kurzstudiengang mit einer Regelstudienzeit von 3 Jahren. Er schließt mit dem Bachelorgrad ab, welcher einen international anerkannten Hochschulabschluss darstellt. Besonders qualifizierte Studienabgänger/-innen können anschließend in einem weiteren 2-jährigen Studium den Mastergrad erwerben.
	SG 131 **ES** 84	Technologie-management u. -marketing	D			**S & L:** Studiengang möchte besonders junge Frauen für ein technisches Studium interessieren; Studienrichtungen: Telekommunikationsmanagement, Energiemanagement und wirtschaftliche Inhalte (wie Controlling, strategisches Marketing, Marktforschung oder Kostenrechnung)
	SG 438 **ES** 52 **P** 11	Technische Informatik u. Systemtechnik	D			**L:** Studienrichtung in Elektrotechnik: Elektrische Energietechnik; Kommunikationstechnik; Technische Informatik und Systemtechnik

Fachhochschule	Studierende: Gesamt, davon Erstsemester	Studiengang	Abschluss	Beginn	Studiengebühr	Hinweise und Anmerkungen
Schleswig-Holstein (Fortsetzung)						
	ES 30 **P** 5	Wirtschafts-informatik (ab SS 2001)	B/M	SS	k	**S & L:** Studiengang führt nach insgesamt 9 Studienhalbjahren zum Abschluss Master of Business Information Systems (MBIS). Nach 6 Studienhalbjahren ist als erster berufsqualifizierender Abschluss der Bachelor of Business Information Systems (BBIS) zu erwerben. Beide Programmabschnitte beinhalten berufspraktische Studienteile u. das Erfordernis von Thesis und Kolloquium.
Fachhochschule Lübeck (University of Applied Sciences) Stephensonstr. 3 23562 Lübeck 0451/500-5012 www.fh-luebeck.de	**SG** 100 **ES** 40 **P** 5	Informatik	D		k	**S & L:** Gemisch aus Elektrotechnik (Mathe, Physik, Grundlagen ET, Digitaltechnik, Programmieren, Softwaretechnologie etc.) und Informatik (Grundlagen Informatik, Compiler, Rechnernetze, Datenbanken, Multimedia) **F:** Künstliche Intelligenz, Software-Engineering, Agententechnologie, interaktive Systeme zum Sprachlernen
	SG 80 **ES** 30 **P** 5	Informations-technologie und Gestaltung	D	WS	k	**S:** Kombiniert Informationstechnologie mit Lehrfächern aus der Gestaltung. Auslandssemester **L:** Gemisch aus Technik (Mathe, Physik, Digitaltechnik, Datenbanken, Programmieren, Informationstechnologie), Medien (Grundlagen Medien, Medienpolitik, Medienproduktion, Mediendesign) und Gestaltung (Dozenten sind echte Designer) 25 % des Studiums in flexiblen, individuell abstimmbaren Projekten
	SG 60 **ES** 60	Medien-informatik (Online-Studiengang)	B	WS	k	**S:** Studiengang kann zu 80 % per Internet studiert werden. Es stehen verschiedene Systeme (Blackboard, Chat etc.) zur Verfügung, mit denen Studierende mit Dozenten und untereinander kommunizieren können. 20 % des Studiums (Praktika, Labore) findet in Präsenzphasen in Lübeck statt. **L:** Gemisch aus Technik (Mathe, Infophysik, Digitaltechnik, Datenbanken, Programmieren, Grundlagen Informatik etc.) und Medien (Multimediaprogrammierung, Computergrafik etc.)

Fachhochschule	Studierende: Gesamt, davon Erstsemester	Studiengang	Abschluss	Beginn	Studiengebühr	Hinweise und Anmerkungen
Schleswig-Holstein (Fortsetzung)						
Fachhochschule Wedel Feldstr. 143 22880 Wedel 04103/8048-0 www.fh-wedel.de	**SG** 350 **ES** 93 **P** 10	Medien-informatik	D		€ 840 pro Sem.	**S:** HS: 4 Wahlblöcke (Medien, Informatik, Wirtschaft oder Auslandssemester an einer Partnerhochschule). Weiterstudium zum Master of Computer Science möglich **L:** Audio-/Videotechnik, Gestaltung, Softwareentwicklung, Datenbanken, Computergraphik/-animation, VR, Rechner-Netze, Medienwirtschaft, Projektmanagement **F:** Virtual Reality, E-Learning
	SG 162 **ES** 49 **P** 9	Technische Informatik	D		€ 660 pro Sem.	**S:** HS: 4 Wahlblöcke (Hardware, Systementwicklung, Informatik oder Auslandssemester an einer Partnerhochschule. Weiterstudium zum Master of Computer Science möglich **L:** Softwareengineering, Datenbanken, Computergrafik, Hardwareentwurf u. Simulation, Rechnernetze, Prozessautomatisierung, Robotik, Bildverarbeitung **F:** Bildverarbeitung und CIM-Anwendungen, Messtechnik in der Medizin
	SG 365 **ES** 81 **P** 11	Wirtschafts-informatik	D		€ 660 pro Sem.	**S:** HS: 3 Wahlblöcke (Informatik, Dienstleistungsmanagement oder Auslandssemester an einer Partnerhochschule). Weiterstudium zum Master of Computer Science möglich **L:** Softwareentwicklungsmethoden, Systemplanung und DV-Anwendungen, Datenbanken, Rechnernetze, Marketing, Produktionswirtschaft, E-Business, Unternehmensführung **F:** Werkzeuge zur Verarbeitung von XML, Customer Relationship Management, Internet und E-Commerce

Fachhochschule	Studierende: Gesamt, davon Erstsemester	Studiengang	Abschluss	Beginn	Studiengebühr	Hinweise und Anmerkungen
Thüringen						
Fachhochschule Erfurt (University of Applied Sciences) Altonaer Str. 25a 99085 Erfurt 0361/6700700 ⌨ www.fh-erfurt.de	**SG** ca. 120 **ES** 70	Angewandte Informatik	B	WS	k	**S & L:** GS: Grundlagen der Informatik (Rechnerarchitektur, Programmierung, Standardsoftware, Betriebssysteme, Kommunikations- und Datennetze etc.). Im HS: Studierende entscheiden sich für eine Spezialisierungsrichtung. Diese kann sich entweder an den vorwiegend technisch ausgerichteten Fachbereichen Bauingenieurwesen, Verkehrs- und Transportwesen bzw. Versorgungstechnik, in Richtung WI, Medieninformatik oder an Angeboten der anderen Fachbereiche der Hochschule orientieren.
Fachhochschule Jena (University of Applied Sciences) Carl-Zeiss-Promenade 2 07745 Jena 03641/205-230, ⌨ www.fh-jena.de	**SG** 15 **ES** 15	Internet Business Engineering (neu)	B	SS	k	**S:** 1) Kurze Ausbildungszeit (3 Jahre). 2) Hoher Praxisbezug, z. B. durch Einsatz von Experten in den Seminaren. 3) Insgesamt werden 48 Wochen Praktikum in festen Praktikumsfirmen absolviert (mit Vergütung). 4) Verstärkte Internationalisierung durch Aufnahme von internationalen Themen in die Module, vermehrte Durchführung von englischsprachigen Lehrveranstaltungen (30 %), Einbindung internationaler Studien- bzw. Praktika-Aufenthalte. 5) Nationale und internationale Vergleichbarkeit durch Modularisierung des Studiums und Verwendung des ECTS-Credit-Point-Systems. **L:** 1) Integration von softwaretechnischen u. betriebswirtschaftlichen sowie rechtlichen Inhalten. 2) Verstärkte Vermittlung von sozialer u. methodischer Kompetenz durch Lehrinhalte (Fächergruppe: Soziale Kompetenz) und Veranstaltungsarten (Planspiele etc). 3) Gezielte Auswahl der Bewerber durch die Eignungsfeststellungsprüfung.
	SG 250 **ES** ca. 100 **P** 16	Elektrotechnik u. Informationstechnik (auch Dualer Studiengang)	D		k	**S & L:** Automatisierungstechnik; Digitale Medientechnik; Geräteelektronik; Informationstechnik; Nachrichtentechnik. **F:** Entwicklung neuer Werkstoffkombinationen (z. B. Leistungsferriten) für Einsatzgebiete in der Elektronik; Einführung von Multisensoren, die mit drahtloser Datenerfassung und Energieübertragung arbeiten, Entwurf von Embedded-Systemen für den Einsatz in der Informations- und Kommunikationstechnik etc.

Fachhochschule	Studierende: Gesamt, davon Erstsemester	Studiengang	Abschluss	Beginn	Studiengebühr	Hinweise und Anmerkungen
Thüringen (Fortsetzung)						
Fachhochschule Nordhausen Weinberghof 4 99734 Nordhausen 03631/420-221 ⌨ www.fh-nordhausen.de	**SG** 82 **ES** 45 **P** 5 (i. Auf.)	Technische Informatik	D	WS	k	**S:** Automatisierungssysteme; Kommunikationssysteme; Programmierung und Softwaretechnologien; praxis- und berufsnah; internationale Ausrichtung; intensive Sprachausbildung **L:** Automatisierungstechnik; Mikroprozessortechnik; Kommunikationstechnik; Betriebssysteme; maschinennahe und höhere Programmiersprachen; Internettechnologien; Softwareengineering; Sprachausbildung; Praxisbezug **F:** Bedienarme Regelalgorithmen für Geräte der Basisautomatisierung; Automatisierung von Biorecycling-Prozessen etc.
Fachhochschule Schmalkalden Blechhammer 4–9 98574 Schmalkalden 03683/6880 ⌨ www.fh-schmalkalden.de	**SG** 757 **ES** 83 **ES** 101 **P** 12	Informatik Wirtschaftsinformatik	D D	WS WS	k k	**S & L:** Methoden und Verfahren zur ingenieurmäßigen Entwicklung von Softwaresystemen; Aktuelle Informatik-Technologien wie Objekttechnologie, Verteilte Systeme, Wissensbearbeitung und Grafische Datenverarbeitung; der WI-Studiengang soll die Studierenden dazu befähigen, soziotechnische Anwendungssysteme in allen Prozessphasen (Analyse, Ziel- und Konzeptbildung, Entwurf, Realisierung, Evaluation und Weiterentwicklung) fachlich zu entwickeln oder solche Prozesse als Führungskräfte zu leiten.

Informatikerinnen und Informatiker
sind in vielen Tätigkeitsbereichen
zu Hause. Ob in der Beratung, in der
System-Entwicklung oder auch im
Marketing, ihr Fachwissen ist überall
gefragt. Im IT-Bereich arbeiten aber
auch Fachleute aus anderen Berufs-
feldern mit informatischen Zusatz-
kenntnissen sowie qualifizierte Quereinsteiger. In der Grafik sehen Sie
die aktuellen Arbeitsbereiche von Informatikern und ihre Verteilung.

**Gesellschaft
für Informatik e.V.**
Ahrstraße 45
53175 Bonn
Tel.: +49(0) 228/302-145
Fax: +49(0) 228/302-167
E-Mail: gs@gi-ev.de

**Wenn Sie
dazu
gehören
(wollen)…**

**…dann
gehören Sie
auch
zu uns!**

Sie gehören zu uns, wenn Ihnen, wie
bisher rund 22.000 Frauen und Män-
nern, die Informatik am Herzen liegt.
**Die Gesellschaft für Informatik e.V.
(GI)** fördert die Zusammenarbeit der
Informatiker aus den unterschiedlichen
Arbeitsbereichen, unterstützt ihren
Erfahrungsaustausch und setzt sich für
die Weiterbildung ein. Daneben bietet
Ihnen eine GI-Mitgliedschaft auch
handfeste materielle Vorteile. Gerade
weil die Entwicklung im IT-Bereich so
rasant ist, brauchen wir eine starke
Gemeinschaft, um den Fortschritt der
Informatik mitzugestalten. Wenn Sie
mehr wissen möchten, sprechen Sie
mit uns!

www.gi-ev.de

Folgende Praktikerportraits von ausgewählten Fachhochschulabsolventen geben einen eindrucksvollen Einblick in die Vielfalt der berufspraktischen Erfahrungsbereiche und Unternehmenskulturen der IT, mit Hinweisen und Anregungen für Studieninteressierte, Studierende, Absolventen wie auch Professoren:

- Roland Fesenmayr, Firmengründung nach FH-Studium
- Michael Braun, Meine Aufgaben als IT-Leiter bei Gebrüder Weiss GmbH
- Dietrich Stoll, Praxiswelt Digitale Medien
- Tim Danckwerts, Meine Karriere als Consultant im „Electronic Business"
- Stephan Knechten, IT-Consultant und Webdesigner in einem
- Marc Becker, Karriere bei der Gruppe Deutsche Börse
- Jürgen Vogler, Ohne IT läuft bei mir nichts
- Frank Riemensperger, Interview mit einem Partner von Accenture
- Karl Langenstein, „Als Vorstandschef bin ich für alle verantwortlich"
- Rainer Kunkel, „It-Absolventen sind Mangelware"
- Dr. Klaus Dorer, Promotion nach FH-Studium

7.1 Firmengründung nach FH-Studium

Roland Fesenmayr, geboren 1969
Studierte Medieninformatik an der Fachhochschule Furtwangen von 1990 bis 1995
Abschluss: Diplom-Informatiker
Gründer und Vorstand der Virtual Identity AG
Vorstandsmitglied des Medien Forum Freiburg
Lehraufträge im Fachbereich Digitale Medien an der FH Furtwangen

In welchem Bereich ist Ihr Unternehmen „Virtual Identity AG" tätig?

Virtual Identity ist führender Full-Service-Anbieter für marktgerechte e-Business-Lösungen. Umfassende Kompetenzen in den Bereichen Business Consulting, System Integration und e-Branding sowie fundierte Branchenkenntnisse machen uns zum erfolgreichen Internet-Partner namhafter Unternehmen. Für unsere Kunden aus dem Verlagswesen, aus Handel, Industrie und dem Immobilien-Bereich definieren wir Geschäftsabläufe neu und optimieren diese auf der Basis von Internet-Standard-Technologien. Wir konzipieren individuelle Anwendungen und integrieren sie in bestehende Wertschöpfungsketten und IT-Systeme. Berater, System-Architekten, Software-Entwickler und Brand-Strategen realisieren in engem Dialog mit unseren Kunden wertschöpfende End-to-End-Lösungen.

Was haben Sie in Ihrem Studium besonders geschätzt?

Mit über zehn Professoren für den Studiengang Medieninformatik bei weniger als 40 Studenten pro Semester hatten wir Anfang der 90er Jahre hervorragende Möglichkeiten, in die komplette Bandbreite der Thematik einzusteigen.

Das Internet hatte zu dieser Zeit privat und kommerziell noch keine Bedeutung. Das World Wide Web wurde während meiner Studienzeit erfunden. Dementsprechend groß war der Pioniergeist unter den Studenten. Die Aufbruchsstimmung war aber auch geprägt von einem sehr intensiven Dialog zwischen Professoren und Studenten, weit über die Pflicht hinaus. Im Grunde haben wir die digitale Welt gemeinsam entdeckt und den Studiengang Medieninformatik geprägt.

Was sind nach Ihrer Erfahrung die persönlich entscheidenden Kriterien für Ihren jetzigen beruflichen Erfolg?

Ich bin jetzt 32 und stehe mitten in meiner beruflichen Laufbahn. Es wäre vermessen, die Frage nach Erfolg zu diesem Zeitpunkt abschließend zu beantworten. Eine gewisse Risikobereitschaft ist sicherlich die Grundvoraussetzung, um Unterneh-

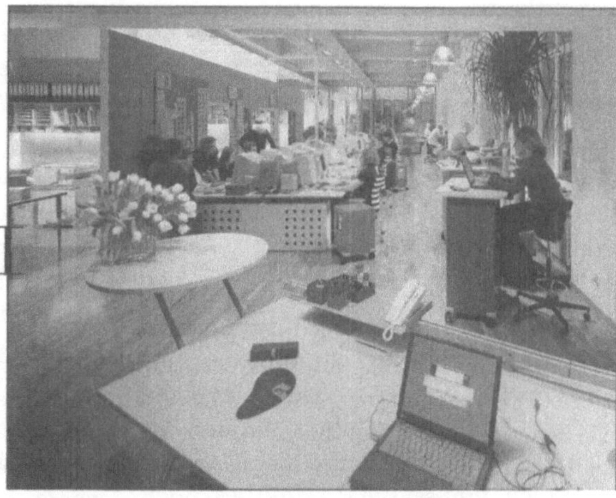

mer werden zu können. Die unternehmerischen Ideen mit harter, konsequenter und qualitativ hochwertiger Arbeit zu verbinden und damit erst Visionen Wirklichkeit werden zu lassen, ist sicherlich für mich der entscheidende Faktor. Also in guten Zeiten nicht abzuheben und in harten Zeiten einen langen Atem zu beweisen.

Wie kam die Geschäftsidee für Ihre Firma zustande?

Meine Arbeit im 2. Studiensemester in der Praxis bestand in der Entwicklung eines rudimentären Authoringsystems mit Anbindung an eine medienneutrale Datenbank für crossmediales Publizieren. Der Aufwand für reihenweises Publizieren von CD-ROMs in entsprechend hoher Qualität war mit den damals existierenden Werkzeugen zu hoch. Noch während meiner Diplomarbeit kam auf Grundlage dieser Arbeit ein Dienstleistungsauftrag für einen großen Sportartikelhersteller zustande. Dieser Auftrag legte den Grundstein für die Firma.

Wie sind Sie an das Startkapital gelangt?

Wir waren gezwungen, von Beginn an profitabel zu arbeiten. Mit unseren Startaufträgen war das zwar schwierig, aber doch möglich. Venture Capital war zu diesem Zeitpunkt in Europa praktisch unbekannt. Für Banken war das Thema zu neu, um mit ins Risiko zu gehen. Erst viele Monate nach der Gründung wurden Betriebsmittel zusätzlich durch ein Existenzfestigungsdarlehen finanziert. Die Erfahrung, von Beginn an wirtschaftlich arbeiten zu müssen, möchte ich nicht missen.

Ist alles seit der Gründung Ihrer Firma reibungslos gelaufen?

Nein. In jedem Unternehmen gibt es Ups und Downs. Speziell harte Zeiten prägen einen als Unternehmer und Menschen. Speziell unser kurzer Ausflug in die „New Economy" ist eine Erfahrung auf die ich im Nachhinein gerne verzichtet hätte. Wichtig ist es hier, seiner unternehmerischen Vision treu zu bleiben und sich seiner eigenen Stärken bewusst zu sein.

Worauf müssen FH-Absolventen bei der Unternehmensgründung besonders achten?

Keinesfalls nur mit einer guten Dienstleistungs- oder Produktidee an den Start gehen. Marketing, Vertrieb, Controlling und Finanzen müssen von Beginn an stimmen.

Rechtzeitig für Managementaufgaben qualifizieren. Führungskompetenz wird sehr schnell wichtiger als Fachkompetenz werden. Die Profitabilität immer als wichtigstes Ziel im Auge halten. Kein Unternehmen, und sei die Produktidee noch so innovativ, existiert als Selbstzweck. Verlockende moderne Eigenkapitalfinanzierungen täuschen darüber oft hinweg. Das böse Erwachen kommt hinterher.

Was empfehlen Sie FH-Professoren, worauf Sie bei der Ausbildung von Studenten besonders achten sollen?

Der eigentliche Lernprozess findet im Studenten statt. Er muss die Themen verknüpfen und seine eigenen Stärken anhand seiner persönlichen Ziele eigenverantwortlich entwickeln. Professoren können hier nur das Grundhandwerkszeug und ein paar Impulse geben.

Die Persönlichkeit und Motivation jedes einzelnen Studenten gilt es zu stärken und keinesfalls zu unterdrücken. Nur mit einer ausgeprägten Fähigkeit, sich selbst zu organisieren und weiterzuentwickeln, hat man die Chance, sich in unserer Branche erfolgreich zu behaupten.

7.2 Meine Aufgaben als IT-Leiter bei Gebrüder Weiss GmbH

Michael Braun, Informatikleiter, Dipl.-Inform. (FH), Studiengang Wirtschaftinformatik, geb. am 06.01.1965 in Wangen im Allgäu
1984 Abitur am Wirtschaftsgymnasium,
1985–1989 Studium, Examen im SS 1989
verheiratet seit 1994, eine Tochter sechs Jahre und ein Sohn vier Jahre
1989–1995 Daimler-Benz, später debis Systemhaus in Stuttgart
1995–1998 debis Systemhaus Standardsoftware und Produkte in Friedrichshafen
1998– heute Gebrüder Weiss GmbH, Transport und Logistik in Vorarlberg

Die Firma

Der Logistikkonzern Gebrüder Weiss mit Hauptsitz in Österreich verfügt über ein europa- und weltweit ausgedehntes Partnernetzwerk für Stückgutsendungen im Land- sowie Luftverkehr. Kooperationen mit leistungsfähigen Logistikdienstleistern stellen umfassende Dienstleistungen von hoher Qualität sicher.

Gebrüder Weiss beschäftigt ca. 3.000 Mitarbeiter und ist ein über fünfhundert Jahre junger Familienbetrieb. Neben den deutschen Niederlassungen in Hamburg, Memmingen und Lindau ist Gebrüder Weiss im Stammland Österreich, der Schweiz und Italien hauptsächlich auf den schnell expandierenden Märkten in Mittel- und Osteuropa präsent.

In Tschechien, der Slowakei, Ungarn, Slowenien, Kroatien, Bulgarien und Rumänien sowie in China und Singapur ist Gebrüder Weiss mit eigenen Niederlassungen vertreten.

Speziell für die Informatik wird basierend auf den zentralen Zielsetzungen Verlässlichkeit, Innovation und Netzwerkfähigkeit eine Kultur des Vertrauens mit wichtigen und für alle verbindlichen Spielregeln gelebt:

Menschen im Mittelpunkt

Respekt für die individuellen Persönlichkeiten und Anerkennung für die im Team erbrachten Leistungen ist für alle Teamspieler die Quelle hoher Motivation. Durch gegenseitige Hilfsbereitschaft, das „Fordern und Fördern im Team" sowie laufender Aus- und Weiterbildung erhalten die Mitarbeiter immer mehr Know-how und werden somit zu wertvollen und zentralen Leistungsträgern.

Partnerschaftliches win-win

Wer von vernetzten Märkten und virtuellen Unternehmen überzeugt ist, ist auch von einem partnerschaftlichen win-win überzeugt. Trotz klarer Ausrichtung auf wirtschaftlichen Erfolg streben wir keine kurzfristige Gewinnmaximierung an. Vielmehr sollen Kunden, Mitarbeiter und Partner am Erfolg von Gebrüder Weiss partizipieren. Eine langfristige, für alle lohnende Partnerschaft ist das Ziel.

Offene Kommunikation

Strategische Ausrichtungen, organisatorische Veränderungen sowie neue Produktideen und Entwicklungen für Kunden und Partner werden zwischen allen organisatorischen Ebenen der Gebrüder Weiss Informatik intensiv und offen ausgetauscht. Flache Strukturen sowie der Einsatz eines leistungsfähigen Intranets ermöglichen und fördern diese offene Kommunikation.

Lernende Organisation und Zusammenarbeit mit diversen Hochschulen und Forschungseinrichtungen

Elektronische Märkte sind ebenso schnell wie spannend. Durch intensives und vernetztes Arbeiten mit erfahrenen Praktikern sowie wissenschaftlichen Mitarbeitern werden Wissen und Erfahrungswerte sehr schnell ausgetauscht. Mitarbeiter der Gebrüder Weiss Informatik werden dadurch schnell für verantwortungsvolle Aufgaben qualifiziert. Somit ergeben sich für die Mitarbeiter immer wieder neue Herausforderungen.

Fun is our fuel

Ehrliche Anerkennung für gute Leistungen ist wichtig und motivierend. Aber die Energie für echte Spitzenleistungen entsteht in Teams mit spannenden Aufgaben, in Teams, die Spaß haben. Leute mit Sinn für Humor und mit Sinn für „acting out of the box" sind bei der Gebrüder Weiss Informatik deshalb sehr willkommen.

Interview mit
Dipl.-Inform. (FH) Michael Braun

Was ist für die IT von Gebrüder Weiss der entscheidende Erfolgsfaktor?

Im Mittelpunkt stehen immer Menschen, seien es Kunden, Mitarbeiter oder Lieferanten. Die Leistung und Qualität der Informatik ist zu einem großen Teil von den in der Informatik tätigen Teams und Personen abhängig. Deshalb ist es von entscheidender Bedeutung, dass sich die Kolleginnen und Kollegen sowohl von ihrem fachlichen Know-how als auch von ihrer Persönlichkeit ständig weiterentwickeln und mit hoher Eigenverantwortung tätig sind.

Was zeichnet die Arbeit bei der Gebrüder Weiss Informatik aus?

Abwechslungsreiches Arbeiten in flexiblen Teams würde ich sagen. Das Arbeiten in flexiblen, an der jeweiligen Aufgabenstellung ausgerichteten Teams ist ein wichtiger Grundsatz der Gebrüder Weiss Informatik. Die Personen werden mit ihren Skills in Prozessen bzw. in Projekten jeweils optimal zusammengefasst und von einem verantwortlichen Prozess- bzw. Projektleiter koordiniert und unterstützt.

Für wie viele Leute sind Sie verantwortlich?

Im Bereich der zentralen Informatik sind wir insgesamt ca. 80 Personen. Dies umfasst das Rechenzentrum, den zentralen Support, die technische Informatik und die Softwareentwicklung.

Was sind für Sie die wichtigsten Aufgaben als IT-Leiter?

Die Hauptaufgabe der Informatik-Leitung besteht darin, den Kolleginnen und Kollegen Rahmenbedingungen zu schaffen, unter welchen die anspruchsvollen Aufgaben und Projekte wirtschaftlich und erfolgreich abgewickelt werden können. Deshalb hat die Informatik-Leitung vor allem für Folgendes Sorge zu tragen:

- die jeweils richtigen Personen in leistungsfähigen Teams zu formieren
- die Aus- und Weiterbildung von allen zu fordern und auch zu fördern
- ausreichend Informationen über Strategie und Aufgaben der Informatik zu vermitteln
- eine moderne Umgebung mit „state of the art"-Werkzeugen zur Verfügung zu stellen
- Visionen über die kommenden Technologieentwicklungen zu entwickeln
- im Team Entscheidungen für sinnvolle technologische Weiterentwicklungen treffen.

Welchen Stellenwert hat die Informatik bei Gebrüder Weiss?

Informationstechnologie ist für Gebrüder Weiss eine der wichtigsten Kernkompetenzen! Deshalb ist es selbstverständlich, dass die Informatik-Leitung gegenüber den Kunden (Kunden am freien Markt, Filialen, Supporteinheiten) sowie gegenüber der Geschäftsleitung die Verantwortung für eine leistungsstarke, qualitativ gute und wirtschaftliche Informatik trägt. In diesem Zusammenhang gilt es vor allem, wichtige technologische Trends frühzeitig zu erkennen und aus diesen mit möglichst effektivem Mitteleinsatz den größten Nutzen zu realisieren.

Was tun Sie oder Ihre Kollegen, wenn Sie nicht gerade arbeiten?

Was man neben der herausfordernden und interessanten Arbeit in einem Logistikkonzern aber auch nicht außer Acht lassen darf, ist die Tatsache, das sich die Gebrüder Weiss Zentrale, und damit auch die Informatik in Vorarlberg, zwischen dem Bodensee und der attraktiven Bergregion zwischen Bregenzerwald und Arlberg befindet. Im Winter locken die attraktivsten Skigebiete zum Tourengehen, Snowboarden oder einfach „nur" zum Skifahren ein. Im Sommer locken Mountainbike- oder Bergtouren. Egal ob man mit der Gondel, dem Gleitschirm oder dem Drachen ins Tal schwebt. Segeln, Surfen oder Schwimmen sind am Bodensee natürlich auch beliebt. Die Bodenseeregion bietet das ganze Jahr für jeden ein abwechslungsreiches Programm, ob man sich in Deutschland, Österreich, der Schweiz oder Liechtenstein aufhält.

Sie haben Wirtschaftsinformatik in Furtwangen studiert, was waren für Sie Gründe für dieses Studium?

Ich hatte mich nach der Realschule für das Wirtschaftsgymnasium entschieden. Hier kam ich nicht nur das erste Mal mit Datenverarbeitung, sondern natürlich auch mit den dort üblichen Fächern Volks- und Betriebswirtschaftslehre, Rechnungswesen in Berührung. Das Wirtschaftsinformatikstudium war für mich die logische Fortsetzung dieser praxisorientierten Ausbildung.

Ist Gebrüder Weiss Ihr erster Arbeitgeber?

Nein, nach dem Studium habe ich 1989 bei Daimler-Benz in Stuttgart angefangen. Im Bereich Forschung und Entwicklung beschäftigte ich mich mit Werkstattsteuerung und Produktionsplanung für die Prototypenfertigung. Dann wurde das debis Systemhaus gegründet. Dort konnte ich in verschieden Software-Entwicklungsprojekten Erfahrungen sammeln. Im Jahr 1994 wechselte ich debis intern nach Friedrichshafen in den Bereich Standardsoftware und Produkte. Dort habe ich an einem neuen Speditionspaket für den Europäischen Markt mitentwickelt. Auch hier konnte ich als Softwareentwickler und dann als Projektleiter wertvolle Erfahrungen im Umgang mit Menschen sammeln.

Seit 1997 bin ich bei Gebrüder Weiss in der Informatik. Als Teamleiter war ich für das Thema Lagerlogistik verantwortlich. Im Jahr 2001 übernahm ich schrittweise die Aufgaben des Informatikleiters und bin seit Januar 2002 für die gesamte Informatik verantwortlich.

7.3 Praxiswelt Digitale Medien

Dietrich Stoll, Jahrgang 1972, studierte 1997 bis 2001 Digitale Medien an der FH Furtwangen.
1989 Lehre als Bauzeichner. 1989 Schulung auf einem CAD-System Autocad auf MS-DOS. Hiermit die ersten Versuche in 3D-Rendering, was eine gewisse Faszination auslöste. Nach einem Jahr Aufenthalt in den USA begann ich 1996 bei einer Firma für 3D-Computeranimation zu arbeiten. Dort lernte ich meinen jetzigen Partner Zoltán von Gáti (ebenfalls Student von Digitale Medien) kennen, mit dem ich im Dezember 1997 die Firma Digital Art & Animation GbR gründete. Gleichzeitig begann ich das Studium Digitale Medien in Furtwangen. Wir erhielten 1998 einen großen Auftrag für eine Computeranimation eines Golfclubhauses, der 1999 beim „animago 3D Award" mit dem 2. Platz ausgezeichnet wurde. Während des Studiums traf ich auf Martin Walleczek, ebenfalls Student von Digitale Medien, der dann auch bei uns anfing und bis heute dabei ist. Im Januar 2001 firmierten wir zu einer GmbH um.

In welcher Branche ist „Digital Art & Animation" tätig?

Digital Art & Animation – Agentur für 3D Computergrafik und Neue Medien:

Professionelle Medien-Dienstleistungen für den Mittelstand und größere Unternehmen bietet die Firma Digital Art & Animation aus Crailsheim. Kreativität, Kompetenz und fundiertes Know-how aus den Bereichen 3D-Computeranimation, Neue Medien und IT lassen faszinierende und auf Wettbewerben mehrfach ausgezeichnete Produkte entstehen, die sich von der breiten Masse abheben.

Die IT-Dienstleistungen von Digital Art & Animation richten sich vor allem an Kunden, die komplexe Abläufe und Vorgänge der Geschäftsprozesse optimieren wollen und mit datenbankgestützten Intra- und Extranet-Systemen den wichtigen Schritt in Richtung eCommerce und Customer Relationship Management unternehmen wollen. Durch das eingesetzte Content Management System können diese Daten dynamisch im Internet bereitgestellt werden und die Web-Inhalte unabhängig von der Agentur gepflegt werden.

Das 1997 gegründete Start Up konnte in den letzten Jahren internationale Unternehmen wie RECARO und British Airways in sein Kundenportfolio aufnehmen.

Was haben Sie in Ihrem Studium Digitale Medien besonders geschätzt?

Das breite Spektrum an vermitteltem Wissen sehe ich als großen Vorteil, insbesondere für spätere Führungspositionen. Es hat mir ermöglicht, in vielen Bereichen einen sehr guten Einblick und Wissen zu erhalten, sei es im Bereich Programmierung, Computeranimation, Design, Marketing, Film/Video. In unserer Firma haben wir eben all diese Bereiche. Natürlich gibt es in jedem Bereich Spezialisten, es haben aber trotzdem alle den Gesamtüberblick.

Was sind Ihrer Meinung nach die persönlich entscheidenden Kriterien für Ihren jetzigen beruflichen Erfolg?

Der persönliche Ehrgeiz, während des Studiums die Firma parallel hochzuziehen, trotzdem aber keines von beiden vernachlässigt zu haben. Das sah so aus: Montag bis Donnerstag Studium und Freitag bis Sonntag Firma.

Ein weiterer wichtiger Punkt war, dass ich während des Studiums wichtige Kontakte knüpfen konnte und auch Spezialisten kennengelernt habe, auf die man jederzeit zurückgreifen kann.

Wie kam die Geschäftsidee für „Digital Art & Animation" zustande?

Die Geschäftsidee entwickelte sich auf der Grundlage meiner vorherigen Tätigkeit in der Computeranimationsbranche. Dies war anfänglich auch unser Hauptgeschäftsbereich, der sich dann aber mit dem Studium um IT-Lösungen erweiterte.

Wie sind Sie an das Startkapital gelangt?

Unser Startkapital waren unsere privaten Computer, zu der damaligen Zeit allerdings nicht ganz billig. Hiermit war es uns möglich, die ersten kleineren Aufträge anzunehmen. Das erwirtschaftete Geld haben wir dann sofort wieder in neue Hard- und Software gesteckt, um größere Projekte durchführen zu können. So wurden von Auftrag zu Auftrag die Projekte und die Kunden größer und interessanter. Jedes Projekt, das wir durchführten, zog dann weitere Projekte mit sich. In den ersten zwei Jahren haben wir fast das komplett eingenommene Geld in die Firma investiert.

Worauf müssen FH-Absolventen bei der Unternehmensgründung besonders achten?

Oberstes Ziel sollte ein gesundes Wachstum sein. Viel Personal heißt nicht gleich viel Umsatz. Also Vorsicht beim Einstellen von guten Arbeitskräften und besser einmal mehr überlegt, ob eine weitere Arbeitskraft wirklich benötigt wird. Man darf die monatlichen Kosten, die hierdurch entstehen, nicht unterschätzen, und man muss sich sicher sein, den erforderlichen Umsatz durch genügend Projekte auch sichern zu können. Viele junge und ältere Unternehmen scheitern daran, Durststrecken nicht überbrücken zu können.

7.4 Meine Karriere als Consultant im Electronic Business

Tim Danckwerts, Jahrgang 1967, studierte von 1992 bis 1995 Wirtschaftswissenschaften mit Schwerpunkt Betriebsinformatik an der Fachhochschule Niederrhein in Mönchengladbach mit Abschluss als Diplom-Betriebswirt.

Nach meinem Studium begann ich meinen beruflichen Werdegang als wissenschaftlicher Mitarbeiter der Arbeitsgruppe E-Commerce der FH Niederrhein. Ich begleitete dort in einem zweijährigen, vom Wirtschaftsministerium geförderten, Drittmittelprojekt die EDIFACT-Implementierung in mittelständischen Unternehmen.

Danach war ich zwei Jahre lang als IT-Consultant für ein Systemhaus in einem Großprojekt der Deutschen Telekom für die bundesweite SW-Einführung und die Releasewechsel-Koordination einer neuen Billing-Software zuständig. Als verantwortlicher „Einführungs- und Betriebsbeauftragter" (EBB) für die PC-Plattform im Projekt koordinierte ich u. a. die Bereitstellung, Installation und den regelmäßigen Releasewechsel von ca. 7.500 PCs in ca. 150 Niederlassungen.

Im Anschluss daran war ich ein Jahr lang als IT-Berater für die Abteilung Konzerninformatik beim IT-Dienstleister des Mannesmann-Konzerns (Mannesmann Datenverarbeitung) tätig. Ich habe dort unter anderem in Projekten zum Aufbau des konzernweiten Intranets und den Aufbau einer E-Business-Infrastruktur mitgewirkt. Als die Abteilung zum 31.12.99 aufgelöst wurde, wechselte ich zur META Group.

Ich bin also seit Januar 2000 als Consultant der „Electronic Business"-Practice der META Group Deutschland GmbH tätig. Ich wirkte unter anderem in Projekten zur E-Business Infrastruktur Implementierung, E-Business Readiness Analyse, Anbieter- und Software-Auswahl für Portale und Content Management, Intranet-Organisationsberatung für deutsche Großkonzerne sowie bei deutschen Marktstudien zu den Themen E-Business, Portale und Mobile Commerce mit.

Was ist META Group?

Die META Group ist eines der weltweit führenden Marktforschungs- und Beratungsunternehmen im Bereich der Informationstechnologie und der Business Transformation. Mit objektiven, konsistenten und praxisnahen Empfehlungen und Strategien hilft die META Group ihren Kunden, Innovationen schneller und effektiver umzusetzen. Mit einzigartigen Modellen werden die Kunden dabei unterstützt, die Geschwindigkeit, die Agilität und das Wertschöpfungspotenzial ihrer IT- und Business-Prozesse zu steigern. Zu allen Themenbereichen im IT- und Telekommunikationsumfeld umfasst das Angebot der META Group strukturierte

197

Transformationsprogramme, Subskriptions-Services, strategische Beratung, Benchmarking, Mergers & Acquisitions-Beratung, Marktforschung und Publikationen. Die META Group berät über 2.500 Kunden weltweit. Weitere Informationen unter: 💻 www.metagroup.de

---

Was ist Ihrer Meinung nach das Besondere an dem Studium an einer Fachhochschule?

- Enger Praxisbezug der Lehrstoffe, besonders im Hauptstudium
- Im Hauptstudium in Schwerpunktfächern relativ kleine Gruppen, somit intensive und persönlichere Lernumgebung
- Persönlicher Kontakt zu den Professoren (niedriges Verhältnis Professor zu Studenten)
- Diplomarbeit konnte als konkretes Projekt gestaltet werden (anstatt rein wissenschaftliche Arbeit).

Was sind nach Ihrer Erfahrung die persönlich entscheidenden Kriterien für Ihren jetzigen beruflichen Erfolg?

- Breites und fundiertes Know-how aus zahlreichen Projekten
- Projekterfahrung in Großkonzernen und mittelständischen Unternehmen
- Unternehmerisches Denken, Flexibilität und hohes Engagement im Job.

Was empfehlen Sie FH-Professoren, worauf Sie bei der Ausbildung von Studenten besonders achten sollen?

- Praxisbezug durch Projekte ermöglichen
- Zusammenarbeit mit der Wirtschaft fördern und intensivieren. Optimal wäre eine frühe und regelmäßige Zusammenarbeit zwischen Wirtschaft und Studenten (z. B. durch Projekte, Hausarbeiten, Vorträge, Exkursionen, Praktika, fachbezogene Ferienjobs etc.), um frühzeitig gegenseitige Kontakte aufzubauen und so einen gleitenden Übergang ins Berufsleben zu ermöglichen.
- Externe Referenten durch Gastvorträge einbeziehen, um aktuellen Praxisbezug zu gewährleisten
- Regelmäßige Exkursionen anbieten
- Studenten frühzeitig zu einer Schwerpunktwahl für das Hauptstudium animieren, damit eine zielgerichtete Ausbildung ermöglicht wird. Studiensemester in der Praxis sollten thematisch den späteren Schwerpunkten entsprechen.

Was muss ein IT-Absolvent zusätzlich zum erworbenem Wissen noch mitbringen?

- Sprachkenntnisse: Inzwischen ist Englisch Pflicht, daher sind auf jeden Fall Auslandsaufenthalte bzw. Praktika im englischsprachigen Ausland zu empfehlen. Gilt natürlich auch für andere Sprachen.
- Interessen und Engagement außerhalb des Berufs, z. B. Vereine, Sport, Verbände, soziales Engagement, Kultur
- Selbständigkeit und hohes Selbstbewusstsein; Bereitschaft, Verantwortung zu übernehmen; Durchsetzungsvermögen
- Unternehmerisches Denken, Kostenbewusstsein
- Bereitschaft zur Weiterbildung
- Flexibilität und Anpassungsfähigkeit in einer sich ständig wandelnden Wirtschaft.

7.5 IT-Consultant und Webdesigner in einem

Stephan Knechten, Jahrgang 1966, studierte 1991 bis 1994 Wirtschaftswissenschaften mit dem Schwerpunkt Betriebsinformatik an der FH Niederrhein in Mönchengladbach, Abschluss: Diplom-Betriebswirt.

Nach meinem Studium war ich von 1995 bis 1997 als wissenschaftlicher Mitarbeiter an der FH Niederrhein in mehreren Drittmittelprojekten tätig. Im Rahmen von E-Commerce-Projekten habe ich mich mit der Konzeption und Einführung von EDIFACT in der Schloss- und Beschlagindustrie und bei großen Energieversorgern beschäftigt.

Seit 1998 bin ich als IT-Consultant bei der TDS Deutschland AG beschäftigt. Hier habe ich mehrere Projekte im Bereich E-Commerce geleitet. Unter anderem war ich maßgeblich an der Schaffung einer EDIFACT-Branchenlösung für die Energiewirtschaft beteiligt.

Seit nunmehr zwei Jahren arbeite ich verstärkt im Bereich CRM. In verschiedenen Siebel-Projekten war ich für die Konzeption und Realisierung von hoch performanten Schnittstellen zwischen Siebel und SAP verantwortlich.

In welchem Bereich ist TDS Informationstechnologie AG tätig?

Die TDS bietet IT-Beratung und Application-Hosting/ASP-Lösungen für mittlere und große Unternehmen in Europa. Ausgeprägte Branchenkompetenz und Know-how in betriebswirtschaftlicher Software wie SAP R/3 bzw. mySAP.com sind für TDS Grundlage innovativer Full-Service-Lösungen für ihre Kunden. Seit 1975 steht der Name TDS für IT-Projekte aus einer Hand: von Bedarfsanalyse und Konzeption über Installation und Hosting von betriebswirtschaftlicher Standardsoftware und E-Business-Lösungen bis hin zu deren Wartung und System-Management. Indem TDS bestehende Anwendungen mit dem Internet verknüpft, schafft das Unternehmen die Grundlage für Business-to-Business-Lösungen, Portale und Online-Shops.

Zu den Kunden des IT-Dienstleisters zählen mittelständische Firmen und Großkonzerne verschiedener Branchen. Seinen Hauptsitz hat die TDS AG in Neckarsulm bei Heilbronn. Hier befindet sich mit mehr als 530 Servern eines der modernsten und größten Rechenzentren Deutschlands. TDS ist weltweit in neun Ländern vertreten. Das Unternehmen beschäftigt derzeit insgesamt rund 850 Mitarbeiter und erzielte 2000 einen Umsatz von rund 160 Millionen Euro.

Was haben Sie in Ihrem Studium besonders geschätzt?

An meinem Studium hat mir besonders gefallen, dass – insbesondere im Hauptstudium – der Stoff in überwiegend kleinen Arbeitsgruppen vermittelt wurde. Hierdurch war immer eine gewisse Interaktivität zwischen Professor und Student gegeben. Die persönliche Betreuung durch die Dozenten und die aktuellen Themen und Lehrinhalte waren aus meiner Sicht vorbildlich. Themen für Diplomarbeiten wurden größtenteils aus Projekten bzw. Praktika abgeleitet.

Was sind nach Ihrer Erfahrung die persönlich entscheidenden Kriterien für Ihren jetzigen beruflichen Erfolg?

- Die Kombination der Studienfächer (Allgemeine BWL und Informatik).
- Die praxisbezogenen Inhalte des Studiums
- Meine vorhergehende Berufsausbildung (Industriekaufmann)
- Projekterfahrung
- Neben der fachlichen Kompetenz haben Einsatzbereitschaft und Flexibilität eine wichtige Rolle gespielt.

Sie haben auch privat ein Unternehmen gegründet, in welchem Bereich ist es tätig?

Meine Firma ist im Bereich Webdesign/Webhosting, Beratung und Verkauf von Hardware tätig. Ein Interessensschwerpunkt ist der standardisierte und elektronische Austausch von Dokumenten (EDI/EDIFACT).

Wie kamen Sie auf diese Geschäftsidee?

Die Geschäftsidee kam mir durch den Kontakt mit Unternehmen im Rahmen von Projekten noch während meiner Studienzeit. Hier zeigt sich, dass viele Unternehmen und Privatpersonen einen kompetenten Ansprechpartner bei Problemen rund um ihre EDV benötigen, diesen aber selten finden.

Wie sind Sie an das Startkapital gelangt?

Das Startkapital stammte vorwiegend aus eigenen Mitteln. Darüber hinausgehende finanzielle Mittel wurden über Dispositionskredite gedeckt.

Ist alles seit der Gründung Ihrer Firma reibungslos gelaufen, und wie kombinieren Sie beide Tätigkeiten?

Seit der Gründung der eigenen Firma ist sicherlich nicht alles reibungslos verlaufen. Insbesondere in Bezug auf die Liquidität (kein ausreichendes Kapital durch Banken, schlecht zahlende Kunden usw.) kam es immer wieder zu finanziellen Engpässen, die aber durch das reguläre Einkommen aufgefangen werden konnten. Auf der fachlichen Seite gab es zu keiner Zeit Probleme.

Da die beiden Tätigkeiten nicht zu kombinieren sind, gilt mein Focus primär dem Hauptberuf. Danach fallen alle Aktivitäten für meine eigene Firma an. Die hat zur Folge, dass der durchschnittliche Arbeitstag zehn bis zwölf Stunden umfasst.

Was empfehlen Sie FH-Professoren, worauf Sie bei der Ausbildung von Studenten besonders achten sollen?

Aus meiner Sicht sind folgende Punkte besonders zu beachten:

- Zeitnahe Aufnahme aktueller Themen in den Lehrplan
- Ausbildung an den gängigen Standardsystemen (z. B. Office-Anwendungen, ERP-System wie SAP)
- Praktische Übungen bzw. themenbezogene Praktika in Zusammenarbeit mit der Wirtschaft anbieten
- (Drittmittel-)Projekte durchführen

7.6 Karriere bei der Gruppe Deutsche Börse

1996 wurde **Marc Becker** seiner Heimatstadt Frankfurt am Main untreu. Der Informatiker hatte gerade sein Studium in Darmstadt abgeschlossen und trat seine erste Stelle als EDV-Revisor bei der Bremer Landesbank an. Jedoch sollte der Wechsel in den Norden nur ein Gastspiel sein. Drei Jahre später kehrte Becker der Weser den Rücken, weil es ihn zurück an den Main zog. Dafür gab es einen triftigen Grund: Ein attraktiver Job bei der Deutsche Börse Systems AG wartete auf ihn.

Seine erste Aufgabe im weltweit aktiven Systemhaus der Gruppe Deutsche Börse: IT-Security-Consult. Das war für Marc Becker ein Einstieg nach Maß: „In dieser Position habe ich schnell einen Einblick in alle Systeme der Börse bekommen, weil wir in fast jedes Projekt eingebunden waren." Den „großen Blick" zu haben, in einem breiten Spektrum zu arbeiten, das ist sein Ding. Den ganzen Tag über zu programmieren, liegt dem 29-Jährigen nicht.

Diese „Gefahr" drohte ihm auch an der zweiten Station seiner Laufbahn in der Systems nicht: Im Herbst 2000 baute er das Office für ein Projekt der Terminbörse Eurex auf. Dort war er in gewissem Sinne ebenfalls für die Sicherheit zuständig – diesmal aber für die finanzielle: Marc Becker hatte hauptsächlich die Finanzen zu verantworten. „In der Deutschen Börse muss man halt sehr flexibel sein", kommentiert der passionierte Tänzer („Tanzen ist das Leben."). Die Mathematik lag ihm schon immer am Herzen.

Das Eurex-Projekt war ebenfalls etwas nach Beckers Geschmack. Denn wer fürs Geld zuständig ist, sollte natürlich auch den „großen Blick" fürs Ganze haben. Und das heißt, viel dazu lernen: Wie wird ein Projekt strukturiert, wer macht was, wie kommt man zu seinem Budget? Da sind eine gehörige Portion Kreativität und analytisches Denken gefragt. Und zurück bleibt das schöne Gefühl, etwas geschaffen, etwas gebaut zu haben, wie es Marc Becker formuliert. „Das war extrem interessant und spannend."

Ein weiteres, sehr „menschliches" Argument spricht seiner Meinung nach für Projektarbeit, wie sie bei der Börse an der Tagesordnung ist: „Ich lerne gerne neue Menschen kennen, ich arbeite gerne mit anderen Menschen zusammen und profitiere gerne von deren Erfahrungen."

Und die Abwechslung sowie die ständigen Herausforderungen reizen ihn an Projekten, deren exakten Verlauf anfangs niemand vorhersagen kann: „Ich will nicht morgens schon wissen, was am Abend sein wird." Viele Vertreter seiner Zunft, weiß der Informatiker, wechseln aus Angst vor „Stillstand" alle zwei bis drei Jahre das Unternehmen. Das hat er nicht nötig. „Ich finde es phantastisch, dass ich so viele Erfahrungen in einer Firma sammeln kann."

Diese Tatsache ist ebenso ein typisches Merkmal der gesamten Gruppe Deutsche Börse wie beispielsweise die extrem flachen Hierarchien oder die Chance auf eine schnelle, größtenteils selbstbestimmte Karriere. „Wer bei uns mit überdurchschnittlicher Leistung überzeugt, kann überdurchschnittlich schnell Verantwortung übernehmen", bestätigt Becker. Und er fügt einen „Geheimtipp" hinzu: „Den Job so gut machen, dass es nicht nur der eigene Chef mitbekommt." Aber nicht nur unter dieser Voraussetzung ist es keine Seltenheit, dass Mitarbeiter des größten europäischen Anbieters von Börsendienstleistungen schon mit Mitte 30 zu Führungskräften aufsteigen.

Nicht erst seit ihrem eigenen Börsengang im Februar 2001 ist bei der Deutschen Börse ständig alles im Fluss, entstehen immer neue Projekte und Strukturen. Diese permanenten Veränderungen und Anpassungen an neue Gegebenheiten geben dem Unternehmen angesichts der Umwälzungen auf dem weltweiten Kapitalmarkt die nötige Flexibilität. Diese ungeheure Dynamik erfordert natürlich auch von den Mitarbeitern ein Höchstmaß an Engagement, Eigenverantwortung und Entschlossenheit. Marc Becker („Man kann mich nicht in eine Schublade stecken.") ist dafür ein typisches Beispiel: „Ich will möglichst immer da sein, wo es brennt – und ich arbeite gerne auf einen fixen Zeitpunkt hin."

Das muss man mögen. Becker mag es, wenn er weiß, ein Projekt ist zum Beispiel von der ersten Idee bis zur kompletten Realisierung auf neun Monate terminiert. Das heißt, man sieht relativ schnell das Ergebnis seiner Arbeit. Und dann kommt wieder was Neues. Die Bereitschaft, immer wieder Neuland zu betreten, hält er für eine der wichtigsten Voraussetzungen, die Hochschulabsolventen mit zur Deutsche Börse Systems bringen sollten: „Wir arbeiten in einem sich stetig wandelnden Unternehmen, in dem es keine verkrustete Strukturen gibt."

Weniger von Belang sind hingegen detaillierte Kenntnisse der auf den ersten Blick vielleicht verwirrend erscheinenden Börsenwelt. Dass diese Welt gar nicht so kompliziert ist – und weit mehr zu bieten hat als steigende und fallende Aktienkurse – erfahren neue Kolleginnen und Kollegen „on the job". Wer fragt, wird nicht im Regen stehen gelassen. Noch etwas ist – neben einem fundierten Abschluss – wichtig: Soziale Kompetenz, Offenheit und Teamfähigkeit. Gerade in Projekten hätten reine Einzelkämpfer-Naturen ihre Probleme.

Dieser Gefahr unterliegt Marc Becker mit Sicherheit nicht. Dafür ist ihm auch der „große Blick" zu wichtig. Wo sieht der Hobby-Tanzlehrer in drei Jahren seinen Platz bei der Börse? Sein Ziel ist hochgesteckt, aber nicht unrealistisch: Als Projektmanager größere Projekte verantworten, und ein bis zwei Jahre später vielleicht sogar Senior Projektmanager sein. Wie auch immer: Der Norden dürfte es schwer haben, um die Rückkehr des Frankfurters zu buhlen. Dafür, versichert Becker, ist das Umfeld an der Börse einfach „zu sexy".

7.7 „Ohne IT läuft bei mir nichts"

Jürgen Vogler, geboren 1970, studierte 1991 bis 1994 Betriebswirtschaftslehre an der Fachhochschule Mainz. Schwerpunkt: Bankwesen und Controlling. Abschluss: Nov. 1994 als Dipl.-Betriebswirt (FH)
12.1994–06.1997: Money Market und Zinsderivate Sales bei der Deutschen Bank Frankfurt. Betreuung von Großunternehmen und Versicherungen in diesem Produktbereich.
Seit 07.1997: Fondsmanager bei der Union Investment. Zuständig für Euro-Geldmarktfonds, geldmarktnahe + steueroptimierte Fonds sowie für strukturierte Produkte (unter anderem ABS/MBS, Zinsderivate). Gruppenleiter seit 2001.

Die Union Investment gehört zu den größten deutschen Publikums-Kapitalanlagegesellschaften. Mit einem verwalteten Fondsvermögen von ca. 53 Mrd. Euro erreicht die Union Investment einen Marktanteil von ca. 16 % unter den BVI-Publikumsfondsgesellschaften.

Was sind Ihrer Meinung nach die Besonderheiten des Studiums an der Fachhochschule?

Die im Vergleich zum Universitätsstudium relativ kurze Studiendauer von vier Jahren ist sehr positiv zu beurteilen. Der stärkere Praxisbezug gegenüber einem Universitätsstudium ist hilfreich bei Bewerbungen um Praktikantenplätze bzw. auch bei der Ersteinstellung nach dem Studium. Die klare Vorgabe der Vorlesungen, Klausuren war sicherlich zu Beginn recht hilfreich, wobei natürlich die Flexibilität und das Vorziehen von Klausuren dadurch nur sehr eingeschränkt möglich sind.

Was sind die persönlich entscheidenden Kriterien für Ihren jetzigen beruflichen Erfolg?

Die Eigenmotivation gehört zum wichtigsten persönlichen Erfolgsfaktor. Im Beruf „Spaß haben – den Beruf als Hobby anzusehen" lässt Vergütung sowie Arbeitszeiten in den Hintergrund treten. Die fachlichen Anforderungen müssen daneben den eigenen Fähigkeiten weitgehend entsprechen.

Warum ist IT in Ihrem Beruf so wichtig?

Die IT-Ausbildung ist im Asset Management eine wichtige Einstiegsvoraussetzung. Portfolios, Szenarioanalyse, Trading u. v. m. sind nur durch profunde IT-Kenntnisse vernünftig umsetzbar. Auch gute Kenntnisse der MS-Office-Produkte wird vorausgesetzt. Hilfreich sind Kenntnisse in der Excel-Makroprogrammierung. Mit diesem Spektrum bin ich sicher ein versierter IT-Anwender.

Worauf müssen FH-Absolventen bei der Gestaltung ihrer zukünftigen Berufslaufbahn besonders achten?

Man sollte frühzeitig durch Praktika in den Semesterferien Einblick in verschiedene Tätigkeitsbereiche nehmen. Die Wahl der Hauptfächer im Studium sollte einen engen Bezug zu der zukünftigen Tätigkeit aufweisen. Daneben empfehle ich, das Thema der Diplomarbeit mit potenziellen Arbeitgebern zu besprechen; neben dem starken Praxisbezug hat man auch gleich Kontakt zu Ansprechpartnern in der Fachabteilung, die bei einer Einstellung häufig federführend in der Entscheidung agieren.

Was empfehlen Sie FH-Professoren, worauf Sie bei der Ausbildung von Studenten besonders achten sollen?

Professoren sollten darauf achten, dass bereits frühzeitig die Studenten Studienarbeiten gemeinsam mit Unternehmen durchführen. Dadurch wird der Praxisbezug des Studium deutlich erhöht. Die Lerninhalte der Vorlesungen sollten häufiger auf aktuelle Entwicklungen abgestimmt werden. Gerade im Kapitalmarktbereich hat sich in den letzten Jahren viel verändert. Häufig wird aber der Vorlesungsstoff kaum an diese Veränderungen angepasst. Die Schlagworte wie Globalisierung und Intermediation wirken bei einigen Vorlesungen dann nur noch wie „Worthülsen“.

7.8 Interview mit einem Partner von Accenture

Frank Riemensperger, Accenture/Partner
*13.09.1962 in Niederrimsingen bei Freiburg, aufgewachsen in Weil am Rhein
Abitur am Kant-Gymnasium in Weil am Rhein
1983–1987 Studium der Wirtschaftsinformatik an der FH Furtwangen, Examen im SS 1987 (Dipl-Inform. (FH), Studiengang Wirtschaftsinformatik)
2 Studiensemester in der Praxis in den USA – Texas Instruments/Boston, Massachusetts, Ford/Eastern Michigan University/Dearborn, Michigan
1987–1988 Integrata Unternehmensberatung in Tübingen
1989– heute Accenture (neuer Name von Andersen Consulting ab 1.1.2001)
Seit 1989 verheiratet, 2 Töchter Kim und Francis

Die Firma Accenture

Accenture ist die weltweit führende Unternehmensberatung mit Dienstleistungen und Lösungen für Management und Informationstechnologie. Mehr als 78.000 Mitarbeiter an 137 Standorten in 46 Ländern bieten unseren Kunden aus allen Branchen ein breites Spektrum an innovativen Lösungen. Zielkunden sind die Fortune 500 Firmen.

Der weltweite Umsatz im Geschäftsjahr 2000 betrug 10,3 Mrd. US$. In Deutschland, Österreich und Schweiz beschäftigt Accenture über 2.500 Mitarbeiter. Der entsprechende Umsatz betrug für das Geschäftsjahr 2000 715 Millionen €.

Accenture verfügt über ein internationales, branchenspezifisches Netzwerk an Mitarbeitern und Lösungsbausteinen, die wir bei mehr als drei Viertel der größten 100 Firmen und Organisationen der Welt sowie zahlreichen Start-ups und Joint Venture-Unternehmungen einbringen. In

Deutschland gehören dazu z. B. die großen Automobilbauer, Banken und Versicherungen und die großen Dienstleister wie z. B. die Deutsche Bahn oder die Deutsche Post.

Wir sind darauf spezialisiert, unseren Kunden bei der erfolgreichen Bewältigung von komplexen Veränderungsprozessen zu helfen. Um diese Leistungen so effizient wie möglich erbringen zu können, haben wird unser Wissenskapital in die folgenden Bereiche strukturiert:

- Strategy and Business Architecture
- Technology & Solution Engineering
- Solution Operations
- Customer Relationship Management
- Financial & Performance Management
- Supply Chain
- Human Performance

Wir erstellen maßgeschneiderte Lösungen für die unterschiedlichsten Kundenbedürfnisse, von Beratung über Technologie und Outsourcing bis zur Bereitstellung von Risikokapital. Über unsere Allianzen mit den führenden Technologie- und Produktherstellern haben wir Zugriff auf weiteres Know-how und weitere Ressourcen.

Interview mit Dipl.-Inform. (FH) Frank Riemensperger

Was ist für die IT der entscheidende Erfolgsfaktor?

Ich habe den größten Teil meines Berufslebens bei der Erstellung und Nutzung von IT-Anwendungen im kommerziellen Umfeld gearbeitet und dabei eine rasante Entwicklung der Informatik erlebt:

Zu Beginn meines Berufslebens waren mit Hilfe der Informatik gerade erst bestehende Geschäftsprozesse automatisiert (z. B. Finanz- und Personalbuchhaltung).

Mit der Client-Server (= verteilte Datenverarbeitung)-Welle zu Beginn der 90er Jahre wurden Geschäftsprozesse auf Basis von neuen, leistungsfähigeren Informatik- und Anwendungskonzepten komplett neu strukturiert. Diese Prozesse wären ohne eine entsprechende Integration der IT-Bausteine so nicht darstellbar gewesen, z. B. die Zentralisierung von Prozessen in Call-Centern, unterstützt durch Telephonie, lokale und zentrale Anwendungen, die über lokale und wide-area-Netze verknüpft wurden.

Zunehmend wurden auch ganze Geschäftsprozesse digitalisiert, die eine physische Präsenz der Teilnehmer nicht mehr erforderlich macht, z. B. die elektronische Börse XETRA, die zum weiten Teil den Parketthandel abgelöst hat.

In der 2. Hälfte der 90er Jahre wurden dann unter den Begriffen „eBusiness und Internet" eine ganze Reihe von Unternehmenskonzepten realisiert, die im Kern auf innovativen, IT-gestützten Geschäftsmodellen basieren, z. B. Yahoo, eBay, Amazon, Napster, um nur einige zu nennen. Zum Teil haben diese Konzepte in der Konsequenz dazu geführt, dass sich ganze Industriezweige neu ausrichten mussten – das beste Beispiel dafür ist die Musik- und Unterhaltungsindustrie.

Auch über die nächsten Jahre wird diese rasante Entwicklung bei der Nutzung der Informatik anhalten. Zum Beispiel ist die Nutzung von „Mobile/Wireless Computing" im Konsumbereich erst in den Anfängen. Und auch das Internet als globales Netz wird gerade in Verbindung mit mobilen, intelligenten Endgeräten (Handy, Palmtops ...) ganz neue Anwendungsformen erleben.

Dass diese Entwicklung stattgefunden hat und weiterhin anhält, ist sicherlich der größte Erfolg der Informatik und der Menschen, die daran mitgewirkt haben. Im Mittelpunkt stehen aber wir – als Nutzer, als Entwickler und als Betreiber von Informatikanwendungen. Damit verbunden ist sicherlich eine ganze Menge Spaß an der Technologie selbst, eine professionelle Neugier bei dem „Erfinden" und Betreiben von neuen Anwendungskonzepten, aber auch eine ethische Verantwortung bei der Generierung und Nutzung von Informationen.

Eines ist aber sicher: Die Informatik wird eine krisensichere Branche mit besten Berufsaussichten bleiben.

Was zeichnet die Arbeit bei Accenture aus?

Accenture ist ein junges, internationales Unternehmen. Wir sind stolz darauf, eine der größten Talentschmieden in der Wirtschaft zu sein. Unsere Mitarbeiter arbeiten in internationalen, interdisziplinären Projektteams, meist bei unseren Kunden vor Ort. Jedes Teammitglied bearbeitet eigenverantwortlich seinen eigenen Aufgabenbereich. Zusammen mit unseren Kunden arbeiten wir mit neuesten Technologien und neuen Anwendungskonzepten. Von unseren Mitarbeitern erwarten wir Interesse im Umgang mit der Informatik, eine hohe Motivation bei der Bearbeitung der gestellten Aufgaben, Teamfähigkeit und die Bereitschaft, sich ständig weiterzubilden – sowohl in der IT als auch bei den Managementfähigkeiten.

Für wie viele Leute sind Sie verantwortlich?

Derzeit betreue ich unser Geschäft im Transport- und Reisemarkt in Deutschland, Schweiz und Österreich. In der Regel arbeiten einige hundert Mitarbeiter an Projekten in diesem Bereich. Das größte Projekt, welches ich selbst geleitet habe, hatte über 700 Mitarbeiter.

Was sind für Sie die wichtigsten Aufgaben als Partner?

Als Partner und „Miteigentümer" von Accenture muss ich dazu beitragen, dass wir unser Geschäft insgesamt verantwortungsbewusst und wirtschaftlich erfolgreich betreiben. Im Vordergrund stehen aber ganz klar unsere Mitarbeiter und unsere Kunden. Die Rekrutierung von talentierten jungen Mitarbeitern, deren qualifi-

zierte Aus- und Weiterbildung über viele Jahre und die Organisation der Zusammenarbeit einer sehr dynamischen und leistungsstarken Gruppe an unterschiedlichsten Themenstellungen ist sicherlich die wichtigste Aufgabe. Wenn dies gelingt, haben wir auch als Firma Erfolg bei unseren Kunden.

Welchen Stellenwert hat die Informatik bei Ihren Kunden?

Die Anwendung von Informatik hat bei allen unseren Kunden einen extrem hohen Stellenwert.

Der Anteil der IT bei der Innovation von Produkten und Dienstleistungen wird stetig größer – oft ist die Informatik heute ein integraler Bestandteil der Dienstleistung oder des Produkts. Unsere Kunden haben in der Regel den Anspruch, ihre Marktposition durch den Einsatz von Informatik zu verbessern, und erwarten deshalb von Accenture eine erstklassige Unterstützung für ihre Vorhaben – insbesondere im IT-Bereich.

Was tun Sie oder Ihre Kollegen/Kolleginnen, wenn Sie nicht gerade arbeiten?

Ich verbringe meine Freizeit mit meiner Frau Renate und meinen Töchtern Kim (8) und Francis (6). Dabei bestimmen die Kinder den Ablauf – ob Kino, Fahrrad fahren, Eislaufen oder Ski fahren – am besten mit viel „Action".

Wenn dann noch Zeit übrig bleibt, mache ich Ausfahrten mit meiner Harley oder wir reisen (ohne Kinder) in ferne Länder.

Sie haben Wirtschaftsinformatik in Furtwangen studiert, was waren für Sie Gründe für dieses Studium?

Die enge Verbindung von Wirtschaft und Informatik und die Praxisnähe waren für mich bei der Studienfachwahl sehr wichtig. Die Wirtschaftsinformatik in Furtwangen hatte und hat einen exzellenten Ruf. Deshalb Furtwangen. Ich würde wieder an der FH Furtwangen studieren.

Ist Accenture ihr erster Arbeitgeber?

Nein. Ich habe meine Diplomarbeit bei der Unternehmensberatung Integrata in Tübingen geschrieben und dort nach dem Studium 1987 auch als Assistent der Geschäftsleitung im Bereich Controlling meine erste Stellung angetreten. In den zwei Jahren nach dem Studium habe ich dann die Chance erhalten, in alle kommerziellen und Controlling-Prozesse bei der Integrata Einblick zu nehmen. Verbunden mit der persönlichen Betreuung durch einen der Geschäftsführer war dies für mich ein optimaler Einstieg in das Berufsleben.

Im Jahr 1989 bin ich zu Andersen Consulting gewechselt (ab 1.1.2001 heißt Andersen Consulting Accenture). Gereizt hat mich damals die Perspektive, in einem der besten internationalen Unternehmen zu arbeiten. Die wichtigsten beruflichen Stationen im Überblick:

1989–1992 Einsatz als IT-Architekt bei dem Aufbau der elektronischen Deutschen Terminbörse.
Nach zwei Berufsjahren als Assistent der Geschäftsleitung im Controllingbereich war dieser Wechsel zu Beginn eine große Herausforderung.
Beförderung zum Manager mit Prokura.

1993–1995 Einsatz als Projektleiter bei dem Aufbau eines Produktionssteuerungssystems für die ungarische Güterverkehrsbahn. Projektstandort was Budapest. Umzug mit der Familie für zwei Jahre nach Budapest.

1995–1999 Einsatz als Projektleiter bei der DB Cargo für das Projekt Zentralisierung des örtlichen Auftragsmanagements in ein zentrales Kundenservicezentrum.

1996/1998 Beförderung zum Associate Partner (1996)/Partner und Geschäftsführer (1998)

1999 – heute Verantwortlich für unser Accenture Geschäft im Transport und Reisemarkt in Deutschland, Schweiz und Österreich.

7.9 Als Vorstandschef bin ich für alle verantwortlich

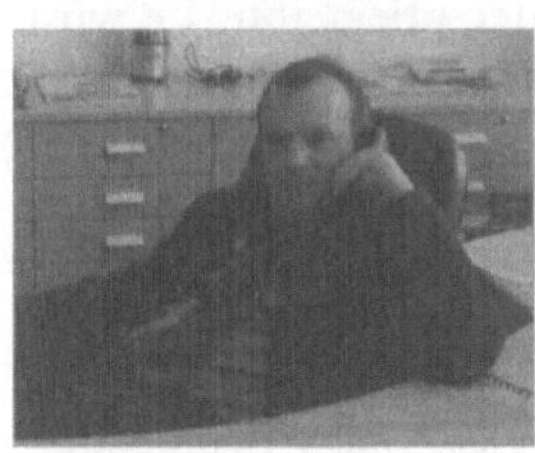

Karl Langenstein, Dipl.-Inform. (FH), Studiengang Wirtschaftsinformatik,
Vorstandsvorsitzender der Softwarehaus e.bootis AG
*16.06.1952 in Geldern/Niederrhein
1972 Fachhochschulreife
1974 – 1979 Studium an der FH Furtwangen, Examen im SS 1979
verheiratet seit 1979, 3 Kinder

Berufliche Schritte:

1979–1984 Hewlett-Packard Düsseldorf in verschiedenen Positionen

1985–1992 geschäftsführender Gesellschafter der CAB GmbHs in Essen, Hamburg, München, Hannover, Stuttgart, Leipzig, Schwerin, Wien, Lyon etc.

1992–1995 Verkauf der CAB-Gruppe an AT&T. Arbeitete weiterhin als Geschäftsführer Europa.

1996 Privatier

1997–1998 Sonderberater Fidelity Investment (Colt Telecom)

1998– jetzt Geschäftsführer von zwei Unternehmen in der Telekommunikation

1998–1999 Krisenmanager (Geschäftsführer) für Computron Inc. (New Jersey)

1999– jetzt Kauf aller Assets von Computron Software Germany und Verschmelzung mit Gfi – Stuttgart zur e.bootis AG

Die Firma e.bootis AG

Die e.bootis AG zeichnet sich als Technologie- und Anwendungs-verliebtes Softwarehaus aus.

35 der heute 110 Mitarbeiter arbeiten schon seit CAB-Zeiten mit mir zusammen. Auf Basis von offenen Systemarchitekturen entwickelten wir die gesamte Breite von kommerzieller Anwendungssoftware (analog SAP/R3). Zurzeit betreut e.bootis AG etwa 400 mittelständische Kunden, wobei der Schwerpunkt im Handel und der Fertigung liegt.

Seit 1999 hat sich der Entwicklungsschwerpunkt komplett auf Lösungen im Internet verlagert.

So wird heute ein Produkt e.fet (freier elektronischer Handel) angeboten, womit sich die Marktplätze, Portale, Shopsysteme, Warenwirtschafts- und Logistiksysteme mühelos einbinden lassen. Ein Schwerpunkt ist zum Beispiel hier, dass der Nutzer unseres Shopsystems seine Produkte nicht nur im eigenen Shop, sondern auch an allen Marktplätzen etc. mit einer Transaktion versenden und verwalten kann. Beispiel: Ein Autohändler kann einen Gebrauchtwagen in einer Transaktion erfassen und anschließend zum Beispiel online bei AutoScout24, FairCar, mobile.de inserieren oder bei e.bay versteigern.

Farblich geführt weiß der Sachbearbeiter, welche Merkmale für welchen Marktplatz vorhanden sein müssen. In der Breite der Automobilmarktplätze können dies bis zu 300 sein. Solche Anwendungen senken erheblich die Prozesskosten. Viele Klassifizierungsverfahren (e-cl@ss oder Katalogformat bmecat (xml)) werden selbstverständlich unterstützt.

Ziel von e.bootis ist die Entwicklung von Standardprodukten, nicht – wie bei vielen anderen Firmen im e-business – das Projektgeschäft. Die ganze Firma muss in Standards denken können.

Softwarequalität ist ein totales MUSS.

Die Firmenkultur

Jedes Softwarehaus lebt von den Mitarbeitern, die in einer flachen Organisation selbständig arbeiten können.

E.bootis wurde in den Anfangsjahren durch die frühere Kultur von Hewlett-Packard geprägt. Schließlich folgten sieben meiner Hewlett-Packard-Kollegen schon in den Anfängen der CAB-Zeit.

MBO war das Kriterium Nummer 1. Fluktuation gab es so gut wie gar nicht, wenn man das letzte Jahr im Vertriebsbereich ausklammert, wo der Versuch gestartet wurde, mit einem sehr kleinen Grundgehalt und einer riesigen variablen Provision erfolgreich zu werden.

Die folgenden Faktoren sind die entscheidenden, nicht nur intern wirkenden Erfolgsfaktoren:

- Der **Mitarbeiter** ist der wichtigste Partner Er stellt den Kontakt zum Kunden her oder pflegt ihn. Er wird partnerschaftlich und intensiv – falls er das wünscht – unterstützt. Eine sich lohnende **Partnerschaft** ist das Ziel. Nicht zuletzt sind etwa 35 Mitarbeiter auch Aktionäre.
- Der Mitarbeiter ist in erster Linie **Mensch.** Er ist zwar meist Teamplayer, erfährt aber in dieser Funktion Motivation durch **Anerkennung.**
- Die wesentlichste Komponente erfolgreicher Mitarbeiter ist die offene **Kommunikation,** die gerade bei strategischen Diskussionen von extremer Wichtigkeit für den Fortbestand der Firma ist.
- Zwei entscheidende Faktoren der Teamarbeit sind **Verantwortung (!) und Freude an der Arbeit.** Teams erreichen etwas, Teams unternehmen etwas zusammen. Die Organisation wird geformt.

Die Organisation lernt.

Interview mit Dipl.-Inform. (FH) Karl Langenstein

Was ist für die e.bootis AG der entscheidende Erfolgsfaktor?

Ich sagte es oben: Der Mensch im Team.

Von der Geschäftsleitung aus wird nur darauf geachtet, dass die Ziele (Standardentwicklung mit Technologievorsprung) eingehalten bleiben.

Was zeichnet die Arbeit bei der e.bootis aus?

Das Arbeiten in Teams.

Erfahrene Kollegen gewährleisten die Einarbeitung neuer Kolleg/innen/en.

Bedenkt man, dass sich die Mannschaft innerhalb eines Jahres fast verdoppelt hat, so kann man leicht ermessen, welche Chancen für den Einzelnen sich bieten – aber auch, wie sehr auf Integration und Firmenkultur geachtet werden muss.

Für wie viele Leute sind Sie verantwortlich?

Ende 2001 hatten wir 112 Mitarbeiter und wollen bis Ende 2002 etwa 180 sein.

Als Vorstandschef ist und fühlt man sich natürlich für alle verantwortlich.

Was sind für Sie die wichtigsten Aufgaben als Vorstand?

Meine Hauptaufgabe besteht natürlich darin, den Kolleginnen und Kollegen Arbeitsbedingungen zu schaffen, die eine erfolgreiche Teamarbeit garantieren. Zwei weitere Vorstände haben in unserem Unternehmen eigene Vorstandsbereiche: Vertrieb und Marketing einerseits sowie ein Backofficebereich, in dem wir alle Aktivitäten mit Bezug zur klassischen Standardsoftware zusammengefasst haben. Meine Hauptaufgabe ist, für folgendes Sorge zu tragen:

- Alle Aktivitäten im Finanz- und Rechnungswesen
- Alle Personalthemen
- Rechenzentrum, Webhosting und der ASP-Betrieb
- Entwicklung aller strategischen Produkte für e-business mit allen Fragen zur Technologie etc.
- „The trend is my friend"

Und natürlich alles, was mit der Entwicklung des Unternehmens zusammenhängt. Besonders denke ich da an alle M&A-Themen, möglicher Börsengang und deren Konsequenzen.

Was tun Sie außerhalb Ihrer Arbeitszeit?

Privat bin ich ein leidenschaftlicher Jäger. Alle meine Familienmitglieder, Kollegen und Bekannten sagen, ich wäre ein Jäger und Sammler, egal ob es sich um Tiere handelt, um neu zu akquirierende Firmen, um Ideen oder um sonst was auch immer. Besonders mit Hobbys (Jagen, Fischen, Motorrad, Tennis (aktiv), Ski und Snowboard, Surfen und Segeln – um nur einige zu nennen – bin ich reichlich gesegnet. Sicherlich hat diese breite Palette im Laufe der Jahre auch eine ganze Reihe von Kunden für die Unternehmen gebracht.

Sie haben Wirtschaftsinformatik in Furtwangen studiert, was waren für Sie Gründe für dieses Studium?

Ich traf einen früheren Klassenkameraden, der bereits in Furtwangen studierte. Er lobte das WI-Studium in Furtwangen in höchsten Tönen, besonders auch die nachfolgenden Berufsaussichten.

Recht hat er gehabt.

Ist e.bootis AG Ihr erster Arbeitgeber?

Sieht man von den ersten fünf Jahren bei Hewlett-Packard ab, arbeitete ich seit 1985 immer als Geschäftsführer oder Vorstand und war eigentlich immer selbst der Arbeitgeber.

Natürlich ist es etwas anderes, ob man in einem Konzern wie AT&T (weltweit damals mehr als 300.000 Mitarbeiter) als Geschäftsführer in Europa mit alleiniger Verantwortung für mehr als 1.000 Mitarbeitern arbeitet, oder aber – wie heute – in einem mittleren Unternehmen. In großen Unternehmen spielt man „budgetmäßig" im Mittelfeld. 90 % der Tätigkeit ist Politik und Strategie. Für mich war es immer wichtiger und aufregender in einem kleinen – aber feinen – Unternehmen zu arbeiten, weil man mit den Kollegen und Mitarbeitern jeden Tag die Richtung neu prägen kann: Das macht mir Spaß!

Obwohl viele Firmennamen meinen Lebenslauf begleiten, ist der Kern der Mannschaft immer noch derselbe. Insofern habe ich in den letzten 16 Jahren den Arbeitgeber im EDV-Bereich nicht gewechselt.

7.10 „IT-Absolventen sind Mangelware"

Rainer Kunkel,
*14. Mai 1959, Geburtsort Donaueschingen
1998 Geschäftsführender Gesellschafter der ESE GmbH
Verantwortlich für den Bereich Verwaltung, Vertrieb, Einkauf und Qualitätsmanagement im Geschäftsbereich „Embedded WEB-Server"

Beruflicher Werdegang:

1996–1998 Lawson Mardon Singen GmbH, Singen
Planung, Realisierung und Betrieb eines TCP/IP-Unternehmensnetzwerks
Planung, Realisierung und Betrieb einer unternehmensweiten SAP R/3-Landschaft

1985–1996 Perkin Elmer GmbH, Überlingen
Softwareentwicklung
Auswahl von Methoden und Werkzeugen zur Softwareentwicklung
Planung und Realisierung eines TCP/IP-Netzwerks für den Bereich der Softwareentwicklung
Einführung eines CAD-Systems
Planung, Aufbau und Betrieb eines Unix-Rechenzentrums für SAP R/3

Studium:

1981–1985 Studium der Ingenieur-Informatik/Technischen Informatik an der Fachhochschule Furtwangen
Thema der Diplomarbeit: Lokales Netzwerk mit einem Token Access Controller

1985 Diplom im Studiengang (und Fachbereich) Ingenieur-Informatik/ Technische Informatik

Über die Firma ESE:

Die ESE Embedded System Engineering GmbH wurde 1997 von Klaus Haberstroh und Thomas Wiest gegründet. Die Geschäftsführung wurde 1998 durch Rainer Kunkel erweitert. Das Unternehmen beschäftigt sich mit zwei Geschäftsbereichen:

Messtechnik und Automatisierung

Konzeption, Entwicklung und Fertigung kundenspezifischer System im Bereich Messtechnik und Automatisierung.

Web-Technologie mit vernetzten embedded Systemen

Entwicklung und Fertigung von Hard- und Softwarekomponenten für den Einsatz in vernetzten embedded Systemen.

Wir beschäftigen heute insgesamt zehn Mitarbeiter an unserem Standort in Ludwigshafen am Bodensee.

***Interview mit Dipl.-Ing. (FH)
Rainer Kunkel***

Wie entscheidend ist IT für Ihr Unternehmen?

Die IT spielt für unser Unternehmen eine zentrale Rolle. Durch den konsequenten Einsatz modernster IT-Technologien sind wir in der Lage, uns Wettbewerbs- und Kostenvorteile zu erarbeiten. Dies ist gerade für Klein- und mittelständische Betriebe in der heutigen Zeit unverzichtbar.

Wodurch zeichnet sich die Arbeit der Technischen Informatik aus?

Die Technische Informatik deckt sowohl die Bereiche Hard-, Firm- und Software ab. Durch die Anwendung aller Disziplinen ist es möglich, Systemkonzepte zu erarbeiten für ihren Einsatz im großen Bereich der „Embedded Systeme", z. B. in der industriellen Automatisierung.

Für wie viele Leute sind Sie verantwortlich?

Wir, die drei Geschäftsführer der ESE, sind für zehn Mitarbeiter verantwortlich.

Wie bewerten Sie die Aufstiegschancen für Absolventen der Technischen Informatik?

Die Berufs- und Aufstiegschancen für Absolventen der Technischen Informatik bewerten wir sehr hoch, da zur Zeit ein starker Mangel an Informatikern dieser Fachrichtung besteht. Es ist zur Zeit sehr schwer, qualifiziertes Personal für die Entwicklung von Hardware und hardwarenaher Software zu finden. Die wachsende Zahl von Aufgabenstellungen in diesem Bereich ermöglicht es Junginformatikern schon bald, Projektverantwortung zu übernehmen.

Was sind die wichtigsten Aufgaben eines IT-Leiters?

Aufgaben eines IT-Leiters sind die stetige Beobachtung des Marktes und des Wettbewerbs, um die entsprechenden Strategien für das eigene Handeln des Unternehmens zu erarbeiten und somit den langfristigen Erfolg des Unternehmens sicherzustellen. Dazu gehören wesentlich die Planung und die Einführung aktueller Informations-Technologien, um die Wettbewerbsfähigkeit zu erhalten.

Was tun Sie und Ihre Kollegen außerhalb der Arbeit?

Außerhalb unserer Arbeit suchen wir Entspannung in den unterschiedlichsten Bereichen. Dabei spielen die Familie, Sport und Kultur eine wichtige Rolle. Ein Teil unsere Mitarbeiter ist auch in Vereinen ehrenamtlich tätig.

Sie haben Technische Informatik in Furtwangen studiert. Welche Beweggründe waren dabei ausschlaggebend?

Ausschlaggebend für mich war die Qualität und der sehr gute Ruf der Fachhochschule Furtwangen. Das Studienangebot war stets auf die aktuellen Technologien ausgerichtet, die meine Chancen am Arbeitsmarkt erhöht haben. Ebenso wichtig war die gute Zusammenarbeit der Fachhochschule mit der Industrie.

7.11 Promotion nach FH-Studium

Dr. Klaus Dorer, Dipl.-Inform.(FH), Director Technology Research bei living systems AG,
Stg. Allgemeine Informatik,
* 26.9.1971 in Furtwangen
1991 Abitur am Otto-Hahn-Gymnasium Furtwangen,
1982–1996 Diplomstudium FH Furtwangen, Allgemeine Informatik/ Künstliche Intelligenz
1997–2000 Promotion Albert-Ludwigs-Universität Freiburg, Künstliche Intelligenz; verheiratet seit 1997
2000– heute living systems AG, Donaueschingen, agentenbasierte Software für vernetzte eCommerce-Lösungen

Die Firma

Die living systems AG, gegründet 1996, ist ein globaler Anbieter agentenbasierter Software für vernetzte eCommerce-Lösungen mit Hauptsitz in Donaueschingen und 130 Mitarbeitern weltweit.

living markets, die agentenbasierte Software des Unternehmens, hat nachweisbare Erfolge in erfolgskritischen Umgebungen. living markets hat ein umfassendes Funktionsspektrum, vom Erstgebot und kompletten Handelsprozess bis hin zu Logistik und Clearing & Settlement. Die Agententechnologie ermöglicht es Unternehmen, ihre Prozessketten über Unternehmens- und Systemgrenzen hinweg zu organisieren und zu automatisieren. Mit Softwareagenten wird die Zusammenarbeit zwischen Unternehmen und ihren Geschäftspartnern vereinfacht. living systems-Kunden nutzen Agententechnologie beispielsweise für die Organisation und Abwicklung von Lieferungen in Supply Networks.

Die living systems AG ist einer von weltweit wenigen Anbietern, die diese neue Technologie bereits in ein vollständiges Produkt umgesetzt hat und in Kundenprojekten einsetzen. Zu den weltweiten Kunden zählen eCommerce-Plattformen wie www.eutex.com, der Handelsplatz für Telefonminuten und Bandbreiten, www.capclear.com, das in London ansässige virtuelle Clearinghaus und www.reway.com, die Rückversicherungsplattform der Gothaer Rückversicherung AG. Das Unternehmen arbeitet auch für Unternehmen wie BMW AG, L'TUR Tourismus AG, RAG und Wrigley GmbH.

Interview mit Dr. Klaus Dorer

Sie haben Allgemeine Informatik in Furtwangen studiert. Was waren für Sie Gründe für dieses Studium?

Nach dem Abitur war für mich klar, dass ich entweder Physik oder Informatik studieren wollte. Also habe ich einige Physik-Vorlesungen an der Uni und einige Informatik Vorlesungen an der FH Furtwangen besucht. Neben dem stärkeren Praxisbezug war der Hauptgrund, warum ich die Fachhochschule bevorzugt habe, die kleinere Anzahl von Studenten in einem Semester. Dass ich nicht Physiker geworden bin, liegt also vor allem daran, dass mir das Prinzip der Fachhochschule besser zugesagt hat.

Sie haben direkt nach Ihrem FH-Studium promoviert. Was waren die Voraussetzungen?

Die Möglichkeit, direkt nach einem FH-Studium zu promovieren, wurde zwar gesetzlich einheitlich geschaffen, die konkreten Voraussetzungen werden aber jeweils von den Universitäten festgelegt. Neben einem passablen FH-Abschluss benötigt man sowohl die Befürwortung zweier Fachhochschul-Professoren als auch einen Universitätsprofessor, der bereit ist, eine solche Doktorarbeit zu betreuen. Außerdem wird durch die Hochschule ein Eignungsfeststellungsverfahren festgelegt, das die Eignung eines FH-Absolventen prüfen soll. In Freiburg umfasste das einen Vorlesungsschein, einen Seminarschein und eine mündliche Prüfung der sechs Pflichtfächer des Hauptstudiums, was ich innerhalb eines Semesters absolvieren konnte. Meine beiden Betreuer, Prof. Strube und Prof. Nebel, sowie das Institut für Informatik generell waren sehr offen und entgegenkommend gegenüber mir als FH-Studenten.

Eine Promotion ist in der Regel recht theoretisch. Wie stand es mit der Praxis?

Bei all der Theorie war es mir immer wichtig, das Ganze auch praktisch umzusetzen, auch wenn es für die Arbeit selbst nicht unbedingt verlangt war. Ich wollte eben sehen, ob es auch funktioniert. Als ich mich dann entschloss, bei der Robo-Cup WM im Simulationsfußball mitzumachen, habe ich sogar zwei Monate ausschließlich damit zugebracht, meinen Agenten das Fußballspielen beizubringen, um meine Arbeit mit anderen Arbeiten in dieser Standardumgebung vergleichen zu können. Immerhin bin ich damals unter 40 teilnehmenden Mannschaften Vize-Weltmeister geworden.

Was sind Ihre Aufgaben bei living systems?

Als Leiter der Technologie-Forschung bin ich dafür zuständig, dass die living systems AG ihre technologische Spitzenstellung behält. Dabei ist die Pflege von Kontakten zu Hochschulen und Forschergruppen eine Hauptaufgabe. Daneben definiere und betreue ich die bei uns durchgeführten Master- und Diplomarbeiten. Schließlich ist das Research-Team dafür zuständig, neue Technologien einzuführen, zu evaluieren und in Prototypen umzusetzen.

Was zeichnet die Arbeit bei living systems aus?

Die Arbeit findet in einer ausgesprochen guten und lockeren Atmosphäre statt. Die Projekte werden üblicherweise in Teams von drei bis zehn Leuten durchgeführt. Nach dem Ende eines Projekts werden die Teams neu gemischt. Insgesamt arbeiten bei living systems Leute aus 18 Nationen. Entsprechend ist die Firmensprache Englisch. Die sehr flache Hierarchie sorgt für kurze Kommunikationswege und flexible Strukturen. Unser Motto lautet: work hard, party hard!

Was würden Sie Informatik-Studenten für ihr Studium empfehlen?

Auch oder gerade als Informatiker muss man in der Lage sein, sich selbst, die Abteilung oder die Firma gut verkaufen zu können. Deshalb mein konkreter Tipp, neben dem Fachwissen auch Präsentationstechniken zu erlernen und zu üben.

Etwas allgemeiner ist meine Empfehlung, Vorlesungen nicht einfach zu konsumieren. Mir hat es immer sehr geholfen, Vorlesungsstoff in ein Programm umzusetzen und zu sehen, wie das ganze funktioniert, wenn man hier oder dort an einem Schräubchen dreht.

Unternehmensprofile – Übersicht

- abaXX Technology AG
- ABB AG
- adept consult AG
- Allstate Direct Versicherungs-AG
- ANDERSEN
- Ascena AG
- Bertelsmann mediaSystems
- Cambridge Technology Partners
- CeWe Color AG & CO. OHG
- COI GmbH
- CTcon-Consulting & Training im Controlling GmbH
- DaimlerChrysler AG
- Deutsche Börse AG
- Deutscher Sparkassen Verlag GmbH
- EADS
- EADS DORNIER
- 4C Solutions AG
- gedas deutschland GmbH
- Goldman, Sachs & Co. oHG
- HSH-Systeme GmbH
- IBM Deutschland GmbH
- Intel GmbH
- Deutsche Lufthansa AG
- Metro MGI Informatik GmbH
- Minolta Europe GmbH
- Mummert + Partner
- Oldenburgische Landesbank AG
- Adam Opel AG
- OTTO Versand
- PricewaterhouseCoopers
- Procter & Gamble Service GmbH
- Provadis
- Recruiteam Resourcing Solutions GmbH – Ffm
- Recruiteam Resourcing Solutions GmbH – München
- SAP AG
- Siemens Business Services GmbH & Co. OHG
- SONY Deutschland GmbH
- Syskoplan AG
- VICTORIA Versicherung AG

abaXX Technology AG

Forststraße 7
70174 Stuttgart

Frau Angela Rattinger
☎ 07 11 / 6 14 16 - 16 43

Herr Holger Fiedler
☎ 07 11 / 6 14 16 - 16 42

💻 www.abaXX.de
jobs@abaxx.de

Das Unternehmen

abaXX gehört zu den führenden Anbietern innovativer High-End-E-Business-Software für individuelle, integrierte E-CRM-, E-Business- und Portallösungen. Seit seiner Gründung im April 1999 setzt das erfolgreiche Stuttgarter Softwarehaus auf neueste Internettechnologien wie Java 2 Enterprise Edition, Enterprise Java Beans, Java Message Service und XML. Mit mehr als 200 Mitarbeitern expandiert abaXX weltweit.

Unser Angebot für Studierende

Praktika (Voraussetzung abgeschlossenes Grundstudium), Werkstudententätigkeiten und Diplomarbeiten

- **Personalplanung:** bedarfsorientiert
- **Fachrichtungen:** Informatik, Wirtschaftsinformatik, Wirtschaftsingenieurwesen, Softwareengineering, BWL (IT-Schwerpunkt)
- **Startprogramme:** Einführungsprogramme, Training-on-the-job, Patensystem

- **Einsatzbereiche:** Research & Development, Professional Services, Quality Assurance, Customer Services, Product Management, Business Information Services
- **Weiterbildung:** intern/extern
- **Auslandstätigkeit:** ja
- **Besondere Sozialleistungen:** Direktversicherung, Unfallversicherung, freie Getränke u. v. m.

So steigen Absolventen bei uns ein

- **Bewerbung:** Worauf wir neugierig sind? CV, Tätigkeitsprofil/Zeugnisse relevanter Praktika, ... Sie! Idealerweise alles via E-Mail an ✆ jobs@abaxx.de
- **Auswahl:** situative Interviewtechnik
- **Pluspunkte für die Einstellung:** IT-Kenntnisse, relevante Praktika, Start-up-Spirit (Innovation, Speed, Dynamik, Fortschritt ... join it, live it and feel it)
- **Fachliche Qualifikation:** je nach Einstiegsbereich unterschiedlich ausgeprägte IT-Kenntnisse, idealerweise im E-Business-Segment
- **Persönliche Qualifikation:** Eigeninitiative, Engagement und Spaß an der Arbeit in einem jungen, erfolgreichen, dynamischen Team
- **Anfangsgehälter:** marktgerecht

 Unser besonderer Vorteil

Neueste Technologien, Dynamik und immer einen Schritt voraus.

ABB AG

Gottlieb-Daimler-Straße 8

68165 Mannheim

Frau Stefanie Fuß

☎ 06 21 / 43 91 - 2 50

🖷 06 21 / 43 81 - 4 09

🖳 www.abb.com/de

Stefanie.fuss@de.abb.com

Das Unternehmen

Die deutsche ABB erzielt mit über 20.000 Beschäftigten einen Umsatz von 3,4 Mrd. €. ABB dient Kunden in der Fertigungs-, Verfahrens- und Konsumgüterindustrie, Versorgungsunternehmen, dem Öl- und Gassektor sowie dem Infrastrukturbereich. Der ABB-Konzern mit Sitz in Zürich hat 160.000 Beschäftigte in über 100 Ländern.

Bilanzzeitraum	2000	2001
Umsatz Mrd. $	ca. 25	k. A.
Beschäftigte	ca. 161.000	ca. 160.000

Unser Angebot für Studierende

Praktika, Unterstützung bei Diplom- oder Doktorarbeiten: Generell möglich, jedoch: Bewerbung dezentral! Direkt an die einzelnen Gesellschaften. Siehe auch 🖳 www.abb.de

- **Personalplanung:** 100 Absolventen
- **Startprogramme:** Sparten- und Internationales Trainee-Programm, Direkteinsteigerprogramm
- **Einsatzbereiche:** Softwareentwicklung, F&E, Vertrieb, Service und viele mehr.
- **Interne Fortbildung:** diverse Off-the-job-Maßnahmen, Schulungen werden von ABB direkt ausgerichtet durch eigene Trainer, Seminare u. v. m.
- **Auslandstätigkeit:** möglich auf Anfrage
- **Karriere:** Personen- und leistungsbezogen

So steigen Absolventen bei uns ein

- **Bewerbung:** Bewerbung via E-Mail oder Post
- **Auswahl:** Auswahl erfolgt anhand von: Bewerbungsunterlagen, Interviews, Gesprächen, Assessment Center
- **Anfangsgehälter:** ca. € 36.000 bis 40.000

 Unser besonderer Vorteil

Interdisziplinäres Netzwerk aller Einsteiger, Weiterbildung, Persönlichkeitsentwicklung.

adept consult AG

**Unternehmensberatung für
Informationsverarbeitung**

Mainzer Landstraße 47a

60329 Frankfurt

Personalabteilung

☎ 0 69 / 2 41 82 83 - 0

💻 www.adept-consult.de

Das Unternehmen

Bilanzzeitraum	1999	2000	2001*
Umsatz Mio. €	2,2	2,9	3,6
Angestellte	10	16	20
Freie Mitarbeiter	12	12	12

* Plan

Unser Angebot für Studierende

Praktika, Aushilfstätigkeiten, Unterstützung bei Diplom- oder Doktorarbeiten

- **Personalplanung:** zehn Angestellte in 2002 und 20 Angestellte in 2003
- **Fachrichtungen:** Informatik, Wirtschaftsinformatik, Bankbetriebslehre + Informatik
- **Startprogramme:** Training-on-the-job
- **Einsatzbereiche:** Consulting, E-Business

- **Interne Fortbildung:** MA-Förderungsprogramm, externe und interne Seminare und Workshops
- **Auslandstätigkeit:** zurzeit keine Möglichkeit
- **Karrieremöglichkeiten:** Consultant, Projektleiter, Projektmanager, Account-Manager, Partner
- **Besondere Sozialleistungen:** MA-Beteiligungsmodell (Aktienoptionen)

So steigen Absolventen bei uns ein

- **Bewerbung:** schriftlich mit Bild
- **Auswahl:** Gespräche
- **Pluspunkte für die Einstellung:** Erfahrung im Bankwesen und im IT-Bereich
- **Fachliche Qualifikation:** IT-Knowhow, bankbetriebliches Basiswissen
- **Persönliche Qualifikation:** Eigeninitiative, selbständiges Arbeiten, Kommunikationsfähigkeit, analytisches Denken
- **Anfangsgehälter:** ca. € 41.000 p. a.

 Unser besonderer Vorteil

Wir sind ein dynamisch wachsendes, flach strukturiertes Unternehmen, das seinen Mitarbeitern die Möglichkeit zur Mitgestaltung und gute Karrierechancen bietet.

Allstate Direct Versicherungs-AG

Rheinstraße 7a

14513 Berlin

Enrike Matlik

☎ 0 33 28 / 4 49 - 3 09

⌨ 0 33 28 / 4 49 - 5 30

ematlik@allstate.com

Das Unternehmen

Das Engagement und die innovativen Ideen unserer 350 Mitarbeiter haben uns vom Start weg erfolgreich gemacht. Als Kfz-Direktversicherer nimmt Allstate heute eine starke Position auf dem deutschen Markt ein. Wir wollen weiter nach vorn. Dabei setzen wir auf modernste DV- und IT-Technologie.

Bilanzzeitraum	2000	September 2001
Umsatz Mio. €	k. A.	ca. 60
Beschäftigte	300	350

Unser Angebot für Studierende

- **Programme:** Praktika in IT-Application; Web-Development; IT-System oder IT-Organisation
- **Personalplanung:** 3 p. a.

So steigen Absolventen bei uns ein

- **Bewerbung:** vollständige Bewerbungsunterlagen auch per E-Mail
- **Auswahl:** persönliche Gespräche
- **Pluspunkte für die Einstellung:** gute Englischkenntnisse; Erfahrung durch Praktika
- **Anfangsgehälter:** nach Vereinbarung

 ## Unser besonderer Vorteil

Wir bieten Ihnen faszinierende Aufgaben, jede Menge Entfaltungsmöglichkeiten, flache Hierarchien, neueste Technologien, gute Karrierechancen und sehr nette Kollegen.

ANDERSEN

Mergenthalerallee 10–12
65760 Eschborn/Frankfurt am Main

Human Resource Group
Frau Stefanie Rethy
☎ 0 61 96 / 9 96 - 3 74

www.andersencareers.de
germany.careers@de
.anderson.com

Das Unternehmen

Weltweit erzielte Andersen 2000 mit über 84.000 Beschäftigten einen Umsatz in Höhe von über 8,4 Mrd. US-$ mit Prüfung und Risikomanagement, Steuerberatung, Business Consulting, Corporate Finance und Real Estate. Seit 1960 ist die Gesellschaft auch in Deutschland am Hauptsitz Eschborn, Frankfurt am Main, und in zehn weiteren Büros im Bundesgebiet tätig.

Bilanzzeitraum	1998	1999	2000
Umsatz Mio. $	500	660	842
Beschäftigte	2.200	2.800	3.200

Unser Angebot für Studierende

Praktika mind. sechs Wochen, max. sechs Monate (Hauptstudium), Diplomarbeiten n. V.

- **Personalplanung 2001:** ca. 550 ambitionierte Hochschulabsolvent/innen/en

- **Fachrichtungen:** BWL, VWL, Wirtschaftswissenschaften, Wi-Ingenieurwesen, (Wi-)Informatik, (Wi-)Mathematik, Physik, Rechtswissenschaften
- **Startprogramm:** Training-on-the-job, ergänzt durch kontinuierliche und umfangreiche Ausbildungsprogramme im In-und Ausland.
- **Einsatzbereeiche:** Prüfung und Risikomanagement, Business Consulting, Corporate Finance und Real Estate sowie damit verbundene Service- und Beratungsfelder
- **Auslandseinsatz:** nach Vereinbarung möglich
- **Besondere Sozialleistungen:** zusätzlicher Pensionsplan, Unfallversicherung, Firmenwagenprogramm u. a.

So steigen Absolventen bei uns ein

- **Bewerbung:** vollständige Unterlagen
- **Auswahl:** Einzelgespräche, zum Teil ergänzt durch Case-Studies oder Auswahl-/Bewerbertage
- **Pluspunkte:** Lehre, MBA
- **Fachliche Qualifikation:** Entsprechende Studienschwerpunkte, relevante Praktika, Englisch- und EDV-Kenntnisse, Studiendauer, Auslandserfahrung
- **Persönliche Qualifikation:** soziale Kompetenz, ausgeprägte analytische und konzeptionelle Fähigkeiten, Flexibilität, Belastbarkeit, Zielstrebigkeit, Initiative

Ascena AG

Willy-Brandt-Platz 1–3

68161 Mannheim

☎ **06 21 / 17 88 - 0**

Bewerbermanagement

☎ **06 21 / 17 88 - 3 57**

🖥 **www.Ascena.de**

Job@Ascena.de

Das Unternehmen

Die Ascena AG ist ein international expandierendes Unternehmen mit einem Umsatz von über 68 Mio. € im Jahr 2000. Wir besetzen Projekte in allen Branchen mit hochqualifizierten freiberuflichen IT-Fachkräften. Unsere Kunden kommen aus den Top 500 Unternehmen. Ein großer Teil der DAX 30-Unternehmen gehört ebenso dazu wie die Mehrzahl der größten Banken und mehrere große Versicherungen. Unser Unternehmen lebt von Menschen mit Persönlichkeit. Ihre Ideen und ihre Kreativität haben uns zu dem gemacht, was wir sind:

ein Vorreiter bei der Entwicklung innovativer Business Services.

Unser Angebot für Studierende

Praktika, Studien- und Diplomarbeiten

- **Personalplanung:** 50 p. a.
- **Einstiegsmöglichkeiten:** Trainee-Programme, Direkteinstieg, Key Account Management, Consultant Relations Management, Business Partner Management

- **Interne Weiterbildung:** Mentoring, Vertriebstrainingscenter, Ascena-Akademie
- **Aufstiegsmöglichkeiten:** Nach erfolgreichem Einstieg ist die Übernahme von Kunden-, Umsatz- und Personalverantwortung möglich.

So steigen Absolventen bei uns ein

- **Bewerbung:** vollständige Unterlagen mit Foto
- **Auswahl:** Interview mit der Personal- und Fachabteilung, Bewerbertag, AC
- **Pluspunkte für die Einstellung:** Praktika während des Studiums und Auslandsaufenthalt von Vorteil, erfolgsorientiert, teamfähig, kommunikationsstark, organisationsstark, konfliktfähig, kreativ, visionär
- **Persönliche Qualifikation:** teamfähig, motiviert, engagiert, kommunikationsstark, initiativ, konfliktfähig, organisationsstark, visionär, kreativ
- **Anfangsgehälter:** k. A.

Unser besonderer Vorteil

Wenn Sie Hochschulabsolvent/Young Professional sind und sich für die Bereiche Key Account Management, Consultant Relations Management oder Business Partner Management interessieren, sollten wir miteinander reden.

Bertelsmann mediaSystems

Postfach 180

An der Autobahn 18

33311 Gütersloh

Herr Alexander Ernst

☎ 0 52 41 / 80 - 4 06 72

Alexander.Ernst@
bertelsmann.de

Frau Marlies Hanfgarn

☎ 0 52 41 / 80 - 79 12

Marlies.Hanfgarn@
bertelsmann.de

🖳 www.mediaSystems.
bertelsmann.de

Das Unternehmen

Als langjähriger internationaler Anbieter von qualifizierten und maßgeschneiderten IT-Services plant, entwickelt, betreibt und betreut Bertelsmann mediaSystems sowohl die weltumspannenden IT-Aktivitäten und Dienstleistungen von Bertelsmann als auch die IT-Anwendungen konzern-externer Kunden. Dabei konzentriert sich BmS auf drei wichtige Kompetenzbereiche: Customer Relationship Management (CRM), Supply Chain Management (SCM) und E-Solutions.

Unser Angebot für Studierende

Praktika, Unterstützung bei Diplom- und Doktorarbeiten   Dr. Gabriele Becker ☎ 0 52 41 / 80 - 4 21 02 🖰 Gabriele.Becker@bertelsmann.de

- **Personalplanung:** 20 bis 30 hoch qualifizierte Hochschulabsolventen im Jahr 2002

- **Startprogramme:** Training-on-the-job und Mentorenprogramm
- **Einsatzbereiche:** in den vier Business Units sowie in allen kaufmännischen/ Stabsabteilungen
- **Interne Fortbildung:** fachliche und persönliche Weiterbildungsprogramme sowie Entwicklung von Management-Qualifikationen
- **Auslandtätigkeit:** Amerika/Asien/Europa
- **Karrieremöglichkeiten:** konzernweit möglich
- **Besondere Sozialleistungen:** Gewinnbeteiligung, betriebliche Altersversorgung

So steigen Absolventen bei uns ein

- **Bewerbung:** vollständige Unterlagen per E-Mail oder Post
- **Auswahl:** strukturierte Einzelinterviews
- **Pluspunkte für die Einstellung:** Praxiserfahrung, Auslandserfahrung
- **Persönliche Qualifikation:** Teamgeist, Flexibilität, Belastbarkeit, Kommunikationsstärke, unternehmerisches Denken und Handeln, Englischkenntnisse
- **Anfangsgehälter:** je nach Anforderung und Qualifikation

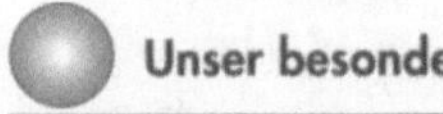

Unser besonderer Vorteil

IT-Service-Providing in der Medienwelt, Konvergenz von Internet, TV, Telekommunikation

Cambridge Technology Partners

Zeil 79

60313 Frankfurt/Main

Frau Anja Baunach
☎ **0 69 / 21 74 - 16 80**
🖷 **0 69 / 21 74 - 16 40**

💻 **www.ctp.com/de**
anja.baunach@ctp.com

Das Unternehmen

Cambridge Technology Partners, eine Tochter des Novell Inc., ist eine der internationalen Top-Adressen für die Systemintegration von CRM- und E-Business-Lösungen.

Bilanzzeitraum	2000	2001
Umsatz Mio.	586,6	k. A.
Beschäftigte	k. A.	weltweit 3.400, deutschlandweit 180

Unser Angebot für Studierende

Wir bieten Studenten (der Informatik, Wirtschaftsinformatik etc.) die Möglichkeit, erste Consultingluft zu schnuppern. Minimale Praktikumsdauer: drei Monate

- **Personalplanung:** 80 Absolvent/innen/en
- **Startprogramme:** Training-on-the-job
- **Einsatzbereiche:** Als IT-Consultant werden Sie deutschlandweit auf Projekte, die vor Ort bei unseren Kunden stattfinden, eingesetzt.
- **Interne Fortbildung:** Zusammen mit Ihrem Mentor entwickeln Sie Ihren individuellen Weiterentwicklungsplan.
- **Besondere Sozialleistungen:** Wir bieten unseren Mitarbeitern eine Reihe von attraktiven Benefits an.

So steigen Absolventen bei uns ein

- **Bewerbung:** Wir freuen uns auf Ihre Online-Bewerbung.
- **Auswahl:** Sie durchlaufen zunächst ein Telefoninterview und in einem weiteren Schritt ein kulturelles und technisches persönliches Interview.
- **Pluspunkte für die Einstellung:** gute Programmier-, Englisch-, Deutschkenntnisse, Mobilität
- **Anfangsgehälter:** k. A.

Unser besonderer Vorteil

Das hohe Maß an Eigenverantwortung, der Spaß an neuen Herausforderungen und die Cambridge-Kultur machen uns zu einem attraktiven Arbeitgeber.

CeWe Color AG & CO. OHG

Meerweg 30–32

26133 Oldenburg

Frau Natascha Brau, Leitung Personalverwaltung

☎ 04 41 / 4 04 - 2 36

🖷 04 41 / 4 04 - 2 77

🖳 www.cewecolor.de

Braun@cewecolor.de

Das Unternehmen

CeWe Color ist mit 3.900 Mitarbeitern die größte und erfolgreichste europäische Fotofinishinggruppe. Jedes vierte Bild in Europa wird in einer unserer 26 hochtechnisierten Produktionsstätten entwickelt. Wir überzeugen mit Qualität, Service und Schnelligkeit täglich Millionen von Fotoamateuren und Profifotografen. Unsere Aktivitäten in der digitalen Fotografie und im Internet bauen wir zeitgemäß und zügig aus.

Bilanzzeitraum	2000	2001
Umsatz Mio. €	403	k. A.
Beschäftigte	3.600	3.900

Unser Angebot für Studierende

Gerne Praktika und gelegentlich Diplomarbeiten im technischen oder im IT-Bereich

- **Startprogramme:** Training-on-the-job, Führungskräftetraining
- **Einsatzbereiche:** Förderung ist in allen Bereichen – je nach Schwerpunkt und Neigung – möglich.
- **Interne Fortbildung:** Mitarbeiterpotenzial wird individuell gefördert
- **Auslandstätigkeit:** bei entsprechenden Sprachkenntnissen möglich
- **Karrieremöglichkeiten:** in den verschiedensten Fach- und Führungslaufbahnen

So steigen Absolventen bei uns ein

- **Bewerbung:** vollständige Bewerbungsunterlagen, gerne auch per E-Mail
- **Auswahl:** Auswahl per Interview
- **Pluspunkte für die Einstellung:** Prädikatsexamen, Fremdsprachen, Mobilität, Flexibilität
- **Anfangsgehälter:** nach Vereinbarung

Unser besonderer Vorteil

Kurze Entscheidungswege, offene Kommunikation und große Selbständigkeit.

COI GmbH

Erlanger Straße 62

91074 Herzogenaurach

☎ 0 91 32 / 82 - 44 44

Frau Annette Vennebusch

☎ 0 91 32 / 82 - 37 71

annette.vennebusch@coi.de

🖳 www.coi.de

Das Unternehmen

Die COI GmbH ist ein erfolgreiches und expandierendes Unternehmen und zählt zu den technologisch führenden Anbietern im Bereich der Archivierung, des Wissens-, Dokumenten-, Workflow- und Contentmanagement.

Die eigenentwickelten Softwareprodukte werden heute weltweit bei Unternehmen und Organisationen aus verschiedensten Branchensegmenten mit sehr großem Erfolg eingesetzt.

Durch umfangreiche Realisierungserfahrungen besitzt die COI höchste Kompetenz für Lösungen in heterogenen und verteilten Systemlandschaften.

Bilanzzeitraum	2002
Beschäftigte	100

Unser Angebot für Studierende

- **Startprogramme:** Direkteinstieg mit individuellem Einarbeitungsprogramm
- **Einsatzbereiche:** Software-Entwicklung; Projektdurchführung
- **Weiterbildung:** interne Fortbildungsprogramme
- **Karrieremöglichkeiten:** COI kann Ihre Berufung zum Beruf machen.

So steigen Absolventen bei uns ein

- **Bewerbung:** vollständige Unterlagen, Bewerbung vorab online möglich
- **Auswahl:** Gespräche mit Fach- und Personalabteilung
- **Pluspunkte für die Einstellung:** qualifizierende Praktika, soziale Kompetenz
- **Fachliche Qualifikation:** hohe fachliche Qualifikation, analytisches Denken
- **Persönliche Qualifikation:** Fähigkeit zur konstruktiven und kritischen Arbeit im Team, Durchsetzungsvermögen

 Unser besonderer Vorteil

COI – Solutions for Documents

CTcon-Consulting & Training im Controlling GmbH

Burggrafenstraße 5a
40545 Düsseldorf

Herr Thomas Erfort
☎ 02 61 / 9 62 74 - 62
🖷 02 61 / 9 62 74 - 20
🖳 www.ctcon.de
✉ t.erfort@ctcon.de

Das Unternehmen

CTcon ist ein erfolgreiches und stark expandierendes Beratungs- und Trainingsunternehmen. Heute sind über 60 Mitarbeiter an den Standorten Bonn, Düsseldorf, Frankfurt am Main und Vallendar bei Koblenz, überwiegend in der Unternehmensberatung, beschäftigt. Im Geschäftsbereich Managementtraining werden unsere Produktmanager durch ca. 80 themenspezifisch eingesetzte Trainer aus Wissenschaft und Praxis unterstützt. Zu unseren Klienten zählen wir einige der größten und bedeutendsten Unternehmen Deutschlands sowie große Organisationen der öffentlichen Hand, die wir in Fragen markt- und ergebnisorientierter Unternehmensführung unterstützen.

Bilanzzeitraum	2000	2001
Beschäftigte	55	65

Unser Angebot für Studierende

- **Personalplanung:** laufende Einstellung hervorragend qualifizierter Hochschulabsolventen und Young Professionals

- **Startprogramme:** Training-on-the-job: Einstieg in ein kleines Projektteam mit erfahrenem Projektleiter (frühzeitige Übernahme von Verantwortung)
- **Einsatzbereiche:** Beratung und Managementtraining
- **Interne Fortbildung:** individuell abgestimmte externe und interne Schulungsprogramme, Fach- und Persönlichkeitstraining, DV- Schulungen, Job Rotation, Coaching, Workshops
- **Karrieremöglichkeiten:** Berater, Projektleiter, Partner

So steigen Absolventen bei uns ein

- **Bewerbung:** tabellarischer Lebenslauf, Lichtbild, Zeugnisse (inkl. Abitur und Vordiplom), Praktikumsbescheinigungen, Arbeitszeugnisse
- **Auswahl:** mehrere Runden Einzelinterviews/Fallstudien mit verschiedenen Partnern, Projektleitern und Beratern
- **Pluspunkte für die Einstellung:** Initiative, Praktika (möglichst Projektaufgabe), sehr gutes Examen; gerne Promotion, MBA oder Zweitstudium ergänzt, Teamfähigkeit
- **Anfangsgehälter:** ab ca. € 48.500

 Unser besonderer Vorteil

CTcon ist ein junges, teamorientiertes Unternehmen und bietet das unternehmerisch orientierte Umfeld, in dem sich Initiative und Kreativität entfalten lässt. Wenn Sie am Ansehen eines dynamischen und zielorientierten Unternehmens mitwirken wollen, möchten wir mit Ihnen sprechen.

DaimlerChrysler AG

HPC F 402

70546 Stuttgart

Job & Karriere Center

☎ **07 11 / 17 - 2 22 07**

🖨 **07 11 / 17 - 5 56 42**

🖥 **www.daimlerchrysler.de/ personal**

job.career@daimlerchrysler.com

Das Unternehmen

Wir sind ein weltweit tätiger Anbieter von Automobilen und Dienstleistungen. Wir schaffen hervorragenden Wert für unsere Kunden, unsere Mitarbeiter und unsere Aktionäre. Der DaimlerChrysler Konzern umfasst die Kerngeschäftsfelder: Personenkraftwagen, Nutzfahrzeuge und Finanzdienstleistungen (DaimlerChrysler Services/DaimlerChrysler Bank) sowie den nicht fahrzeugbezogenen Bereich Luftfahrtantriebe (MTU Aero Engines). Die Produkte werden in mehr als 200 Ländern verkauft. Zu den Produkten gehören unter aanderem: Mercedes-Benz, Chrysler, Jeep(r), Dodge, Smart, Freightliner, Setra, Thomas, American Lafrance, Mopar, Powersystems.

Bilanzzeitraum	2000	2001
Umsatz Mrd. €	ca. 162	k. A.
Beschäftigte	ca. 416.500	ca. 190.600 in Deutschland

Unser Angebot für Studierende

Praktika, Studien- und Diplomarbeiten/ Promotionen: ca. 5.400 p. a.

- **Personalplanung:** ca. 2.700 Einstellungen von Hochschulabsolventen + Young Professionals weltweit und ca. 2.000 Einstellungen von Hochschulabsolventen + Young Professionals in Deutschland
- **Startprogramme:** Direkteinstieg mit individuellem Informations- und Einarbeitungsprogramm, Internationale Nachwuchsgruppe oder andere Traineeprogramme des Konzerns mit Projekteinsätzen in den jeweiligen Geschäftsbereichen und begleitenden Personalentwicklungsmaßnahmen
- **Fachrichtungen:** Maschinenbau, Elektrotechnik, Wirtschaftsing., Informatik, Wirtschaftsinfor., Verfahrenstechnik, Wirtschaftswissenschaften
- **Auslandstätigkeit:** je nach Qualifikation und Aufgaben möglich

So steigen Absolventen bei uns ein

- **Bewerbungsunterlagen:** Bewerbungsschreiben, Lebenslauf; bei einer Bewerbung in Deutschland bitte Foto und Zeugniskopie oder vorläufigen Notenspiegel beifügen.
- **Einstellungskriterien:** Studienleistungen, Praxiserfahr., Mobilität, Initiative, Kommunikations- und Teamfähigkeit, Konflikt- und Problemlösefähigkeit. Für die Nachwuchsgruppen sind internatio. Orientierung (Auslandserfahr./ Sprachkenntnisse) und die Fähigkeit, in kompl. Systemen selbst verantw. zu arbeiten, wichtige Voraussetzungen.

Deutsche Börse AG

Neue Börsenstraße 1

60487 Frankfurt

Holger Hansen

☎ 0 69 / 21 01 - 18 10

🖶 0 69 / 21 01 - 37 91

🖳 www.deutsche-boerse.com

Das Unternehmen

Die Gruppe Deutsche Börse ist eine der erfolgreichsten Börsenorganisationen weltweit. Unsere Stärken: Wir öffnen Unternehmen und Investoren den Weg zu den globalen Kapitalmärkten.

Xetra, eines der weltweit leistungsfähigsten vollelektronischen Börsenhandelssysteme für den Aktienmarkt, oder Eurex, der größte Terminmarkt der Welt, sind zwei von vielen Produkten, die die Gruppe Deutsche Börse baut und betreibt.

Deutschland	2000
Umsatz Mrd. €	702.301.000
Beschäftigte	1.001

Unser Angebot für Studierende

Praktika, Studententätigkeit

- **Personalplanung:** 250 in 2002
- **Startprogramme:** Training-on-the-job, Direkteinstieg, wechselnde Projekteinsätze
- **Fachrichtungen:** Wirtschaftswissenschaften; Wirtschaftsinformatik; Mathematik; Physik
- **Interne Fortbildung:** Entwicklungsprogramme intern
- **Soziale Leistungen:** überdurchschnittlich

So steigen Absolventen bei uns ein

- **Bewerbung:** online
- **Auswahlverfahren:** Gespräch mit Fachabteilung, optional Bewerbertag
- **Anfangsgehälter:** überdurchschnittlich

Deutscher Sparkassen Verlag GmbH

Am Wallgraben 115
70565 Stuttgart

Frau Marina Schroiff
☎ 07 11 / 7 82 - 20 08

Frau Kerstin Berndt
☎ 07 11 / 7 82 - 26 27
🖷 07 11 / 7 82 - 20 62

🖳 www.dsv-gruppe.de
personal@dsv-gruppe.de

Das Unternehmen

Wir sind ein innovatives und expandierendes Dienstleistungsunternehmen für die Sparkassen-Finanzgruppe. Neben Print, Multimedia, IT- und bankfachlichen Lösungen entwickeln wir Schlüsseltechnologien für E-Business und Debit-/Kreditkartensysteme.

Bilanzzeitraum	2000	2001
Umsatz Mrd.	1,3	1,4
Beschäftigte	1.400	1.600

Unser Angebot für Studierende

- **Praktika:** zehn Plätze pro Jahr; Dauer zwei bis sechs Monate
- **Diplomarbeiten:** Themenvorschläge teilweise vorhanden; alternativ können eigene Themen eingebracht werden.
- **Personalplanung:** 15 pro Jahr
- **Startprogramme:** einjähriges Sparten-Trainee-Programm in der Geschäftsparte Kartensysteme

- **Einsatzbereiche:** IT-Consulting; IT-Vertrieb; Produktmanagement; Technologieberatung; Projektierung; Softwareentwicklung; Systemengineering; DV-Organisation; IT-Betrieb
- **Interne Fortbildung:** Weiterbildung bedarfsorientiert; Nachwuchsförderprogramm
- **Auslandstätigkeit:** keine
- **Karrieremöglichkeiten:** Fach- und Führungspositionen werden vorrangig intern besetzt.
- **Besondere Sozialleistungen:** betriebliche Altersversorgung

So steigen Absolventen bei uns ein

Bewerbung: vollständige Bewerbungsunterlagen (Anschreiben, Lebenslauf, Foto, Zeugnisse) auch per E-Mail
Auswahl: Interviews mit Personalmanagement und Vorgesetzten
Pluspunkte für die Einstellung: einschlägige Praktika
Anfangsgehälter: nach Vereinbarung (abhängig von Qualifikation und Aufgabenstellung)

 Unser besonderer Vorteil

Multimedialer, innovativer Dienstleister mit breitem Produktportfolio.

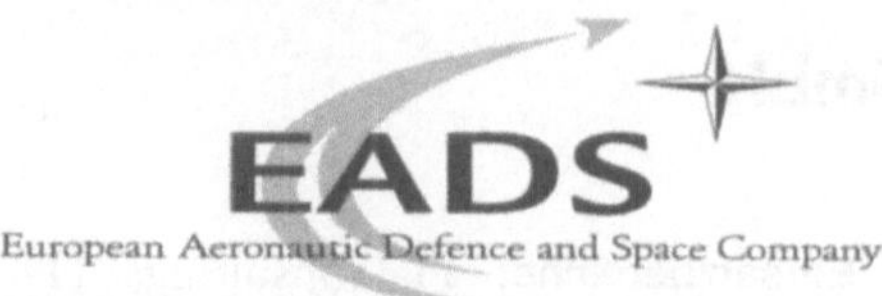

Postfach 80 11 09
81663 München

Herr Pablo Salame Fischer
☎ 0 89 / 6 07 - 3 45 15; ⚍ - 3 45 67

💻 www.eads.net
jobs@eads.net

Das Unternehmen

EADS ist der neue Global Player in der Luft- und Raumfahrt- sowie Verteidigungsbranche. Entstanden aus der Fusion von Aerospatiale Matra (F), Dasa (D) und CASA (E), vereint EADS das Know- how der renommierten Gründungspartner mit dem Pioniergeist eines jungen Unternehmens. Qualifizierten Hochschulabsolventen bietet sich in den Divisionen Airbus, Aeronautics, Defence and Civil Systems, Military Transport Aircraft und Space ein großes Entwicklungspotenzial.

Bilanzzeitraum	2000	2001 (Jan.–Juni)
Umsatz Mrd. €	24,2	14,0
Beschäftigte	k. A.	D: 36.600

Unser Angebot für Studierende

Diplomarbeitsthemen finden Sie auf unserer Homepage 💻 www.eads.net

- **Personalplanung:** ca. 2.000 Hochschulabsolventen europaweit in 2002
- **Startprogramme:** Direkteinstieg: klassisches Training-on-the-job im Fachbereich, job-rotation, Weiterbildung; zahlreiche Entwicklungsmöglichkeiten für ambitionierte Mitarbeiter; Corporate Young Manager Programme (CYMP): drei bis vier Projekteinsätze europaweit, Dauer: ein Jahr
- **Einsatzbereiche:** F & E, Produktmanagement, Qualitätssicherung, IT Consulting, Netzwerk-Eng., Systemanalytik, Softwareentwicklung u. v. m.
- **Auslandtätigkeit:** Mehr als 50 Standorte der EADS in Deutschland, Frankreich und Spanien und über 25 Auslandsbüros bieten unzählige Möglichkeiten für flexible Mitarbeiter, im Ausland tätig zu werden.
- **Karrieremöglichkeiten:** Hohes Entwicklungspotenzial in einer internationalen Umgebung!
- **Besondere Sozialleistungen:** attraktiver Belegschaftsaktienplan, Gewinnbeteiligung, DaimlerChrysler Miet-Car, Unfallversicherung, Gleitzeit

So steigen Absolventen bei uns ein

- **Bewerbung und Auswahlverfahren:** strukturierte Interviews/Einzelgespräche, AC/Bewerbertage (CYMP)
- **Pluspunkte für die Einstellung:** solide akademische Ausbildung, Sprachenkenntnisse, Persönlichkeit

 **Unser besonderer Vorteil**

EADS – The Step beyond!
Ein Arbeitgeber mit faszinierenden Produkten wie z. B. A380, A400M, Ariane5, Eurofighter, NH90.

EADS DORNIER

HRS 1/am

88039 Friedrichshafen

Frau Manuela Koch

manuela.koch@dornier.eads.net

☎ 0 75 45 / 8 20 47

🖷 0 75 45 / 8 32 33

Das Unternehmen

beschäftigt sich mit der:

- Entwicklung von Raumfahrtsystemen
- Entwicklung von Kommunikationsnetzen und
- Entwicklung von komplexen Elektro-
  niksystemen.

Bilanzzeitraum	2000	2001
Beschäftigte	ca. 3.800	ca. 3.900

Unser Angebot für Studierende

Ca. 100 Praktikantenstellen p. a.
Ca. 50 Diplomarbeitsthemen p. a.
Ca. zehn Doktorarbeiten p. a.

- **Personalplanung:** ca. 130 Absol-
  vent/innen/en
- **Startprogramme:** Training-on-the-job,
  zentrales Trainee-Programm

- **Einsatzbereiche:** Entwicklungsberei-
  che, IT-Bereich, Softwareentwicklung
- **Interne Fortbildung:** diverse Programme intern und extern, fachliche und
  persönliche Weiterentwicklung
- **Auslandstätigkeit:** im Rahmen internationaler Projekte und Kooperationen
- **Karrieremöglichkeiten:** Linien-, Pro-
  jekt- und Führungslaufbahn
- **Besondere Sozialleistungen:** wie in
  Großunternehmen üblich

So steigen Absolventen bei uns ein

- **Bewerbung:** schriftlich oder per
  E-Mail
- **Auswahl:** Bewertung durch Personal-
  und Fachabteilung, Vorstellungsge-
  spräche
- **Pluspunkte für die Einstellung:** gute
  Fremdsprachenkenntnisse, Auslands-
  erfahrung, Teamfähigkeit, gute Kom-
  munikationsfähigkeit
- **Anfangsgehälter:** ca. € 41.000

 Unser besonderer Vorteil

Vielseitigkeit der Aufgaben, Einbindung in
Großkonzern, internationale Verflechtung
und flache Hierarchien.

4C Solutions AG

A Management Consultancy

Seidlstraße 25

80335 München

Frau Cornelia Hiltner

☎ 0 89 / 59 98 82 - 30

🖳 www.4Cgroup.com

Chiltner@4Cgroup.com

Das Unternehmen

Die 4C Solutions AG wurde 1997 mit Stammsitz in München gegründet. Ziel des Unternehmens ist der stetige Ausbau des Consulting-Teams auf 30 Mitarbeiter.

Die Schwerpunkte der 4C Solutions AG liegen in der Management-Beratung der betriebswirtschaftlichen Bereiche Organisation, Kostenmanagement und Führungs- und Steuerungssysteme. Dabei steht die Realisierung der konzipierten Lösungen im Mittelpunkt des generell stark umsetzungsorientierten Beratungsansatzes.

Bilanzzeitraum	2000	2001
Umsatz DM	k. A.	ca. 4 Mio.
Beschäftigte	12	15

Unser Angebot für Studierende

Praktika, Werkstudententätigkeit, Unterstützung bei Diplomarbeiten, Ludwig Merath

- **Personalplanung:** für 2002 3–5 und für 2003 5–7 Hochschulabsolventen
- **Startprogramme:** Einstieg als Berater, vorwiegend Training-on-the-job; gezielte interne und externe Trainings

- **Einsatzbereiche:** Projektarbeit, interne Research- und Entwicklungsaufgaben
- **Interne Fortbildung:** fester Trainingsplan, alle zwei Jahre internationales Training, laufend interne Trainings
- **Auslandstätigkeit:** im Rahmen der Projekte möglich
- **Karrieremöglichkeiten:** schnelle Übernahme von Projektverantwortung, weit überdurchschnittliche Karrieremöglichkeiten
- **Besondere Sozialleistungen:** Direktversicherung, Unfallversicherung, Aktienprogramm

So steigen Absolventen bei uns ein

- **Bewerbung:** vollständige Unterlagen, ggf. Kurzbewerbung vorab per E-Mail
- **Auswahl:** Interviews mit zwei bis drei Mitarbeitern sowie der Geschäftsleitung
- **Pluspunkte für die Einstellung:** praktische Erfahrung
- **Fachliche Qualifikation:** überdurchschnittlicher Abschluss
- **Persönliche Qualifikation:** Commitment, Charakter, soziale Kompetenz, vielseitige Interessen
- **Anfangsgehalt:** marktgerecht (Fixum plus variabler Anteil)

Unser besonderer Vorteil

Die 4C Solutions AG zeichnet sich durch die Möglichkeit zur Mitarbeit in einem ambitionierten, aber trotzdem kollegialen Umfeld, Beteiligung der Mitarbeiter am Unternehmen, überdurchschnittliche Entwicklungschancen und attraktive Projekte mit zum Teil sehr renommierten Kunden aus.

gedas deutschland GmbH

Personalmarketing
Pascalstraße 11
D-10587 Berlin

Frau Katrin Fritz
☎ 0 30 / 39 97 - 11 31
📠 0 30 / 39 97 - 19 79
🖵 www.gedas.com
katrin.fritz@gedas.de

Das Unternehmen

Die gedas, einer der führenden internationalen Systemintegratoren in der Informationstechnologie (IT), wurde 1983 in Berlin gegründet. Die 100-prozentige Tochtergesellschaft der Volkswagen AG entwickelt, implementiert und betreibt individuelle IT-Lösungen zur Optimierung von Geschäftsprozessen beim Kunden.

Als global tätiges IT-Beratungsunternehmen ist gedas in allen wichtigen Regionen und strategischen Märkten mit mehr als 50 Standorten präsent.

Bilanzzeitraum/ weltweit	2000	2001
Umsatz Mio. €	ca. 493	k. A.
Beschäftigte	ca. 3.808	ca. 5.100

Unser Angebot für Studierende

Praktika, Diplom- und Doktorarbeiten: Informationstechnik; Marketing; Personal etc.

- **Personalplanung:** ja
- **Startprogramme:** nein
- **Einsatzbereiche:** Netzwerkspezialisten und Administratoren, Systemanalytiker, Systementwickler, Vertriebsingenieure, Consultants
- **Interne Fortbildung:** persönliche und fachliche Weiterentwicklung der Mitarbeiter
- **Auslandstätigkeit:** möglich

So steigen Absolventen bei uns ein

- **Bewerbung und Auswahlverfahren:** aussagefähige Bewerbungen
- **Anfangsgehälter:** k. A.

 Unser besonderer Vorteil

gedas deutschland GmbH ist ein attraktiver internationaler Arbeitgeber mit innovativen Tätigkeitsfeldern und individuellen Entwicklungsmöglichkeiten.

Goldman, Sachs & Co. oHG

Messeturm

60308 Frankfurt

Frau Alison Trauttmansdorff-Weinberg

☎ 0 69 / 75 32 22 18

💻 www.gs.com/recruiting/europe

Das Unternehmen

With a heritage dating back to 1869, Goldman Sachs is one of the oldest investment banking and securities firms. Clients have come to value our commitment to helping them innovate and execute ambitions strategies. For some clients our commitment to innovation helped them to become formidable global competitors. For others, our commitment to the superior execution of complex deals reinforced their trust in us and contributed to their continued success.

Bilanzzeitraum	2000	2001
Beschäftigte	k. A.	23.000

Unser Angebot für Studierende

Praktika in unserem Technology Division zehn bis zwölf Wochen. Zeitpunkt: 1 bis 1,5 Jahre vor Ende des Studiums

- **Startprogramme:** Technology Training-Programm
- **Einsatzbereiche:** Technology Division
- **Interne Fortbildung:** on-the-job Training, technische Weiterbildung

So steigen Absolventen bei uns ein

- **Bewerbung:** Online-Bewerbung
  💻 @ www.gs.com/recruiting/europe
- **Auswahl:** Interviews
- **Pluspunkte für die Einstellung:** Englisch und Deutsch
- **Anfangsgehälter:** k. A.

Unser besonderer Vorteil

Technology helps extend business boundaries and optimist competitiveness – with global solutions – providing career opportunities on major international projects in diverse roles and technologies. Our people combine technical expertise with a deep understanding of our business and competitive environment. Our training programme, which starts in New York, will kick-start your Goldman Sachs technology career.

HSH-Systeme GmbH

Heiner-Fleischmann-Straße 7

74172 Neckarsulm

www.hsh-systeme.de

info@hsh-systeme.de

Herr Dieter Herzig

0 71 32 / 93 42 - 0

0 71 32 / 93 42 - 93

dherzig@hsh-systeme.de

Das Unternehmen

Seit 1979 ist die HSH-Systeme GmbH in den Bereichen Prozessleitsysteme und Visualisierung tätig. Mit über 20 ausgebildeten Fachinformatikern, Technikern und Ingenieuren verfügen wir über ein qualifiziertes und professionelles Team. Unsere Kunden aus dem Mittelstand und der Großindustrie kommen vor allem aus den Bereichen Pharmazie, Chemie, Nahrungsmittelindustrie, Kunststoffverarbeitung und Automobilindustrie.

Unser Angebot für Studierende

- **Personalplanung:** qualifizierte Hochschulabsolventen und berufserfahrene Fachinformatiker
- **Interne Fortbildung:** interne Weiterbildungsprogramme, externe Schulungen
- **Auslandstätigkeit:** möglich
- **Karrieremöglichkeiten:** ohne Grenzen

So steigen Absolventen bei uns ein

- **Bewerbung:** aussagekräftige Bewerbungsunterlagen
- **Auswahl:** Vorstellungsgespräch
- **Pluspunkte für die Einstellung:** Leistungsbereitschaft und -fähigkeit, Flexibilität, Dienstleistungs- und Kundenorientiertes Handeln
- **Anfangsgehälter:** je nach Qualifikation

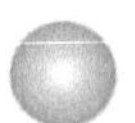

Unser besonderer Vorteil

Einstieg in ein junges, innovatives Unternehmen mit interessanten Perspektiven.

IBM Deutschland GmbH

Pascal-Straße 100

70569 Stuttgart

Personalmarketing &
Recruitment

☎ 07 11 / 7 85 - 49 00

🖨 07 11 / 7 85 - 41 29

🖳 www.ibm.com/de

askHR@uk.ibm.com

Das Unternehmen

Informationstechnologie (IT-Services, Hardware, Software).

IBM Corporation Armonk, USA (Muttergesellschaft), deutschlandweit (Niederlassungen, Produktion, Forschungseinrichtungen sowie Bildungs- und Servicezentren).

Bilanzzeitraum	2000	2001
Umsatz Mrd. $	88,4	k. A.
Beschäftigte	316.303	k. A.

Unser Angebot für Studierende

Freiwillige Praktika, Informationen und offene Stellen im Internet http://www.ibm.com/de/pl/programme/index.html

- **Personalplanung:** je nach Bedarf
- **Startprogramme:** Sales University und your Future@IBM

- **Einsatzbereiche:** deutschlandweit Niederlassungen, Produktion, Forschungseinrichtungen sowie Bildungs- und Serviceeinrichtungen
- **Interne Fortbildung:** langfristig angelegte Personal-Entwicklungsprogramme und bereichsspezifische Ausbildungsprogramme
- **Auslandstätigkeit:** ja
- **Karrieremöglichkeiten:** bereichsspezifische Ausbildungsprogramme und langfristig angelegte Personal-Entwicklungsprogramme
- **Besondere Sozialleistungen:** Aktienkaufprogramm, IBM Klub usw.

So steigen Absolventen bei uns ein

- **Bewerbung und Auswahl:** BA/FH/Uni-Absolventen ohne/mit Berufserfahrung unternehmensweit, je nach Bedarf, Training-on-the-job, schriftliche Bewerbung oder online, Assessmentcenter
- **Anfangsgehälter:** ca. € 38.000 bis 44.000 p. a. je nach Anforderung und Qualifikation

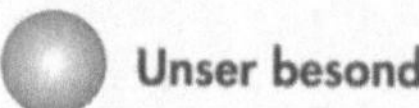

Unser besonderer Vorteil

Sicherheit eines weltweit tätigen Konzerns, Aufstiegsmöglichkeiten.

Intel GmbH

Dornacherstraße 1
85622 Feldkirchen

Frau Tanja Riedmüller
☎ 0 89 / 99 14 31 07
🖷 0 89 / 99 14 36 77

🖵 www.intel.de
tanja.riedmueller@intel.com

Das Unternehmen

Bei INTEL folgen Sie nicht dem Markt-führer – Sie gehen voraus!

Intel ist weltweit eines der führenden Un-ternehmen, das Technologietrends setzt und den sich schnell entwickelnden Markt der Informationstechnologie ent-scheidend mitgestaltet und vorantreibt. Mehr als 80.000 hochmotivierte Mitarbei-ter haben es sich zum Ziel gesetzt, die Grenzen der Computer- und Kommuni-kationstechnologie weiter zu spannen und ständig neue Produkt- und Marktbe-reiche zu erschließen.

Bilanzzeitraum	2000	2001
Umsatz Mrd. $	33,73	k. A.
Beschäftigte	80.000	80.000

Unser Angebot für Studierende

Praktika und Diplomarbeiten in den Be-reichen Marketing & IT & Finance

- **Personalplanung:** laufend
- **Startprogramme:** 12-monatiges Rota-tionsprogramm
- **Einsatzbereiche:** Marketing, IT, Finan-ce
- **Interne Fortbildung:** Es werden diverse Trainingskurse und -möglichkeiten an-geboten.
- **Auslandstätigkeit:** möglich
- **Besondere Sozialleistungen:** Stock Participation Plan, Bonus Plan, Mo-natskarte für öffentliche Verkehrsmit-tel.

So steigen Absolventen bei uns ein

- **Bewerbung:** bevorzugt Online- oder E-Mail-Bewerbung
- **Auswahl:** telefonisches Interview, Vor-Ort-Interview
- **Pluspunkte für die Einstellung:** offene Persönlichkeit
- **Anfangsgehälter:** abhängig von Studi-um, Standort & Erfahrung

 Unser besonderer Vorteil

Die Möglichkeit, in einem internationalen Unternehmen (Firmensprache Englisch) die eigenen Ideen einbringen zu können.

Deutsche Lufthansa AG

60546 Frankfurt am Main

- www.lufthansa.com
  Direkteinstieg/Trainees:
  Frau Beate Heidemann
- www.lufthansa-careerlounge.de
- ☎ 0 69 / 6 96 - 87 02
- 0 69 / 6 96 - 50 59
- beate.heidemann@dlh.de

- Praktika/Diplomarbeiten:
  Frau Anne Neumann
- ☎ 0 69 / 6 96 - 50 80
- anne.neumann@dlh.de

Das Unternehmen

Die Deutsche Lufthansa AG wurde 1953 in Köln in der Tradition der früheren Deutschen Lufthansa gegründet.

Lufthansa zählt heute zu den größten und bekanntesten Fluggesellschaften der Welt. Das Unternehmen hat die Herausforderungen der Globalisierung und Liberalisierung erfolgreich angenommen und steht heute als hochprofitable Airline und Schrittmacher der Branche da.

Bilanzzeitraum	2000	2001
Umsatz Mio. €	ca. 15.200,4	k. A.
Beschäftigte	ca. 70.000 weltweit	ca. 70.000 weltweit

Unser Angebot für Studierende

Praktika: Mindestdauer beträgt zwei Monate. Die Praktikantenvergütung beläuft sich auf ca. € 520. Weitere Informationen unter www.lufthansa.careerlounge.de.

- **Startprogramme:** Lufthansa bietet sowohl den Direkteinstieg für Hochschulabsolventen als auch das Traineeprogramm „Pro Team" für Nachwuchsführungskräfte
- **Einsatzbereiche:** DV, Multimedia, DV-Organisation, Projektierung, Projektmanagement, Anwendungsprogrammierung; Datenbankadministration/-entwicklung, Operations Research, Qualitätssicherung, Software-Engineering/Beratung, Support/Benutzerservice, Systemadministration/-entwicklung, Netzwerkadministration, Rechenzentrum, SAP-Berufe etc.
- **Interne Fortbildung:** Fach-/Persönlichkeitstraining, Sprachkurse, Produkt-/DV-Schulungen, Job Rotation, Auslandseinsatz, individuelles Coaching, LH School of Business

So steigen Absolventen bei uns ein

- **Bewerbung:** Die Bewerbung kann schriftlich oder online über das Karriere Portal „Lufthansa Career Lounge" erfolgen.
- **Das Auswahlverfahren:** beinhaltet je nach Position eine Eignungsuntersuchung, ein Auswahlgespräch und teilweise auch ein Assessment Center
- **Anfangsgehälter:** € 33.600 – 48.500

 **Unser besonderer Vorteil**

Lufthansa bietet IT-Spezialisten attraktive Einstiegsmöglichkeiten eines international agierenden Konzerns.

Metro MGI Informatik GmbH

Schlüterstraße 21

40235 Düsseldorf

Herr Frank Winter

☎ 02 11 / 9 69 - 42 81

🖷 02 11 / 9 69 - 52 91

🖳 www.mgi.de

personalmanagement@
mgi.de

Das Unternehmen

Die METRO MGI Informatik GmbH ist eine Tochtergesellschaft der METRO AG. Als interne IT-Service-Gesellschaft erbringen ca. 650 Mitarbeiter an mehreren Standorten im In- und Ausland IT-Dienstleistungen für die Vertriebslinien des METRO AG-Konzerns. Hierzu zählen u. a. die Entwicklung von Anwendungssystemen, der Betrieb von Rechenzentren sowie das IT-Consulting zur Implementierung von IT-Systemen.

Bilanzzeitraum	2000	2001
Beschäftigte	ca. 750	ca. 800

Unser Angebot für Studierende

Es besteht die Möglichkeit, in unterschiedlichen Einsatzbereichen ein Praktikum zu absolvieren – erkundigen Sie sich individuell bei uns.

● **Personalplanung:** durch stetige Expansion der Vertriebslinien der METRO AG steigender Personalbedarf

● **Startprogramme:** Direkteinstieg
● **Einsatzbereiche:** Softwareentwicklung, Beratung, Systementwicklung und Systemadministration
● **Interne Fortbildung:** Seminare zur persönlichen und fachlichen Weiterqualifizierung
● **Auslandstätigkeit:** Es besteht die Möglichkeit, an anspruchsvollen Auslandsprojekten teilzunehmen.
● **Karrieremöglichkeiten:** Fachlaufbahn- und Förderkreiskonzept
● **Besondere Sozialleistungen:** firmenspezifische als auch konzernweite social benefits

So steigen Absolventen bei uns ein

● **Bewerbung:** Online, E-Mail oder per Post mit vollständigen Unterlagen
● **Auswahlverfahren:** Interviews mit Fach- und Personalabteilung
● **Pluspunkte für die Einstellung:** stellenbezogene Vorkenntnisse, z. B. durch qualifizierende Praktika und Berufserfahrung sowie soziale Kompetenz, analytisches Denkvermögen
● **Anfangsgehälter:** je nach Qualifikation und Aufgabenstellung

 Unser besonderer Vorteil

Umfangreiche Möglichkeiten der Weiterqualifizierung sowie anspruchsvolle Aufgaben innerhalb eines Großkonzerns.

Minolta Europe GmbH

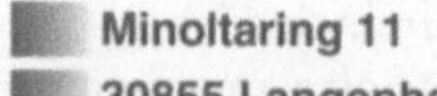

Minoltaring 11

30855 Langenhagen

☎ 05 11 / 74 04 - 0

💻 www.minoltaeurope.com

Frau Katrin Oppermann

☎ 05 11 / 74 04 - 2 56

Katrin_Oppermann@
minoltaeurope.com

Das Unternehmen

Die MINOLTA GmbH besteht seit über 70 Jahren und wurde 1928 von Kazuo Tashima in Osaka gegründet. Minolta ist einer der führenden Hersteller von Bürokommunikationssystemen und optischen Geräten.

Bilanzzeitraum	2001
Umsatz Mio. €	ca. 66,5 in Europa
Beschäftigte	In Europa 5.000 In Deutschland 1.300 Weltweit 24.000

Unser Angebot für Studierende

Ca. acht bis zehn Praktikantenplätze

● **Personalplanung:** drei bis vier Hochschulabsolventen p. a.
● **Startprogramme:** Training-on-the-job, Trainee-Programm
● **Auslandstätigkeit:** möglich

So steigen Absolventen bei uns ein

● **Bewerbung:** vollständige Bewerbungsunterlagen
● **Pluspunkte für die Einstellung:** Persönlichkeit
● **Fachliche Qualifikation:** überdurchschnittlicher Studienabschluss, sehr gute Englisch-Kenntnisse
● **Persönliche Qualifikation:** Flexibilität, internationales Denken, soziale Kompetenz

Mummert + Partner

Hans-Henny-Jahnn-Weg 29

22085 Hamburg

Frau Christina Böse

☎ 0 40 / 2 27 03 - 76 80

🖷 0 40 / 2 27 03 - 79 31

💻 www.mummert.de

Christina.Boese@mummert.de

Das Unternehmen

Europäische Unternehmensberatung für zukunftsorientierte Dienstleistungsbranchen von der Strategie bis zur verantwortlichen Realisierung.

Innovative Beratungsleistungen mit entscheidenden Wettbewerbsvorteilen durch hoch entwickeltes Technologie- und Branchen-Know-how für: Banking-Finance, Insurance, Public Sector und Utilities.

Bilanzzeitraum	1998	1999	2000
Umsatz Mio. €	135	179	191
Beschäftigte	1.040	1.210	1.350

Unser Angebot für Studierende

Praktikumplätze und Diplomarbeitsthemen unter 💻 www.mummert.de
Christina Böse

- **Personalplanung:** 100 Hochschulabsolventen für 2002
- **Fachrichtungen:** überzeugender Studienabschluss der Wirtschafts-, Ingenieur- oder Naturwissenschaften, Wirtschaftsinformatik bzw. Informatik
- **Startprogramme:** Direkteinstieg – Training-on-the-job
- **Interne Fortbildung:** individuelle Personalentwicklung, unterstützt durch Fach-, Persönlichkeits-, IT- und Sprachtrainings etc.
- **Auslandstätigkeit:** nach zwei bis drei Jahren Opel-Erfahrung, innerhalb des General Motors-Konzerns realisierbar
- **Karrieremöglichkeiten:** Consultant Analyst, Consultant, Senior Consultant, Principal Consultant

So steigen Absolventen bei uns ein

- **Bewerbung:** vollständige Unterlagen
- **Auswahlverfahren:** strukturiertes Interview
- **Pluspunkte für die Einstellung:** Branchenkenntnisse
- **Fachliche Qualifikation:** überzeugender Studienabschluss, frühzeitiger Praxisbezug
- **Persönliche Qualifikation:** Flexibilität, Mobilität, Eigeninitiative, Humor
- **Einstiegsgehälter:** individuell nach Qualifikation und Vereinbarung

 Unser besonderer Vorteil

Setzen Sie eigene Maßstäbe in einer menschlich geprägten Unternehmenskultur.

Oldenburgische Landesbank AG

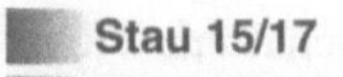

Stau 15/17
26122 Oldenburg

Frau Nicole Böhmer
☎ 04 41 / 2 21 - 14 82
🖷 04 41 / 2 21 - 03 44

💻 www.olb.de
    personal@olb.de

Das Unternehmen

Die OLB ist ihrem gesamten Marktgebiet gegenüber verpflichtet. Denn nur, wenn es unseren Kunden und der Region gut geht, können wir das Ziel unseres Handelns erreichen: den gemeinsamen Erfolg. Mit der OLB haben Sie drei Banken in einer: Ihre Regionalbank im nordwestdeutschen Weser-Ems-Raum. Ihre Universalbank für alle Finanzgeschäfte – entweder mit eigenen Produkten oder in Kooperation mit kompetenten Partnern. Und Ihre private Geschäftsbank, bei der Sie im Mittelpunkt stehen.

Bilanzzeitraum	1998	1999	2000
Umsatz Mrd. €	7,8	8,2	8,6
Beschäftigte	2.409	2.455	2.498

Unser Angebot für Studierende

Praktika, Unterstützung bei Diplom- oder Doktorarbeiten nach vorheriger Vereinbarung möglich   Nicole Böhmer

- **Personalplanung:** 20 Hochschulabsolventen für 2002; 50 % Führungsnachwuchs, 5 % Stab, 45 % Linie

- **Startprogramme:** a) OLB Trainee-Programm, 6–18 Monate, abhängig von Vorkenntnissen je nach Ausbildungsrichtung; b) Direkteinstieg nach kurzer Vorbereitungsphase, abhängig von Vorkenntnissen; Ablauf individuell
- **Einsatzbereiche:** vertriebsorientierte Aufgabenfelder, Zentrale
- **Interne Fortbildung:** OLB Seminar-Programm
- **Karrieremöglichkeiten:** Führungsaufgaben und hervorzuhebende Aufgabenfelder
- **Besondere Sozialleistungen:** zusätzliche Altersvorsorge

So steigen Absolventen bei uns ein

- **Bewerbung:** vollständige Unterlagen
- **Auswahl:** mehrstufiges Auswahlverfahren
- **Pluspunkte für die Einstellung:** Bezug zur Region
- **Fachliche Qualifikation:** überzeugender Studienabschluss, Bank-/Sparkassenausbildung von Vorteil
- **Persönliche Qualifikation:** Vertriebstalent mit unternehmerischer Grundeinstellung, Mobilität im Geschäftsgebiet
- **Anfangsgehälter:** je nach Qualifikation, i. d. R. € 35.500 bis 39.000 p. a.

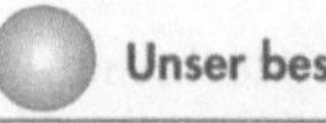

Unser besonderer Vorteil

Die bedeutende Regionalbank im Nordwesten mit attraktiven Arbeitsplätzen und Entwicklungsmöglichkeiten für Sie.

Adam Opel AG

65423 Rüsselsheim

Frau Sylvia Müller

☎ 0 61 42 / 77 26 06

🖷 0 61 42 / 76 00 59

💻 www.opel.de

central.recruitement@de.opel.com

Das Unternehmen

Firmengründer Adam Opel begann 1862 mit der Produktion von Nähmaschinen. Ab 1886 stellte das Unternehmen zusätzlich Fahrräder her. 1899 schließlich entstand das erste Automobil.

Seit 1929 gehört der deutsche Hersteller zum amerikanischen Automobilkonzern General Motors. Inländische Standorte sind Rüsselsheim (mit allein 22.700 Beschäftigten) sowie Bochum, Kaiserslautern und Eisenach. Schwester- bzw. Tochtergesellschaften existieren in fast allen europäischen Ländern, Nord- und Südamerika, Afrika, Asien sowie Australien.

Bilanzzeitraum/ Weltweit	1999	2000
Umsatz Mrd.	33,9	33,4
Beschäftigte	45.501	42.668

Unser Angebot für Studierende

Praktika, Diplom- und Doktorarbeiten in allen Vorstandsbereichen realisierbar

- **Personalplanung:** kontinuierlicher Bedarf an qualifizierten Absolvent/innen
- **Startprogramme:** Training-on-the-job/ Direkteinstieg, Informationsseminar für neue Mitarbeiter, Graduate-Programm
- **Einsatzbereiche:** unter anderem Internationales technisches Entwicklungszentrum, Fertigung, Vertrieb, Service, Einkauf, Finanz und Marketing
- **Interne Fortbildung:** Seminare und Management-Training, High-Potential-Programm, als Bausteine unseres Human Resources Managements
- **Auslandstätigkeit:** nach zwei bis drei Jahren Opel-Erfahrung, innerhalb des General Motors-Konzerns realisierbar
- **Karrieremöglichkeiten:** High-Potential-Programm
- **Besondere Sozialleistungen:** Weihnachtsgratifikation, vermögenswirksame Leistungen, Mitarbeiter-Rabatt beim Fahrzeugkauf usw.

So steigen Absolventen bei uns ein

- **Bewerbung:** vollständige Bewerbung, gerne per E-Mail
- **Auswahl:** Vorauswahl nach schriftlicher Bewerbung, Interviews im Central Recruitment und im Fachbereich oder Assessment Center
- **Pluspunkte für die Einstellung:** Studienverlauf, praktische Erfahrungen, Engagement, sehr gutes Englisch
- **Anfangsgehälter:** zw. € 35.000 und 45.000 je nach Qualifikation und Alter

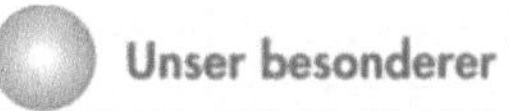

Unser besonderer Vorteil

Opel bietet als Traditionsunternehmen modernste Technik und Vielseitigkeit im Fahrzeug.

OTTO

Recruitment

22172 Hamburg

Frau Christiane Bohn

☎ 0 40 / 64 61 - 11 50

🖷 0 40 / 64 61 - 16 24

🖳 www.otto.de

job@otto.com

Das Unternehmen

Als weltweit führende Versandhandelsgruppe ist Otto mit 76.000 Mitarbeitern in 23 Ländern mit 90 Handelsunternehmen in Europa, Amerika und Asien vertreten. In Ergänzung unserer angestammten Geschäftsfelder gewinnt E-Commerce eine deutlich wachsende strategische Bedeutung. Auf dem deutschen Markt gilt Otto bereits als Marktführer im E-Commerce, und unser ehrgeiziges Ziel ist es, bis 2005 mindestens 10 % des Umsatzes über das Internet zu generieren.

Bilanzzeitraum	2000	2001
Umsatz Mrd. €	23,5	k. A.
Beschäftigte	76.000 weltweit	k. A.

Unser Angebot für Studierende

Jährlich ca. 200 Praktikumsplätze in den verschiedenen Unternehmensbereichen, Vorraussetzung für ein Praktikum: Vordiplom. Aktuelle Diplomarbeitsthemen unter 🖳 www.otto.com

● **Personalplanung:** 90 Absolventen

● **Startprogramme:** Direkteinstieg „on the job" über konkrete Themen und eigenständige Aufgaben im Tagesgeschäft sowie abgeschlossene Projekte; einjähriges Integrationsprogramm für neue Mitarbeiter

● **Interne Fortbildung:** umfangreiches Weiterbildungsprogramm für alle Mitarbeiter durch die Personalentwicklung

● **Auslandstätigkeit:** nach Absprache

● **Karrieremöglichkeiten:** Das „Aufbauprogramm für qualifizierte Nachwuchsmitarbeiter" bereitet einen ausgewählten Teilnehmerkreis auf die Übernahme einer ersten Führungsaufgabe oder einer größeren Projektaufgabe vor.

● **Besondere Sozialleistungen:** unter anderem Möglichkeit zur Kapitalbeteiligung im Unternehmen, Personalrabatt auf das gesamte Sortiment (15 %), Betriebssport (22 verschiedene Sparten auf attraktiven Sportanlagen)

So steigen Absolventen bei uns ein

● **Bewerbung und Auswahl:** Einzelinterviews

● **Pluspunkte für die Einstellung:** Praxiserfahrung durch qualifizierende Praktika, außeruniversitäres Engagement

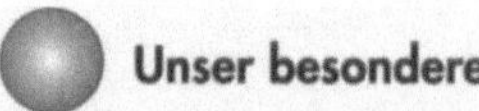

Unser besonderer Vorteil

Wir verfügen über eine Vielfalt moderner IT-Systeme und bieten Ihnen die Möglichkeit, Ihr Know-how kontinuierlich zu vertiefen und zu erweitern.

PricewaterhouseCoopers

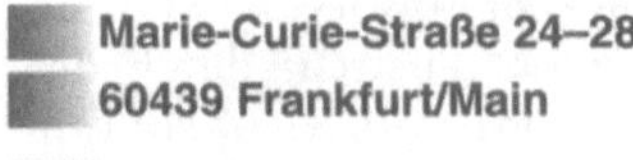

Marie-Curie-Straße 24–28
60439 Frankfurt/Main

Briony Wilson
☎ 0 69 / 95 85 - 52 53
📠 0 69 / 95 85 - 52 56

💻 www.pwc-career.de
personalmarketing@de.
pwcglobal.com

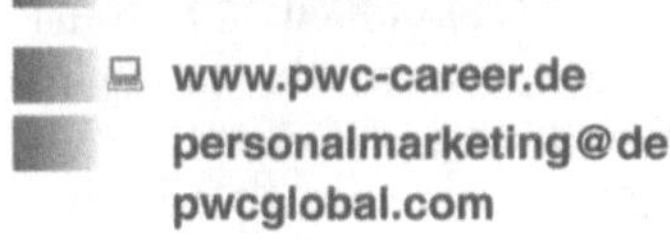

Das Unternehmen

Unser Unternehmen, Pricewaterhouse-Coopers, lässt sich in Zahlen schnell beschreiben: mit ca. 11.000 Mitarbeitern an mehr als 40 Standorten in Deutschland und einem Gruppenumsatz von rund 2,4 Mrd. DM erbringen wir hochqualifizierte Dienstleistungen in den Bereichen Wirtschaftsprüfung und prüfungsnahe Beratung, Unternehmensberatung, Steuerberatung, Corporate Finance-Beratung und Human Resource-Beratung.

Bilanzzeit-raum	Deutschland	Weltweit
Umsatz Mrd.	ca. 2,4 Mrd. DM	ca. 21,5 Mrd. US-$
Beschäftigte	ca. 11.000	ca. 160.000

Unser Angebot für Studierende

Praktika werden in allen Unternehmensbereichen angeboten. Voraussetzung ist ein abgeschlossenes Vordiplom. Diplomarbeiten: kein Programm vorhanden, individuelle Anfrage jedoch möglich.

- **Personalplanung:** ca. 1.200
- **Einsatzbereiche:** Training-on-the-job in den o. g. Unternehmensbereichen
- **Interne Fortbildung:** umfangreiche Aus- und Fortbildungsprogramme im In- und Ausland; Unterstützung bei den Berufsexamina
- **Auslandstätigkeit:** innerhalb von Projekteinsätzen und im Rahmen unseres „Global Deployment Program"
- **Karrieremöglichkeiten:** vier Karrierestufen vom Berufseinstieg bis zur Partnerebene

So steigen Absolventen bei uns ein

- **Bewerbung:** Vollständige Bewerbungsunterlagen oder Online-Bewerbung
- **Auswahl:** Bewerbertage, Interviews Unternehmensberatung: Assessment-Center
- **Pluspunkte für die Einstellung:** Studienschwerpunkte und zielgerichtete Praktika, gute Englischkenntnisse, außeruniversitäre Aktivitäten, hohe Einsatz- und Leistungsbereitschaft
- **Anfangsgehälter:** nach Vereinbarung

Procter & Gamble Service GmbH

Sulzbacher Straße 40
65823 Schwalbach am Taunus

Herr Michael Prager
☎ 0 61 96 / 89 - 43 18
🖨 0 61 96 / 89 - 2 72 01

🖳 www.pgcareers.com
prager.m@pg.com

Das Unternehmen

1837 in Cincinnati (USA) gegründet, operiert P&G mit Niederlassungen in über 70 Ländern und produziert und vertreibt über 300 Markenartikel in über 140 Ländern. Seit 1960 ist P&G auch in Deutschland mit Hauptverwaltung in Schwalbach/Ts. vertreten.

Geschäftsfelder sind Konsumgüter: Wasch- und Reinigungsmittel, Körper- und Gesundheitspflegemittel, Papierprodukte, Pharmazeutika und Fruchtsäfte.

Bilanzzeitraum/ Weltweit	1999	2000
Umsatz Mrd. $	ca. 38	ca. 40
Beschäftigte	ca. 100.000	ca. 100.000
		ca. 7.000 in Deutschland

Unser Angebot für Studierende

Wir bieten in allen Funktionen ganzjährig Praktika und/oder Diplomarbeitsbetreuung an.

- **Personalplanung:** Bedarf schwankt je nach anfallenden Aufgaben

- **Startprogramme:** Einstieg durch „Training-on-the-job", betreut durch den Vorgesetzten oder Coach. Kein Trainee-Programm
- **Einsatzbereiche:** neben IT auch in Marketing, Finance, Market Research, Research & Development, Customer Business Development, Purchasing
- **Interne Fortbildung:** umfassendes Trainingsprogramm, das man als Mitarbeiter/in karrierebegleitend in eigener Verantwortung verfolgt.
- **Auslandstätigkeit:** in der Regel Einstieg national mit möglichem Auslandseinsatz durch „Job rotation" nach zwei bis drei Jahren, projektbezogen auch früher
- **Karrieremöglichkeiten:** sowohl technische als auch Management-Karrieren möglich, Promotion-from-within- Kultur
- **Besondere Sozialleistungen:** umfassendes Sozialleistungspaket

So steigen Absolventen bei uns ein

- **Bewerbung:** Online-Bewerbung über 🖳 www.pgcareers.com
- **Auswahl:** Auswahl durch Einzelinterviews und Problemlösungstest
- **Pluspunkte für die Einstellung:** Umfangreiche Informationen auf 🖳 www.pgcareers.com
- **Anfangsgehälter:** ca. € 38.000 bis ca. 40.800 p. a.

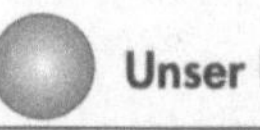

Unser besonderer Vorteil

Eigenverantwortliches Arbeiten in einem sehr internationalen Umfeld von Anfang an.

provadis

**Provadis Partner für Bildung
und Beratung GmbH**

Industriepark Höchst, Geb. B 845

65926 Frankfurt am Main

☎ 0 69 / 3 05 - 8 18 24

**Marketing und Vertrieb:
Herr Günter Schwarz**

☎ 0 69 / 3 05 - 36 58

🖷 0 69 / 3 05 - 2 15 15

🖳 www.provadis.de
guenter.schwarz@provadis.de

Das Unternehmen

Provadis wurde 1997 gegründet und ist zu 100 % Tochter der Infraserv GmbH & Co. Höchst KG. Wir sind aktiv in den Bereichen Dienstleistungen zur Erst- und weiterführenden Qualifizierung, Personalentwicklung und Unternehmensberatung für „Life Science" und „Prozessindustrie" sowie für öffentliche Dienstleister, Banken und Versicherungen.

Bilanzzeitraum	1998	1999	2000
Umsatz Mio.	50	55	60
Beschäftigte	ca. 150	ca. 150	ca. 150

Unser Angebot für Studierende

Praktika und Diplomarbeiten Matthias Krementz ☎ - 1 53 69, 🖷 - 8 05 05 🖱 matthias.krementz@infraserv.com

● **Startprogramme:** a) Betriebsmanager für Produktion und Technik: 1,5 Jahre Praktikum im Provadis-Technikum, Seminare mit Provadis-Trainern und Fachreferenten, Einsatz in ausgewählten Produktionsbetrieben Günter Reif ☎ - 1 73 89; b) Trainee-Programm für Wi-Wissenschaftler: 1,5 Jahre praktischer Einsatz in den Partnerunternehmen, Seminare, Fachvorträge u. a. Horst Breitwieser ☎ - 51 00; c) Erstqualifizierung in über 20 Ausbildungsberufen Harald Müller ☎ - 35 49; d) Meister-Kurse für Chemie und Metall, FH-Studium für Chemie, Biologie, Betriebswirtschaft und Informationstechnologie e) weiterführende berufsbegleitende Qualifizierung Service Hotline ☎ - 8 18 24

● **Einsatzbereiche:** in unseren Partnerunternehmen (auch Auslandstätigkeit)

● **Besondere Sozialleistungen:** ja

So steigen Absolventen bei uns ein

● **Bewerbung:** vollständige Unterlagen, Praktikabescheinigungen, Personalfragebogen

● **Auswahl:** Einstellungstest und/oder -gespräch, für Führungskräfte AC

● **Pluspunkte für die Einstellung:** Basis- und Fachwissen für das entsprechende Qualifizierungsziel, Sprachkenntnisse

● **Fachliche Qualifikation:** gute Schulzeugnisse oder überdurchschnittlicher Abschluss an FH oder Uni

● **Persönliche Qualifikation:** eigenverantwortlich, teamorientiert, flexibel und zielorientiert

● **Anfangsgehälter:** Hochschulabsolventen außertariflich, tarifliche Mitarbeiter Chemietarif

"

Recruiteam Resourcing Solutions GmbH – Frankfurt am Main

Grüneburgweg 9

60322 Frankfurt am Main

Frau Helga Krausser-Raether

☎ 0 69 / 90 50 07 - 15

🖨 0 69 / 90 50 07 - 22

🖵 www.recruiteam.com

Krausser-raether@recruiteam.com

Das Unternehmen

Recruiteam ist eine Personalberatung mit drei Jahren Kompetenz in E-Cruiting. Das Internet bildet den Mittelpunkt unserer Arbeit. Gleichzeitig ist das auch die Plattform für unsere Beratung und Vermittlungen zwischen Bewerbermarkt und Unternehmen. Hier bahnen sich die ersten Kontakten an. Hier können Klienten unsere speziellen Recruiting Tools nutzen.

Networking your future!

Unser Angebot für Studierende

- **Personalbedarf:** 15
- **Einsatzbereiche:** Unsere Kunden sind Firmen aus der Hightech-, Telekommunikations- und IT-Branche. Die aktuelle Liste befindet sich unter 🖵 www.recruiteam.com
- **Karrieremöglichkeiten:** Coaching und Karriereberatung

So steigen Absolventen bei uns ein

- **Bewerbung:** Lebenslauf per E-Mail oder Post
- **Auswahl:** Vorabinterviews für unsere Kunden
- **Anfangsgehälter:** k. A.

Unser besonderer Vorteil

Wir begleiten Bewerber langfristig bei der Suche nach der optimalen Position und dem passenden Umfeld.

Recruiteam Resourcing Solutions GmbH – München

**Landshuter Allee 12–14
(im Danner Forum)
80637 München**

Frau Luisa Girola – Consultant
☎ **0 89 / 13 01 57 30**
🖷 **0 89 / 13 01 57 40**

🖳 **www.recruiteam.com**
info@recruiteam.com

Das Unternehmen

Recruiteam ist eine Personalberatung mit drei Jahren Kompetenz in E-Cruiting. Das Internet bildet den Mittelpunkt unserer Arbeit. Gleichzeitig ist das auch die Plattform für unsere Beratung und Vermittlungen zwischen Bewerbermarkt und Unternehmen. Hier bahnen sich die ersten Kontakten an. Hier können Klienten unsere speziellen Recruiting Tools nutzen.

Networking your future!

Unser Angebot für Studierende

- **Personalplanung:** 20
- **Einsatzbereiche:** unsere Kunden sind Firmen aus der Hightech-, Telekommunikations- und IT-Branche.
  Die aktuelle Liste befindet sich unter 🖳 www.recruiteam.com
- **Karrieremöglichkeiten:** Coaching und Karriereberatung

So steigen Absolventen bei uns ein

- **Bewerbung:** Lebenslauf per E-Mail oder Post
- **Auswahl:** Vorabinterviews für unsere Kunden
- **Anfangsgehälter:** k. A.

 **Unser besonderer Vorteil**

Wir begleiten Bewerber langfristig bei der Suche nach der optimalen Position und dem passenden Umfeld.

SAP AG

Neurottstraße 16
69190 Walldorf

Frau Susanne Schuler
☎ 0 62 27 / 7 - 6 11 45
🖷 0 62 27 / 7 - 4 11 87

🖳 www.sap.de/jobs
jobs.germany@sap.com

Das Unternehmen

SAP ist der weltweit führende Anbieter von E-Business-Softwarelösungen, die die Prozesse in Unternehmen und über Unternehmensgrenzen hinweg integrieren. Gegenwärtig arbeiten mehr als 13.000 Firmen in über 100 Ländern mit SAP-Installationen, darunter mehr als die Hälfte der 500 größten Konzerne der Welt. Mit weltweit über 27.000 Beschäftigten und Niederlassungen in mehr als 50 Ländern erzielte die SAP im Geschäftsjahr 2000 einen Umsatz von 6,26 Milliarden €.

Bilanzzeitraum	2000	2001
Umsatz Mrd. €	Weltweit ca. 6,3	k. A.
Beschäftigte	2.000 Weltweit ca. 24.000	k. A.

Unser Angebot für Studierende

Praktika, Unterstützung bei Diplom- oder Doktorarbeiten: Informationen über Internet unter 🖳 www.sap.de/jobs
Loredana Gaziano, ☎ 0 62 27 / 7 - 6 35 20

- **Startprogramme:** Traineeprogramme in den Bereichen Software-Entwicklung, Beratung, Service/Support und Information Technology
- **Einsatzbereiche:** siehe oben
- **Interne Fortbildung:** Die „SAP University" bietet eine Vielzahl von Trainingsmaßnahmen. Über das „Virtual Classroom" ist die Teilnahme direkt vom Arbeitsplatz aus möglich.
- **Auslandstätigkeit:** Einstieg in internationale Projekte nach einigen Jahren möglich
- **Besondere Sozialleistungen:** Erfolgsbeteiligung, Mitarbeiterbeteiligungsprogramm STAR, vermögenswirksame Leistungen, betriebliche Altersversorgung, Aktiensparplan u. v. m.

So steigen Absolventen bei uns ein

- **Bewerbung:** Bewerbungen per Post bitte mit Anschreiben, Lebenslauf mit Lichtbild, Zeugniskopien oder online über 🖳 www.sap.de/jobs oder E-Mail an ✆ jobs.germany@sap.com
- **Pluspunkte für die Einstellung:** Gute Zeugnisnoten, zügiger Studienverlauf, Sprachkenntnisse, Zusatzqualifikationen (z. B. Berufsabschluss, Auslandsaufenthalte)
- **Anfangsgehälter:** ca. € 38.000 – 46.000

Unser besonderer Vorteil

Flache Hierarchien, effiziente Teamarbeit und ein offener Informationsaustausch über Hierarchien und Bereichsgrenzen hinweg schaffen eine einzigartige Arbeitsatmosphäre.

Siemens Business Services GmbH & Co. OHG

 www.sbs.de
 0 89 / 6 36 - 00

Frau Andrea Langnickel
 0 89 /6 36 - 4 97 27

Das Unternehmen

Siemens Business Services (SBS) ist einer der weltweit führenden Anbieter für Electronic und Mobile Business. Mit umfassendem Know-how und spezifischem Branchenwissen bietet SBS Lösungen und Dienstleistungen aus einer Hand an – von der Beratung über die Systemintegration bis hin zur Übernahme von kompletten Geschäftsprozessen der Kunden sowie dem Management von IT-Infrastrukturen. Im Geschäftsjahr 2000 erzielte SBS einen Umsatz von € 5,8 Mrd. Das Unternehmen beschäftigt weltweit 33.500 Mitarbeiter.

Unser Angebot für Studierende

Werkstudententätigkeiten, Praktika, Diplomarbeiten   Frau Donaubauer 0 89 / 6 36 - 5 13 28 High-Potential-Praktikantenprogramm [INSIDE]   Frau Oberleitner 0 89 / 6 36 - 4 25 21

- **Fachrichtungen:** Informatik, Wirtschaftsinformatik, Wirtschaftsingenieurwesen, Quereinsteiger mit soliden Informatikkenntnissen

- **Startprogramme:** Direkteinstieg mit intensiver Einarbeitung
- **Einsatzbereiche:** Business Development, Sales, Management Consulting, Process Consulting, IT Consulting, System/Software Engineering
- **Interne Fortbildung:** umfangreiche Weiterbildungsprogramme
- **Auslandstätigkeit:** im Rahmen internationaler Projekte möglich
- **Karrieremöglichkeiten:** individuelle Entwicklungsperspektiven durch unterschiedliche Laufbahnmodelle

So steigen Absolventen bei uns ein

- **Bewerbung:** vollständige Unterlagen
- **Auswahl:** strukturierte Interviews
- **Fachliche Qualifikation:** Praktika, sehr guter Studienabschluss, gute Englischkenntnisse
- **Persönliche Qualifikation:** Kundenorientierung, Lernfähigkeit, Kommunikationsfähigkeit analytische Fähigkeiten, Engagement, Mobilität

Unser besonderer Vorteil

Siemens Business Services.
I do IT – my [mobile] way.

SONY Deutschland GmbH

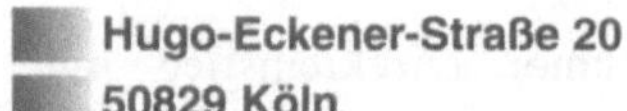

Hugo-Eckener-Straße 20

50829 Köln

☎ 02 21 / 5 37 - 0

🖳 www.sony.de

Frau Anja Deus

☎ 02 21 / 5 37 - 26 47

anja.deus@eu.sony.com

Das Unternehmen

Sony wurde 1946 von den zwei japanischen Elektroingenieuren Akio Morita und Masaru Ibuka gegründet. Heute bietet der Konzern eine breite Palette vom CCD-Chip bis zur kompletten Fernsehstudio-Einrichtung, vom CD-Player bis zum Computer-Monitor an. Allein in Deutschland sind dies weit über 3.000 Produkte der Unterhaltungselektronik und der Informationstechnologie. Hauptsitz ist Köln. Die Geschäftsbereiche von Sony Deutschland sind Corporate Communication, Human Resources, Corporate Functions, Support Service Functions, Consumer Product Group, Broadcast & Professional Group. Weitere Verkaufsbüros im Inland unterhält Sony in Berlin, Hamburg, Köln und Stuttgart.

Bilanz-zeitraum/ Deutsch-land	94/ 95	95/ 96	96/ 97	98/ 99	99/ 00
Umsatz Mrd.	2,14	3,8	2,11	2,3	2,6
Beschäf-tigte	1.776	1.700	1.165	1.142	1.116

Unser Angebot für Studierende

Drei- bis sechsmonatige Praktika, ggf. Betreuung von Diplomarbeiten

● **Personalplanung:** bedarfsorientierter Direkteinstieg, Trainee-Programm (ausführliche Infos auf Website)
● **Startprogramme:** Trainee-Programme mit den Schwerpunkten Vertrieb, Marketing oder Corporate Functions, Dauer 12 bis 24 Monate, praxisorientiertes „Learning on the job", individuelle Personalentwicklungsmaßnahmen sowie Trainings
● **Interne Fortbildung:** individ. möglich
● **Auslandstätigkeit:** ggf. in Kooperation mit Sony Europe

So steigen Absolventen bei uns ein

● **Bewerbung:** vollständige Unterlagen
● **Auswahl:** Interview mit Personal- und Fachabteilungen, ggf. AC
● **Pluspunkte für die Einstellung:** 24 bis 28 Jahre, Praktika
● **Fachliche Qualifikation:** überdurchschnittliches Examen, EDV, Englisch
● **Persönliche Qualifikation:** Begeisterungs- und Überzeugungsfähigkeit, analytisches und konzeptionelles Denkvermögen, Schnelligkeit und Leistungsorientierung, Teamfähigkeit, Organisationsfähigkeit, Mobilität
● **Anfangsgehälter:** ca. € 36.000 p. a.

 Unser besonderer Vorteil

Sony ist ein innovatives Welt-Unternehmen mit Marktführerstatus.

Bartholomäusweg 26
33334 Gütersloh

Herr Dr. Stefan Knäble
☎ 0 52 41 / 50 09 - 0
📠 0 52 41 / 50 09 - 15 40

💻 http://www.lust-auf-IT-dann.com
stefan.knaeble@syskoplan.de

Das Unternehmen

Syskoplan realisiert Softwareprojekte bei namhaften Großunternehmen in Deutschland, Europa und USA. Unser besonderer Fokus liegt dabei auf der Gestaltung und Optimierung kundennaher Prozesse durch ganzheitliche CRM-Lösungen. In unseren Geschäftsfeldern CRM, Business Intelligence, Supply Chain Management und IT-Management wachsen wir seit unserer Gründung 1983 überdurchschnittlich und arbeiten hoch profitabel.

Bilanzzeitraum	2000	2001
Umsatz Mio. €	38,4	56,3
Beschäftigte	270	380

Unser Angebot für Studierende

Praktika, Unterstützung bei Diplom- und Doktorarbeiten nach Absprache

Personalplanung für 2002: 80 Absolventen

- **Startprogramme:** Training-on-the-job, Direkteinstieg, gezielte Aus- und Weiterbildung
- **Einsatzbereiche:** Softwareentwickler und Berater für Konzeption, Entwicklung und Einführung von IT-Projekten
- **Interne Fortbildung:** individuelle Personalentwicklung, regelmäßige Inhouse-Schulungen und Besuche von externen Schulungen
- **Auslandstätigkeit:** möglich
- **Karrieremöglichkeiten:** vielfältige Entwicklungsmöglichkeiten
- **Besondere Sozialleistungen:** Firmenwagenmodell, Aktienoptionen

So steigen Absolventen bei uns ein

- **Bewerbung und Auswahlverfahren:** vollständige Bewerbungsunterlagen per E-Mail oder Post, Auswahl im persönlichen Gespräch
- **Pluspunkte für die Einstellung:** guter bis sehr guter Abschluss, Programmierkenntnisse, unternehmerisches Denken
- **Anfangsgehälter:** überdurchschnittlich

 ## Unser besonderer Vorteil

Wir bieten spannende Projekte, in denen Sie sich entwickeln können, und eine durch Offenheit geprägte Firmenkultur.

VICTORIA Versicherung AG

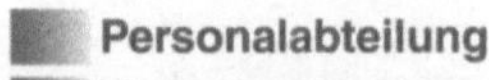

Personalabteilung
Victoriaplatz 1
40198 Düsseldorf

Personalabteilung
Frau Katja Henkel
☎ 02 11 / 4 77 - 61 48
🖷 02 11 / 4 77 - 46 00

💻 www.victoria.de
   katja.henkel@victoria.de

Das Unternehmen

Die VICTORIA ist eine der führenden deutschen Versicherungsgesellschaften und ein Unternehmen der ERGO Versicherungsgruppe, der Nr. 2 im deutschen Erstversicherungsmarkt.

Bilanzzeitraum	2000	2001
Umsatz Mrd. €	weltweit ca. 5	k. A.
Beschäftigte	weltweit ca. 8.100	k. A.

Unser Angebot für Studierende

Praktika, Unterstützung bei Diplom- oder Doktorarbeiten auf Anfrage möglich

- **Personalplanung:** ca. 20 Absolventen
- **Startprogramme:** training on the job/ Direkteinstieg

- **Einsatzbereiche:** als DV-Koordinator, DV-Kontakter oder IT-Consultant in fast allen Abteilungen unseres Unternehmens als Schnittstelle zwischen Fachabteilung und Programmierern, z. B. in den Versicherungssparten, im Rechnungswesen (SAP), in der Personalabteilung (SAP), in der Vermögensabteilung (SAP), in Vertriebsabteilungen usw.
- **Interne Fortbildung:** eigenes Bildungszentrum mit diversen Weiterbildungsmöglichkeiten
- **Auslandstätigkeit:** je nach Aufgabe
- **Besondere Sozialleistungen:** umfassende Sozialleistungen, z. B. betriebliche Altersversorgung, Mitarbeiterkonditionen bei Versicherungen, Fahrtkostenzuschuss, Kantine usw.

So steigen Absolventen bei uns ein

- **Bewerbung und Auswahlverfahren:** Bewerbungsgespräch mit der Fachabteilung und der Personalabteilung
- **Pluspunkte für die Einstellung:** überzeugendes Persönlichkeitsprofil
- **Anfangsgehälter:** zw. € 36.000 – 40.000

Unser besonderer Vorteil

Modernes Arbeitsumfeld.

Das Netzwerk der Profis

Profitieren Sie von der neuen WIRTSCHAFTS INFORMATIK*online*

- Nutzen Sie das größte **Facharchiv** zum Thema Wirtschaftsinformatik!
- **Empfehlen** Sie Fachartikel weiter und starten Sie dazu ein Fachgespräch!
- Verpassen Sie mit dem **Newsletter** keine Neuigkeiten mehr!

- Diskutieren Sie im **Forum** und nutzen Sie das Wissen der gesamten Community!
- Sichern Sie sich weitere Fachinhalte durch die **Buchempfehlungen** und Veranstaltungshinweise!
- Binden Sie über **Content Syndication** die Inhalte der Wirtschaftsinformatik in Ihre homepage ein!

www.wirtschaftsinformatik.de